破局

区域发展、产业融合、乡村振兴

蒋健才◎著

当代中国出版社
Contemporary China Publishing House

图书在版编目(CIP)数据

破局：区域发展、产业融合、乡村振兴 / 蒋健才著. -- 北京：当代中国出版社，2024.5
ISBN 978-7-5154-1347-1

Ⅰ.①破… Ⅱ.①蒋… Ⅲ.①区域经济发展—研究—中国 Ⅳ.① F127

中国国家版本馆 CIP 数据核字 (2024) 第 061038 号

出 版 人	王　茵
责任编辑	陈　莎
策划支持	华夏智库·张　杰
责任校对	康　莹
出版统筹	周海霞
封面设计	回归线视觉传达
出版发行	当代中国出版社
地　　址	北京市地安门西大街旌勇里 8 号
网　　址	http://www.ddzg.net
邮政编码	100009
编 辑 部	（010）66572180
市 场 部	（010）66572281　66572157
印　　刷	香河县宏润印刷有限公司
开　　本	710 毫米 × 1000 毫米　1/16
印　　张	16 印张　231 千字
版　　次	2024 年 5 月第 1 版
印　　次	2024 年 5 月第 1 次印刷
定　　价	68.00 元

版权所有，翻版必究；如有印装质量问题，请拨打（010）66572159 联系出版部调换。

关于本书

本书以"区域经济—产业园区（集群）—乡村振兴"为核心紧密串联起来的经济发展"内外双循环"系统，是全面践行经济发展"内外双循环"理念、打造"内外双循环"发展格局的产业智库理论与实践参考用书。

本书创造性地推出了"积分银行"机制，贯穿"区域经济、产业园区（集群）和乡村振兴"始终，顺应共享经济趋势，引入人才，实现创新突破，为区域经济发展、产业融合发展、城市与乡村发展再平衡提供了新路径。

本书创新性地提出了区域经济几何中心，通过高地—基地—腹地体系，打造服务于区域经济发展的区域中心。例如，广州的南沙（珠三角粤港澳大湾区几何中心），河北省邯郸的武安市（县级市）。武安市距郑州市280公里（中原经济圈），距太原市296公里（太原经济圈），距济南市283公里（环渤海经济圈），距石家庄市195公里（冀南经济圈）。如果从河北省的角度来看，武安市的位置较偏远，但是，如果从上述4个省会城市的距离来看，武安市却处在中心位置上。从全国来看，类似南沙、武安市这样的地方还有不少，所以，定位决定出路，格局决定结局。

本书科学地提出了以"城市与乡村发展的再平衡"作为乡村经济振兴的核心思想，以创造增量、优化存量为乡村经济发展绕开内部矛盾问题的主旨思想，以智库力决定创新力、创新力决定产业力为乡村产业发展创新的指导思想，以"三个平衡"（内环境与外环境的平衡、产业链内循环与外循环的平衡、短期生存与中长期发展的平衡）为乡村经济可持续发展的指导思想。这样，既能有效解决城市就业困难和发展空间不足等问题，又能为解决乡村经济振兴中的产业、人才、创新等问题提供重要思路。

本书提出乡村振兴"四大首创"模式：（1）创造乡村振兴的智慧枢纽"智库＋平台"模式；（2）制定乡村发展与城市再平衡的"高地—基地—腹地"体系；（3）建立解决乡村人才和城市就业的"积分银行"机制；（4）构建乡村产业发展的"五入园"与"四给"模式。

笔者希望通过本书能够给读者带来启发。

本书由广东省华商经济发展研究院、广东省低碳企业协会支持出版，在此，笔者对上述两家单位深表谢意！

目录

区域经济篇

第一章　区域经济发展中的问题／困境分析 / 2

　　一、区域经济面临提质升级困局 / 2

　　二、区域经济产业结构失衡 / 5

　　三、区域营商环境困局 / 9

　　四、区域经济发展中的人才、资源不足困局 / 11

　　五、影响脱贫攻坚和乡村振兴的问题长期存在 / 14

　　六、区域经济发展创新困局 / 17

　　七、国际和国内环境影响区域经济发展 / 20

第二章　区域经济发展问题内因分析 / 23

　　一、区域经济定位不精准 / 23

　　二、区域经济规划未能将空间和时间充分结合 / 26

　　三、摒弃不做不错的"无为"思想 / 28

　　四、人才结构配置 / 30

　　五、鲁莽／自私的短期利益行为 / 33

　　六、可持续扶贫 / 34

　　七、创新驱动发展 / 35

第三章　区域经济发展问题外因分析 / 39

　　一、当等待成为习惯，借鉴就近乎等同"拿来主义" / 39

二、资源浪费现象始终存在 / 40

三、区域间经济发展不平衡 / 42

四、区域同质化竞争 / 44

五、区域经济发展竞争中的"马太效应" / 46

六、相对贫困 / 48

第四章 区域经济高质量发展的理论逻辑 / 51

一、精准定位——四个维度（1）/ 51

二、精准定位——四个维度（2）/ 53

三、突破思想局限，创新思维 / 56

四、区域经济发展中的"三个平衡" / 57

五、未来区域经济发展趋势预测分析 / 60

六、产业结构优化 / 62

七、探索制度适应市场 / 64

八、区域经济发展中的"磁化"效应 / 66

九、脱贫攻坚与乡村振兴 / 68

第五章 区域经济高质量发展的系统建设 / 71

一、区域经济可持续发展的创新系统建设 / 71

二、智库力决定创新力，创新力决定产业力 / 74

三、充分调动全国的智慧和资源 / 76

四、充分发挥区位优势 / 78

五、区域经济可持续发展中的人流、物流、信息流 / 82

六、创新成果转化 / 84

七、区域经济发展串联中的"高地—基地—腹地" / 88

八、支持区域经济发展创新的高端现代服务平台 / 91

第六章 区域经济高质量发展的路径和抓手 / 94

一、区域经济发展创新中的"积分银行"机制 / 94

二、区域经济发展创新中的"学分银行"机制 / 96

三、区域经济发展案例分析——广州 / 100

四、区域经济可持续发展中的产业智库 / 105

五、区域经济可持续发展中的产业集群 / 107

六、区域经济可持续发展中的轻重缓急和短中长 / 110

产业园区篇

第七章 产业园区发展过程中所遇问题分析 / 114

一、产业园区招商引资难 / 114

二、产业园区转型升级 / 116

三、产业园区产业结构串联困局 / 118

四、产业园区同质化竞争困局 / 120

五、产业园区内企业可持续发展水平低下 / 123

六、产业园区招商进程中政策不断弱化 / 125

七、产城融合 / 126

八、产业园区的四类问题 / 128

第八章 产业园区发展问题的原因分析 / 132

一、区域经济发展下的外环境对产业园区发展的影响 / 132

二、行业发展趋势对产业园区发展的影响 / 134

三、产业园区运营仍是房地产思维 / 137

四、资本的短期逐利行为 / 140

五、模仿即创新现象 / 143

六、产业园区可持续发展遇到的四个问题 / 145

七、为中小企业可持续发展赋能 / 147

八、产业园区如何影响区域经济可持续发展大局 / 149

第九章 产业园区高质量发展的理论逻辑 / 151

一、产业园区内环境和外环境的平衡 / 151

二、基于未来做当前的事 / 153

三、从地产增值到产业增值 / 155

四、短期生存和中长期发展的平衡 / 157

五、创新的三大要素 / 159

六、政策风口 / 161

七、产业园区平台化 / 163

八、产城一体化 / 166

第十章　产业园区高质量发展的系统建设 / 168

一、产业园问题的解决方案是园区智库 / 168

二、园区人才蓄水池 / 170

三、园区内的市场体系 / 172

四、园区金融 / 174

五、园区创新 / 177

六、园区"诊所" / 180

七、智库＋平台 / 181

八、园中园、双集群 / 184

第十一章　产业园区高质量发展的路径和抓手 / 186

一、"五入园" / 186

二、"四给"系统 / 189

三、产业园发展必须重视产业智库以突出产业属性 / 193

四、产业园区人才问题及对策 / 194

五、以打造产业集群为目标而不断"腾笼换鸟" / 196

六、产业园创新发展的理论系统路径——"五入园" / 198

乡村振兴篇

第十二章　乡村振兴的智库理论研究 / 214

一、新时期的乡村振兴理论与实践研究 / 214

二、乡村振兴的本质是从量变到质变 / 216

三、乡村振兴思想——城市与乡村发展的再平衡 / 219

四、乡村振兴系统——"智库+平台"枢纽 / 221

五、乡村可持续发展的"三个平衡" / 225

第十三章　乡村振兴的实践探索研究 / 228

一、乡村人才建设 / 228

二、乡村产业创新 / 231

三、乡村产业集群 / 232

四、乡村企业培育和发展 / 234

五、乡村新兴产业 / 236

六、乡村经济发展的双循环格局 / 237

七、紧扣未来趋势进行预测，打破乡村经济发展瓶颈 / 239

八、精准把握行业发展趋势，打造可持续发展的乡村企业 / 241

区域经济篇

第一章 区域经济发展中的问题/困境分析

一、区域经济面临提质升级困局

自2013年习近平总书记提出中国经济发展进入新常态[①]以来，中国经济抢抓新一轮科技和产业革命发展机遇，不断加快提质升级步伐，力争构建未来20年中国崭新的经济可持续发展的思想、系统、路径和抓手。中国经济虽取得了累累硕果，但经济发展要由"旧的状态"平稳过渡到"新的状态"，仍然任重而道远，各地方仍面临区域经济提质升级的困局。

区域经济提质升级的困局并非简单地通过置换几个产业、引进几家新兴产业或企业就能得到解决。例如，位于广东省惠州市的惠州大亚湾（国家级）经济技术开发区不仅与深圳只有一街之隔，还邻近香港，地理位置可谓得天独厚，但在区域经济提质升级的过程中，成果仍不尽如人意，虽然规划了一批科技创新园、新兴产业园，引进了一批新兴产业和企业入驻，但并未从根本上完成对大亚湾开发区经济发展的提质升级任务。大亚湾开发区主要的经济发展动力仍然来源于传统的石化产业，而它引进的战略性新兴产业、高新科技企业既非总部经济也非研发环节，绝大多数只是普通的生产制造环节。因此，这些企业虽然行业属性上属于新兴产业，实际环节的附加价值却很低。

区域经济提质升级是系统问题，而系统问题需要运用系统的思维来解决。区域经济提质升级的真正目的是提升原区域经济的内环境，即一方面扩

[①] 参见习近平：《在中央经济工作会议上的讲话》，光明网，2013年12月10日。

大原区域内新兴产业破土的机会，完善新兴产业孵化及培育体系，可谓"内部开花"；另一方面利用、发挥好区域内环境的差异化优势，通过让区域内营商环境发生质变，来提升对外界新兴产业的吸引力，形成产业向心力，促进形成"引进—吸收—置换—输出"的良性循环，可谓"墙外开花墙内香"，如图1所示。

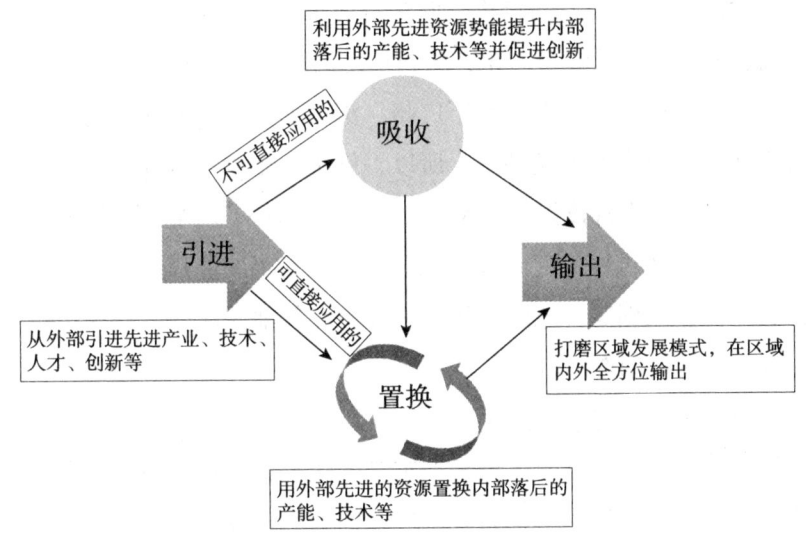

图1　产业良性循环

目前，区域经济的提质升级困局主要表现在三个方面，分别是"区域经济马太效应加剧""斩不断"和"定不准"。

区域经济马太效应加剧。以"广州—深圳"区域为例，这是中国区域经济发展最为发达、市场经济最为活跃的一线区域经济圈之一，无论是人才、科技还是金融、产业等，都可谓枢纽中的枢纽。截至2018年，深圳市的高新科技企业数量为1.44万家①，广州市的高新科技企业数量为1.1万家②，分别位居全国城市第二、第三，而同期周边佛山市的高新企业数量仅3900多家③，

---

① 《截至2018年国家高新技术企业数量，深圳位居全国城市第二》，搜狐网，2019年4月13日。
② 《广州市高新技术企业总数突破1.1万家》，人民网，2019年3月21日。
③ 《佛山高新技术企业总量达到3949家》，《佛山日报》2019年3月28日。

东莞市不到6000家[①],中山市2000余家[②],惠州市1100余家[③]。佛山紧邻广州,两地地铁相通,一向有"广佛同城"之说。东莞则位于广州与深圳之间,中山与广州、深圳均有城际高铁相连通,惠州则与深圳一街之隔,邻近香港等地。从区位来看,佛山、东莞、中山和惠州的地理位置可谓得天独厚。然而,随着广州、深圳现有的可开发空间的逐渐减少,尽管这些城市从七八年前就开始向周边进行产业输出和转移,但从目前来看,佛山、中山、东莞、惠州等地的高新科技企业数量与广州、深圳相比仍存在数量级的差距。

为什么会这样?这是因为对于广州、深圳而言,它们转移的是低端制造业或者产业链环节中的低端部分,所以,佛山、东莞等可以成为全国的制造业重镇,但难以成为科技创新、人才文化中心。而对于高新科技型企业而言,为什么不愿意整体转移,反而每年还会有很多新兴产业领域的创业者从周边城市奔赴广州、深圳呢?原因是从佛山、东莞等地无法获取高新科技企业发展最为需要的科技创新环境和资源。

2010年,中国就成为制造业大国,进而又成为"世界工厂",极大地刺激了区域经济的快速、野蛮式增长,东莞其实是这个机遇中的最大赢家!投资、消费、出口"三驾马车"为区域经济的发展贡献了绝大部分的力量,直到现在,其依然是许多地区经济发展和增长的主要力量,甚至形成了规模庞大的传统产业群体。然而,区域经济提质升级,不但意味着对这些传统产能的否定,还意味着舍弃眼前唾手可得的利益,拥抱充满不确定性的未来。因此,可以说区域经济提质升级不仅需要继往开来的莫大勇气和气魄,更需要有极强的危机感和破釜沉舟般的决心。但是,就经济发展短期性和平稳性来看,大多数区域经济内的传统产业还丢不得,且客观上可开发的城市空间充足,发展新兴产业与保留传统产业并不矛盾。传统产业并不是造成区域经济难以提质升级的根本原因,其根本原因在于传统产业是区域经济发展思想上的一条"斩不断"的后路,有后路就意味着在实现区域经济提质升级这个目

---

① 《2018年东莞市国民经济和社会发展统计公报》。
② 《2018年中山市国民经济和社会发展统计公报》。
③ 《惠州高新技术企业预计达1100家》,南方网,2019年1月12日。

标上的危机意识和紧迫感不足，这样一来，很多决策、政策、制度创新就会或多或少地陷入被动、迟滞的困境。那么，如何在保留传统产业作为区域经济发展短期效益保障的基础上，让人们仍然能具备强烈的生死存亡的危机意识和破釜沉舟的勇气，才是区域经济提质升级中需要解决的一大难题。

在区域经济提质升级的过程中，"找不准"定位也是一大困局。目前，区域经济发展升级规划往往是基于城市空间的升级改造，即围绕城市本身来做规划，大多要求产业适应城市，鲜有基于产业经济发展的规划来让城市更加适应产业发展的。例如，在某区域内规划了一个科技创新谷，创新谷内要引进发展各类新兴产业，未来将成为城市创新中心，但可能会忽略对新兴产业的选择以及为什么要引进这些新兴产业。相比其他地区，区域的差异化优势在哪里？区域内是否具备发展这些新兴产业的充分条件？规划时，如果忽略了招商的顺利与否和可执行的可能性，忽略了在本区域新兴产业发展的实际情况及其背后存在的问题，不管能不能落地，只追求概念，一味地模仿先进城市的规划和布局，效果自然不如预期。如果不能根据自身情况总结案例经验，走出符合自己特色和定位的道路，结果往往是硬件建好了，招商却成为大难题，最终导致规划中的蓝图遥不可及。

归根结底，区域经济提质升级，应该是产业转型升级需要什么就满足什么，而不是我已经有什么了，再需要什么产业来配套。

（本小节写于2022年11月）

二、区域经济产业结构失衡

产业结构失衡是区域经济发展中长期存在且制约区域经济可持续发展的主要问题之一。无论是在市场经济发达的一线城市，还是在经济发展水平相对落后的三线城市，或多或少都存在产业结构失衡问题。尤其是在部分传统重工业城市，产业结构失衡问题更加突出。

产业结构失衡不但制约区域经济的可持续发展，而且可能严重影响民生,甚至会影响扶贫脱困的大局,尤其在第一产业中表现最为明显。第一产业的产业结构失衡的表现,主要指农商失衡、第二产业与第一产业衔接度较低、第三产业对第一产业支撑不足。

中国每年都会有大量原产地农产品滞销。有的地方为解决这个问题,常用的办法不是打情感营销牌,就是由当地政府牵头出面寻找市场买家,如果依然解决不了,则只能由农户自己承担损失。然而无论是情感营销还是政府牵头,这些办法都是治标不治本,农产品滞销是由于当地产业结构失衡造成的,要想从根本上解决这一问题,就需要合理串联产业结构,进一步推动农商一体化的进程。

这里要明确的一点是,虽然每年都存在大量区域农产品滞销,但滞销问题并不是由市场总体的供需矛盾引起的,而是因为局部产能找不到适宜的市场。换言之,就是局部产业结构失衡。以农业为中心的周边产业结构应包括:农产品深加工业、物流运输业、电商产业、批发零售业、旅游业等,而农产品滞销地往往存在着农产品深加工业薄弱甚至没有、物流运输业不发达、电商产业极度薄弱、批发零售业不成规模、旅游业体量较小以及与第一产业结合度不高等诸多问题,而这些也就是明显的产业结构失衡问题,如图2所示。

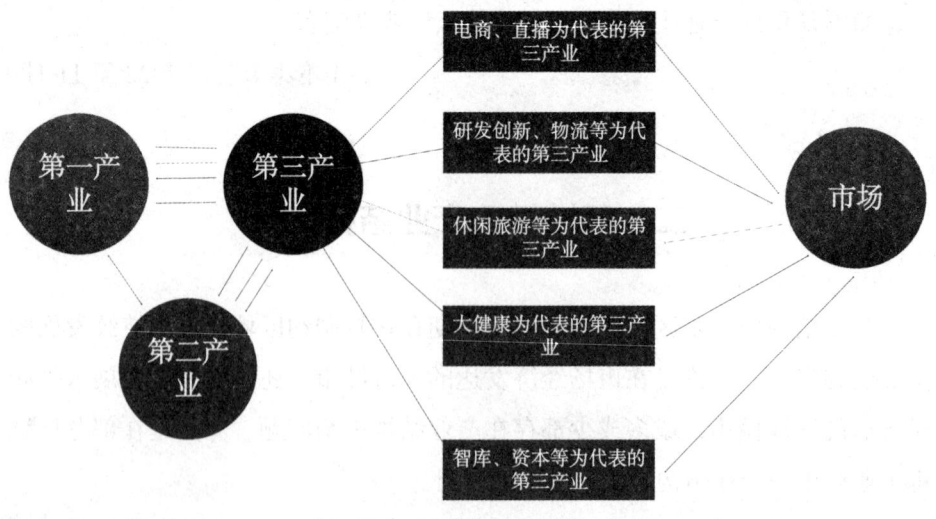

图2 产业结构关系图

产业结构失衡在第二产业中的表现同样极为普遍和明显，我国制造业的总体状况是"大而不强"，这也是对第二产业中产业结构失衡最好的诠释。产业结构失衡具体表现为低端产能过剩、新兴产能不足、价值链普遍偏低等，导致第三产业对第二产业支撑能力不足。再加上贴牌生产、代加工等低端制造业数量庞大，而拥有自主产品、自主品牌、自主技术的制造企业少之又少；传统工业比重大，而具有适应新一轮技术和产业革命趋势要求的新兴产业比重则非常低。

广东东莞是全国制造业重镇之一，到2018年，各大中小企业总数巅峰时期一度超50万家[1]，各项工业指标均位于全国前列，但统计于2018年的东莞高新技术企业仅不到6000家[2]，其中具有自主产品、自主技术、自主品牌的企业则更少，大量的制造业企业均属于中低端制造业，以贴牌代加工为主。从2008年开始，东莞制造业经济便经历了数次危机，这些危机的爆发都是由于外部环境剧烈动荡，例如，金融危机、中美贸易战等。而且，伴随着中国经济发展进入新常态，东莞制造业整体受到剧烈冲击，2014年至今，已经有超过10万家企业倒闭。

新冠病毒感染的暴发影响了正常的跨国贸易秩序，加之中美外贸冲突持续升级的影响，导致外贸订单减少、进出口受阻，再加上国内人力成本升高等因素，使得东莞制造业再次遭受重大冲击。总结来说，东莞的制造业经济虽然体量庞大，但是抗风险能力较低。对于我国第二产业而言，产业结构失衡的主要表现为生产制造能力强大，没有自主品牌和产品，单纯依赖贴牌加工生产订单维持企业正常运转；传统的低端产能强大而中高端产能无力，这些低端产能一部分用来填补国内市场，另一部分则出口到国外低端市场，一旦市场供需平衡被打破或是外部环境发生变化，则整个产业链条会迅速崩溃。事实上，国内内部环境同样在升级。这种偏向于价值链低端的产业链条即使不从外部被击碎，也会因为内部环境发生变化而被打破。在2018—2020年，

---

[1] 《这就是东莞！企业户数首破50万 市场主体逾115万户》，中国报道网，2018年12月10日。
[2] 《2018年东莞市国民经济和社会发展统计公报》，东莞市统计局，2019年4月8日。

东莞地区不少制造业企业在接到订单后却苦于招不到从事生产的工人来完成订单,这就是明显的产业结构失衡。

对于区域经济发展而言,一旦失去这些长期积累的"优势产业",就会形成产业空心,使整个经济发展发生倒退,维持现状只会令情况越来越糟。如何合理有序地去"腾笼换鸟",打破当前不可持续发展的所谓产业结构平衡状态,建立新的、能够适应新时期的产业结构平衡状态,是区域经济发展要解决的一大难题。例如,东莞从2018年开始,就在有意识地加快对东莞制造业的转型升级,规划、引进了一批新兴产业,但实际上,这些举措仍然集中在价值较低的生产制造环节,未能成功地引入新兴产业的总部经济、研发环节。河北邯郸市有一个县级市叫武安市,是中国钢铁制造业重镇。自2017年开始,武安市开始有序地清退传统低端钢铁制造业,但清退后腾出的发展空间又该如何培育和发展新兴产业呢?一方面是适应新一轮的技术和产业革命;另一方面是服务和盘活武安市传统的优势产业——钢铁制造业。实际上仍难有有效战略。

第三产业同样普遍存在产业结构失衡问题。具体表现有二:一方面是处于第三产业的中高端现代服务业比例严重偏低;另一方面则是第三产业服务于实体经济能力不足,从而导致第三产业结构失衡。

广州是我国第三产业极为发达的城市,2018年,第三产业对广州GDP的贡献超过70%[1],其中,传统服务业(传统餐饮业、传统休闲娱乐业、传统教育培训行业等)、传统旅游业等传统第三产业占比超过70%[2],而具有智力化、资本化、专业化、效率化特征的高端现代服务业占比不到30%。同时,具有高价值且能够有效服务于产业经济发展创新、转型升级的高端现代化生产型服务业在其中更是只占据不到50%的比例。显然,这对实体经济的支撑作用是微乎其微的。新时期实体经济的发展创新,离不开高端现代生产型服务业的支撑,而高端现代服务业产业结构失衡将直接影响实体经济的可持续

---

[1] 《广州GDP突破2万亿元 第三产业占比超七成》,《广州日报》2018年1月31日。

[2] 《2018年广东国民经济和社会发展统计公报》。

发展和抢抓新一轮世界技术和产业革命重大战略机遇。如何切实提高高端现代服务业发展能力、创新能力和服务实体经济能力，使其进一步适应实体经济转型升级的要求和趋势，是区域经济发展中面临的第二大困局。

（本小节写于 2021 年 1 月）

三、区域营商环境困局

良好的营商环境对于区域经济发展的作用是不言而喻的，以深圳为例，这个城市能在改革开放后成为中国市场经济发展的"领头羊"，就是因为深圳的营商环境始终排在全国前列。而这样优质的营商环境，不仅包括国家出台的政策，也包括深圳自己发挥创新优势营造的条件和氛围。这样的例子不止在深圳，在中国其他一线城市也能看到。到目前为止，北京、上海、广州、深圳、杭州是中国经济发展水平最高的五大城市，每座城市都有其独具一格的营商环境。然而，在非一线城市的区域经济发展过程中，缺乏优质的营商环境是各地普遍面临的困局。

营商环境囊括了政策政务、市场法治、社会人文等多项要素，对于区域经济发展来说，营商环境所包含的各项要素并不都是可变的，例如关于国家层面的改革开放政策、劳动力数量和质量、自然资源、社会风俗习惯等。还有部分要素是在短时间内难以改善的，例如，所在区域的高校资源的多寡、交通环境及科研力量的强弱还有产业结构问题等。能够及时改善的要素则是区域性政策、政务效率、软硬件配套服务等。这其中最常见是区域性政策和政务效率的改善，最难改善的则是软硬件配套服务。

营商环境是区域经济发展水平的综合体现和参考指标，营商环境没有绝对的优劣之分，只有相对的高下之别。可以这样说，营商环境始终处于一种不进则退、慢进也是后退的状态。因此，优化区域营商环境，必须时刻保持危机意识。

在区域经济发展的竞争与合作中，依靠营商环境拉平差距，可以扭转

"马太效应"带来的强者越强、弱者恒弱的局面。优化营商环境的本质其实就是挖掘本地差异化优势，利用其构建起本地市场经济发展的特色体系。例如，改革开放之初，东莞夹在深圳、广州两座城市之间。深圳和广州虽然是改革开放第一批国家政策惠及的城市，但与这两城紧邻的东莞并没有因此得到多少政策支持。然而，东莞抓住了这一机遇，充分挖掘和发挥了自己的区域优势，营造出不同于深圳、广州两座城市的营商环境，在不受政策直接支持的背景下，借助改革开放的东风，顺利地让自己一跃成为中国制造业之都！这一成绩应该归功于东莞对营商环境的优化和利用。

营商环境遭遇困局的原因主要有三个方面，一是区域产业定位不准，不知道服务的对象是谁，从而导致营商环境遭遇困局；二是改善的效果不理想，例如政务效率、招商引资前后不一、承诺难以兑现等；三是改善营商环境时没有抓住重点，使得区域内软硬件配套服务缺少中心。

就第一个方面来说，我们都知道在区域经济发展中产业结构是有主次之分的，所以不能说某个城市自身设计的经济发展定位是错的，但在由传统的发展模式向新的发展模式过渡时，营商环境改善的重心是应该服务于当前还是应该着力于未来呢？目前，区域经济转型升级是平稳过渡的，在这个过程中，就会出现短期利益和长期利益矛盾的问题。短期内，支撑区域经济发展的支柱可能仍为传统产业，尤其是在传统重工业、自然资源开采业为主业的区域向新兴产业、第三产业为主导的产业领域转型时，营商环境的重心到底应该服务于当前的传统产业还是未来转型后的新兴产业、第三产业呢？而且，该行业未来的发展趋势如何？所定位的转型升级的新型产业是否精准呢？如果不精准，那结果当然不甚理想。

第二个方面最容易改善，但执行起来同样要面对重重阻碍，尤其是这些都涉及政府角色的转变。长期以来，政府对于市场而言，其地位是高高在上的，是政府领导下的市场经济发展。而要从根本上提高政府效率、转变思想观念，就要求政府服务于市场经济发展，主动参与和推动市场经济改革创新。这一转变无疑是道阻且长的。

即使是位于营商环境良好的广州空港经济区，也同样存在着政务效率低下、行政部门之间配合度差、相互推诿扯皮，甚至招商前的承诺到企业入驻后期却不能兑现等诸多问题，严重影响企业发展。

第三个方面可以说是区域营商环境优化的关键点。硬件方面容易理解，各地高楼大厦平地而起，软环境配套方面则差强人意。事实上，营商环境优化应以市场消费需求结构和市场需求趋势为基础，因为目前市场与产业之间的关系：产业引导市场，市场决定产业。然而，产业能否有效引导市场，关键在于产业规划和经营者对市场消费结构的全局分析及对市场消费趋势的准确判断。最好的营商环境，其实是规划领先产业发展现状半步。所以，优化营商环境说的就是规划者要比产业经营者更善于分析市场、判断市场。而就当前的市场现状及未来趋势两方面来看，低端消费市场的路会越走越窄，中高端消费市场的路则会越走越开阔；反映到产业上，则是创新、附加价值、品牌等要素，而这也恰恰是我国产业经济转型升级的内在要求，因为低端产业产能过剩而新兴产业产能不足是事实。因此，区域经济发展应将完善软环境建设、服务与支持产业创新等作为优化营商环境的重中之重。

（本小节写于 2022 年 1 月）

四、区域经济发展中的人才、资源不足困局

在我国非一线城市的区域经济发展过程中，均存在人才、资源贫乏的困局。随着中国经济发展进入新常态，人工、环境、场地等各项生产要素成本逐渐上升，而中国作为世界工厂的地位正在弱化；世界生产制造正在进行新一轮转移。可以说，中国正在主动拥抱世界新一轮技术和产业革命的重大机遇。在产业由低端向中高端进化的过程中，科技创新成为第一生产力，而人才作为科技创新的产生源头，则成为第一重要的生产要素。

中国的区域经济发展是不平衡的，改革开放的重要措施之一是以先富带动后富。在新一轮技术和产业革命过程中，如何确保这种不平衡状态尽可能降低而非升高？这就需要区域经济要破除人才、资源不足的困局，从而确保

区域经济的可持续发展。人才、资源分布不平衡正在加剧区域经济发展的"马太效应",受"马太效应"影响催生了"鲇鱼效应",其又引发了"海潮效应",结果就是强者更强,而弱者更弱,如图3所示。

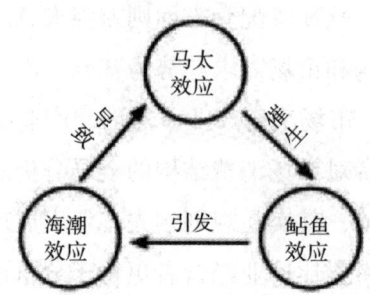

图3 区域经济发展间的多重效应循环

经济发展离不开人才。然而,在我国经济发展水平相对较落后的区域,由于受到历史发展水平的制约,本身就不具备培育出多少优质人才的力量,而诞生出的优质创新人才往往又被发达区域所吸走,所以,这些区域长期面临着人才培养能力不足、人才外流的双重困局。

例如,湖南省的株洲、郴州、衡阳等地邻近广州,城市之间又有多条公路、铁路相连通,城际之间来往极为方便。对比湖南株洲、郴州、衡阳与广州的院校数量,可以看出两者在人才培养方面力量悬殊,其中,株洲本科院校2所(其一为民办),专科院校8所;郴州普通本科院校1所,专科院校2所;衡阳本科院校6所(3所为民办),专科院校5所。而广州本科院校37所(其中多所为"双一流"),专科院校45所(多所为重点专科院校)。通过这些数据,株洲、郴州、衡阳与广州四座城市的人才培养能力对比结果一目了然,广州远超株洲、郴州、衡阳十几倍甚至二三十倍!而放眼整个湖南省,也仅有本科院校52所、专科院校76所,相比较而言,一个广州市的人才培养力量,就顶得上大半个湖南省。

湖南人具有很强的奋斗精神,果实却长在广州!每年都有大量的湖南人涌入广州、深圳。广州有很大一批优秀企业家、杰出人才是湖南人。可以说是湖南人撑起了广州经济发展的半边天,这一点对于任何一个在广州待上一段时间的人来说都深有感触。而这一现象说明湖南省人才流向广州的情况极为普遍,这些在广州取得成就的湖南人或许会回报家乡,也或许不会,但正因为如此,他们给湖南的区域经济发展增加了诸多不确定因素。

区域本身人才培养能力弱,有限的人才被一线城市虹吸外流,这就是当前国内许多区域经济发展中的人才困局。除此之外,他们还面临资源不足的困局。

产业转移的往往是一线城市淘汰下来的落后产能或是处于价值链低端的产业环节,因而三、四线城市面临的是新兴产业发展能力与资源不足的困局。尤其在中国经济发展转型处于质变的阶段,三、四线城市这种无力感会进一步加重,从而错失新一轮技术和产业革命的重大发展机遇。这种资源困局体现在三个方面:一是产业低端,二是高端现代服务业匮乏,三是现代化新兴产业的营商环境差。

具体来说,第一个方面,三、四线城市产业低端的状况并未发生根本改变。2019—2020 年,一、二线城市产业转移规模超万亿元,但所转移的产业基本都是落后产能和处于价值链低端的生产制造环节。而在三、四线城市所规划的各类科技创新园区,最后实际进驻最多的也仅仅是高新科技产业中的生产、制造、组装等这一类环节,罕有见到总部经济、研发环节选择进驻的,这就使三、四线城市所预想中的科技创新园名不副实。

第二个方面,高端现代服务业匮乏。2018 年,北京、上海、深圳三个城市的服务业产出占比均达到了 60% 及以上,其中,北京的服务业产出占比达到 81%,上海和深圳则分别是 69.9% 和 60%。[1]2019—2020 年,北京、上海、深圳新增了大量高端现代服务业,使得服务业与实体经济二者之间的紧密度进一步提高,而高端现代服务业是高新技术产业、战略性新兴产业发展的重要软环境。反观相对落后的区域,服务业占比基本处于 40% 以下,其中,高端现代服务业更是少之又少,原因是其不具备产业链高端环节扎根的土壤和环境。

---

[1] 《协同发展平稳向好 区域协作成效明显》,北京市统计局网站,2019 年 4 月 2 日;《2018 年上海市国民经济和社会发展统计公报》《深圳市 2018 年国民经济和社会发展统计公报》。

第三个方面，支持现代化新兴产业的营商环境相对较差。营商环境包含多个方面内容，对于传统制造业而言，成本低就是它所需要的营商环境；而对于现代化新兴产业而言，成本低固然也是其追求的营商环境，却不是其第一追求目标。事实上，区域产业结构、社会人文、交通信息、人才环境等才是现代化新兴产业得以生存和发展的重要因素。

（本小节写于 2020 年 2 月）

五、影响脱贫攻坚和乡村振兴的问题长期存在

中华人民共和国成立后，我国国民经济的发展形势先后经历了计划经济、改革开放和市场经济常态。在这一过程中，"先富带动后富"的指导思想起着重要作用。以这一思想为基础，加上个人觉悟、天赋、努力、机遇等各种因素的作用，就不可避免地会有的人先富起来、有的区域先富起来，而有的人则迟迟未能加入致富潮流中，甚至有的区域经济状态死气沉沉。

进入 21 世纪以后，贫富差距越来越大。为实现减贫脱贫，党和政府出台了一系列政策和措施。2013 年，习近平总书记在湖南省湘西州花垣县十八洞村首次提出"精准扶贫"重要思想；2015 年，中共中央、国务院正式提出《中共中央　国务院关于打赢脱贫攻坚战的决定》[①]，要坚决打赢脱贫攻坚战，确保到 2020 年农村贫困人口全部实现脱贫、贫困县全部脱贫摘帽，实现全国人民一同迈入全面小康社会。

转眼间已来到 2020 年。5 年间，在党和国家的正确领导下，在全国人民的共同努力下，我国人民生活水平整体得到明显提升，但仍然要居安思危：虽然我国打赢了一个阶段的脱贫攻坚战，但要清醒地认识到，贫困是相对的，是需要做横向比较的，只要一天没有消除区域经济发展的不平衡状态，那贫困就可能随时复发！所以，打赢脱贫攻坚战之后，还面临着脱贫攻坚乡

---

① 《中共中央　国务院关于打赢脱贫攻坚战的坚定》（2015 年 11 月 29 日），新华社，2015 年 12 月 7 日。

村振兴的困局！

回顾扶贫攻坚整个进程，一开始是授人以鱼，即党和政府直接发放补助给贫困农民，但由于处于贫困地区的农民受到自身觉悟、知识层次等各种要素的制约，这些补助往往被用于一时的消费。对此，党和政府在第二阶段开始改变扶贫策略，由原先的直接发放补助改为鼓励生产，即鼓励种植、养殖，基于开展的种植、养殖业给予专项补助，并开始有意识地帮助贫困农民改善基本的居住环境和住房条件。事实证明，这一扶贫策略效果明显：一是整体上使农村面貌焕然一新；二是部分思想觉悟高、能力强、勤劳肯干的村民开始富裕起来。第三阶段的扶贫策略则是产业扶贫，即充分发挥基层村民自治组织的主观能动性，利用集体经济的长处，开始以村为单位，支持、补助发展集体产业，从而带动村民整体致富。在这个过程中，对于特别偏僻的地区，党和政府则采取了整体搬迁策略。

以上是党和政府扶贫攻坚的总体面貌，下面来分析一下其中隐藏的问题。第一，在实施第二阶段鼓励种植、养殖的扶贫策略过程中，没有惠及所有村民，严格来说，只是惠及了少部分村民，据笔者调研，发现其所占比例不超20%；但是，有意识地改善村民居住环境和住房条件的，则惠及了所有人。第二，在实施第三阶段的产业扶贫过程中，虽然涌现了一大批先进典范，但根据不完全统计，在AB村进行产业扶贫过程中，在上级政府的政策支持下，该村利用集体土地（并承包下几户村民土地）、资源，开展了水蛭养殖业。这本该是带动全村致富的产业扶贫项目，但是，其一，该项目仅由几个村干部全权负责，无论是在项目的运营管理方面，还是来自该项目的所得收益，其他村民无一人参与。其二，由于缺乏水蛭养殖经验，加之经营管理不善，该项目实际处于年年亏损状态，那么，因亏损而导致的窟窿怎么补？负责运营管理这一项目的人的利益从哪里来？答案是来自上级政府的支持产业扶贫发展的补助金。补助金一旦中断，则该水蛭养殖项目随即宣告破产。整个项目过程用时不到两年，其间，村民既未从该产业扶贫项目中获得实际收益，也未能被激发出投身产业致富的主动意识和提升产业致富的能力。其三，基层矛盾依然突出，严重制约了扶贫攻坚的发展。

这样做的结果就是，贫困乡村虽然摘掉了贫困的帽子，却让贫困潜伏了起来，具体表现在两个方面：一是抗风险能力极低，假若自然灾害或是疾病等任一事件发生，村民就会立刻重返贫困；二是没有可持续的经济来源，收入不稳定且偏低的事实没有改变。这种现象既存在于刚刚摘掉贫困帽子的地区，又存在于如粤东西北这样的区域。粤东西北的许多城市既不属于扶贫政策帮扶的范围之中（其经济水平略高于当时的规定的扶贫标准线），又存在事实上的相对贫困。而且，如今像粤东西北这些城市的区域正在不断增加。这些城市是被扶贫政策惠及而摘掉贫困帽子的城市，但贫困的种子仍然潜伏在区域经济发展的基因中。随着2020年脱贫攻坚战的胜利，许多地区面临如何保住脱贫攻坚战的胜利果实，防止区域贫困复发，走出可持续的产业化脱贫攻坚和乡村振兴之路的问题。

面对这一困局，首先要提高思想认识，即从现在开始，要做到居安思危；其次要重视基层产业人才结构和配置，同时注重基层人才素质的提升；最后要协调好基层关系，上下携手同心。要突破困局，具体需从以下三个方面着手（见图4）：

第一，必须走依靠产业创新脱贫攻坚乡村振兴的道路。

第二，只能从结构调整优化上解决问题。

第三，要平衡好短期生存与中长期发展二者之间的利益问题。

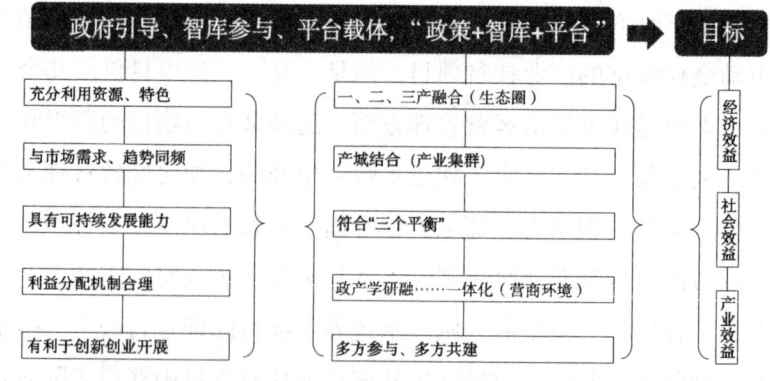

图4 利用"政策+智库+平台"的方法破解困局

（本小节写于2021年9月）

六、区域经济发展创新困局

创新是区域经济发展适应新常态的关键词,也是区域经济能否抓住新一轮技术和产业革命重大机遇的唯一抓手,同时,创新能力不足也是区域经济转型升级的绊脚石。创新是区域经济发展长期要关注的问题,是一把能够影响区域经济可持续发展的"双刃剑",用好则强,用不好则弱。如何有效激发区域经济创新活力、提升区域经济创新能力和水平,是区域经济发展面临的重大困局之一。

产业与创新二者之间的作用是相互的,产业强会带动创新强,创新强则会催生和吸引产业集聚,从而壮大产业规模。但是,创新不会凭空出现,它扎根在产业的土壤中。纵观近代以来世界产业经济发展的历程,能够催生创新的条件有两个:一是产业土壤非常肥沃;二是处在培养创新种子的环境中,也就是自身处在高校、科研群落的地区。这两个条件是刺激创新的先决条件。

在中国,北京、上海、深圳、杭州是四个极具代表性的创新型城市。其中,北京是文化创新之都,上海是金融创新之都,深圳是科技创新之都,杭州是互联网创新之都。

北京具备高校科研力量集聚的优势。很长一段时间内,北京是中国政治、文化的中心,文化创新能力强、水平高。它之所以能成为文化创新之都,就是因为其天然和历史的优势。

上海被称为"魔都"。自清末民初始,上海一度是中国内地经济最为繁华的地带,且中外文化交汇,金融产业自19世纪就开始出现并发展迅速。上海也是国外银行等金融机构在中国的集聚地。中华人民共和国成立后,第一家证券交易所就是上海证券交易所。悠久的金融产业发展历史,使上海金融产业发展水平始终遥遥领先。上海正是基于金融产业的高度发展,才造就了如今的金融创新之都。

深圳如今能位列创新型城市之列则是得益于改革开放之初,它作为中国第一批沿海改革开放城市、窗口城市，在当时施行计划经济机制的大背景下，随着市场经济环境的放开，迅速吸引了一大批市场经济的创业者、经营者。深圳的产业发展经历了由低端到高端的进化过程，在雄厚的产业发展基础上，诞生了如今中国的一批科技创新巨头，例如华为、小米、VIVO、OPPO企业。这些科技巨头奠定了深圳科技创新之都的基础。深圳的优势有一部分是不可再现的，如时代背景、国家层面的政策优势、区位环境等不可再现，但有些是非常值得借鉴的，如过去的深圳在转型过程中对于科技型中小企业的培育孵化政策、深圳塑造的营商环境、深圳给予产业创新鼓励和支持等。

杭州能够成为互联网创新之都，要归功于阿里巴巴这一互联网行业巨头，阿里巴巴在杭州成功地缔造了互联网产业发展创新的生态网络。而杭州在围绕互联网这一核心产业所做的产业结构布局、产业链串联等方面工作，则是将这一优势不断扩大，并渗透到多个周边产业领域中，从而形成了以互联网产业为核心、以杭州为中心的呈卫星状的产业发展创新布局。

至于粤港澳大湾区、长三角、京津冀等经济带的形成和布局，目的在于区域共同发展、区域平衡发展；策略在于用区域带动区域，用先富带动后富。

对于其他区域而言，要善于对比北京、上海、深圳、杭州四座城市在创新中所进行的各项差异化布局，先寻找产生这些差异化的原因，然后再对比自身，从而走出一条具有自身区域特色的创新发展道路。

创新难是区域经济适应新常态、可持续发展道路上的重要困局之一，而创新难的这个困局主要是原因缺乏创新的种子、无效创新带来的资源浪费和创新成果转化困难。

人才是创新的基础。对于很多区域而言，本身并不具备高校群落、科研群落，且又难以吸引和留住人才，由此导致创新还没开始就陷入困局。因为高校群落、科研群落缺乏的问题不是短期内就能够解决的，所以，这些资源相对匮乏的区域只能从吸引创新和留住创新人才着手。为什么大城市可以吸引人才、集聚人才？原因在于大城市有更多的机遇和更大的发展空间，但这并不意味着所有的人才和好的创新都能够在大城市成功落地并健康成长。当然，对于发展相对落后的区域而言，这是珍贵的、不可错失的吸引人才的机遇，所以如何吸引和留住这些创新人才非常重要，他们是创新的中坚力量。资源相对匮乏的区域不要与大城市争夺都顶尖人才，因为你所能给到的条件，大城市都能给到，而大城市能够提供的，你未必具备。况且，合理的创新人才结构是呈金字塔状，如果只有金字塔顶层而没有中间层和底层，那这样的创新人才结构显然就是空中楼阁、无根浮萍。

无效创新带来的资源浪费始终困扰着想要大胆创新的人们。创新是有风险的，而且属于中高程度的风险。创新成功自然会带来高回报，只是高回报必然伴随着高风险。因此，创新是需要引导的，需要基于全局结构、基于对未来趋势的正确方向引导。对于创新人才来说，其往往专注于某一专业领域，但对于全局意识和对未来趋势的分析判断力未必足够专业，因而需要一个宏观引导机制。

此外，不可忽视的一大难题就是创新成果转化问题。如果将创新看作一个工厂的话，那么，成果转化无疑是销售环节。有了创新成果，但卖不出去，那生产者就会蒙受损失；产品一旦滞销，自然就会中断生产线。因此，单纯地从生产流程和产品本身来寻找出路注定是无解的。唯有积极开发市场、策划销售模式和组建专业销售团队，才能找到出路。对应创新成果的转化，开发市场就是夯实区域产业发展的基础，应合理规划产业结构，加强产业集群打造；策划销售模式则是让创新参与产业发展，一方面创新服务于产业，另一方面以产业需求为导向引导创新方向，打造命运共同体体系，协调理通各方关系；组建专业销售团队则是构建起以政府牵头、多方社会力量参与的创新成果转化中心，而这样的中心不仅是针对区域内的，同样需要开放性地面向全国乃至全世界，具体路径如图5所示。

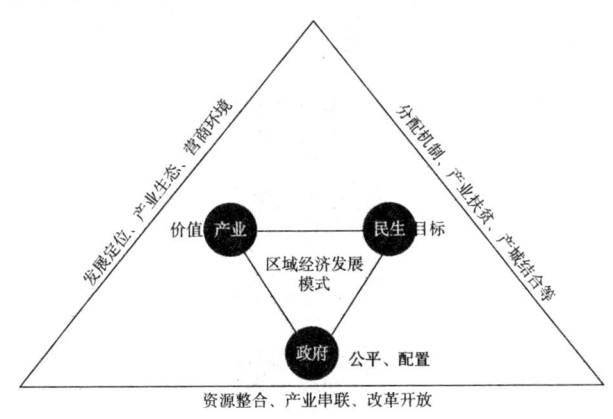

图5　创新成果转化路径

（本小节写于2022年10月）

七、国际和国内环境影响区域经济发展

国际和国内经济环境的变化深度影响着区域经济发展。宏观上,如果将世界经济体视为一个整体,下一级则是国际经济合作联盟、经济带,如东盟、欧盟、"一带一路"等;再下一级是各国国家经济体;再下一级是由本国内部各城市组成的经济协同发展集群,例如我国的珠三角、长三角、京津冀、粤港澳等;再细分城市区域经济,其下又可进一步细分到县域经济,县域经济由镇域经济组成,镇域经济由园区经济组成,园区由各企业组成,企业是世界经济体的最基本组成单位。由此便有了一个可以直观理解各级别经济体之间的关系结构,如图6所示。

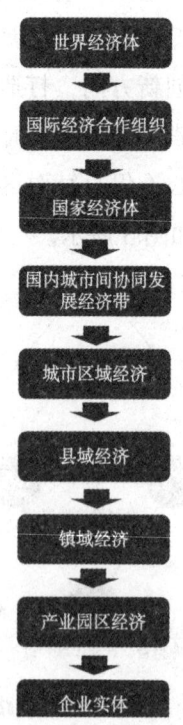

图6　国际和国内经济环境的结构

区域经济与区域经济之间的相互影响类型分为两种：一种是直接影响，即发生在不同区域经济之间并有着直接的利益竞争与合作；另一种是间接影响，即局部 A 发生变化会影响到整体发生改变，整体的变化又影响到另一局部 B，使 B 跟着发生变化，A 和 B 之间虽然没有直接关联，但是，A 的变化最终还是影响到了 B，使 B 发生了改变，如此一来，就形成了"蝴蝶效应"。

我国正处于经济发展从量变到质变的转型升级关键时期，充分融入国际经济发展环境，深度参与世界经济对未来发展命运的探索，同时，也对国际政治、经济、军事环境的变化更加敏感。当前的区域经济发展中碰到的瓶颈、困局，有很大一部分是由于 2018 年以来的国际环境动荡愈演愈烈，且国内经济环境也在发生变化。

截至 2019 年，我国外资企业总数累计超过 100 万家，外资规模总额超 2.1 万亿美元，而具有外资成分的企业数量更为庞大。这些外资企业绝大多数分布在新兴产业中且位于价值链的中高端，在同行业中，往往处于领先的优势地位。

2019 年，我国对外投资规模约 1100 亿美元，在海外办企数量近 4 万家。

截至目前，国内有多少家是以做出口为主的企业？区域经济中以出口为主的企业占比是多少？又有多少家是以承接外来订单为主的 OEM 代加工企业？虽然难以准确统计出具体数字，但其数量规模在国内任何区域都不会小，即使是在经济发展领先的长三角、珠三角地区，这些企业也都是贡献区域经济发展的主力军！

在新兴产业及高新科技行业领域，区域经济绝大多数是采取以市场换技术的策略。截至目前，许多行业的本土企业均不掌握核心技术和品牌，依赖进口的情况十分普遍。

外资属于国际流动资本，其对国际总体环境、投资所在国及资本来源国的政治、经济、军事、外交关系等均比较敏感。例如，我国经济发展进入新常态后，人工、原材料、土地成本均呈现上升态势，而与中国相比，东南亚等新兴经济主体的崛起，使得他们在生存成本上拥有绝对的优势，在这种情况下，就会有大量外资生产型企业撤出中国；从中美贸易战爆发到新冠病毒感染暴发，其间产生的一系列因资本主义国家对我国采取敌视政策所带来的区域经济的影响，包括鼓励本国企业撤离中国、限制本国企业向中国企业出售核心技术等，这些对中国区域经济的可持续发展都带来了极大的挑战。

"外贸出口依赖型+OEM代加工"的企业模式是区域经济发展过程中一直都不容忽视的重要经济发展力量，但这种经济模式的抗风险能力极低，尤其是在对抗国际环境变化方面更是毫无抵抗之力。例如，自新冠病毒感染暴发以来，由于国外订单的大量取消和进出口业务的低迷，面临生存困境的企业比比皆是，区域经济发展状态也因此遭受一波重击！

截至目前，区域经济发展中传统产能始终占据主导地位，但当前的国内环境总结起来是"由量变到质变，打破旧常态以重建新常态"。传统落后产能过剩、新兴产能不足、区域经济中新兴产业发展基础薄弱、生态环境薄弱、短期生存和中长期发展利益之间的矛盾突出等，都使得区域经济发展陷入困境。

综上所述，国际和国内环境的剧烈变化是区域经济发展陷入种种困境的根源。当前区域经济发展的规划管理层虽然具有针对国际国内环境变化的应变意识，但在实施和实践层却不具备这样的意识。也就是说，区域内的政府在关注国际国内环境变化，也在根据变化调整区域经济发展方向和内部环境，但是，区域内的绝大多数园区、企业，尤其是中小企业不具备这样的大局意识和超前思维，而是仅关注周边3里、眼前3个月。这样一来，政府在推动区域经济发展时不仅转舵难，很多时候更是事倍功半，甚至有时只能是有心无力！而如何促使区域内的园区、企业尤其是中小企业树立大局意识、养成超前思维，是区域经济在发展过程中应对国际国内环境变化所带来的困局时要解决的一个重要问题。

（本小节写于2022年1月）

第二章 区域经济发展问题内因分析

一、区域经济定位不精准

区域经济在选择发展方向时不够十分精准,在后续发展过程中容易偏离正确轨道;在微观上,区域经济内的产业发展定位差异化大、方向不统一,难以形成合力。如果此时发挥区域经济发展的最大潜力,反而会造成内部损耗,从而导致区域经济可持续发展陷入现实困局。

区域经济在选择发展方向时虽然大多不至于犯重大决策性的错误,但定位不精准、重心不准确、布局有偏差等问题始终存在。须知一个区域对产业的承载力是有限的,可开发利用的资源是有限的,在经济发展从量变到质变的转型阶段,最重要的一点就是要集中资源、重点突破,只有这样,才能在最短的时间内完成区域经济发展的转型升级。

急于求成是区域经济定位不够精准的一大原因,而在这一点上有三种表现形式。

第一种表现形式是盲目选择产业。例如,自战略型新兴产业公布以来,国内几乎所有的县域经济以上的区域经济规划中都包括了战略型新兴产业的布局,却没有顾及区域内是否具备真正发展这些战略型新兴产业的条件,因此造成了战略型新兴产业在价值链低端的产能富集和过剩现象。这一选择,既是对战略型新兴产业可持续发展的一种伤害,也是对区域经济可持续发展的一种伤害。

第二种表现形式是招商引资饥不择食,从而引发区域产业结构混乱。从招商引资的本质和目的来看，都是为区域经济发展注入新的活力，这需要遵循区域经济内的产业链延伸、配套和衍生等规律，有序、科学地开展招商引资工作。但是，在现阶段，招商引资已经成为许多区域经济发展中僵化的考核指标，完全忽略了区域内的产业链延伸、配套设施及衍生规律。不符合原区域内的产业链延伸、配套设施及衍生规律的外来产业、企业在本地的落地和发展，结果无非两种：一种是外来产业、企业出现水土不服，进来之后短期即搬走；另一种是外来产业、企业挤压、抢占原区域内的产业生态空间，导致单极畸形的快速生长状态。由于许多区域引进的往往是处于价值链低端的生产制造环节，这样一来，又会造成两种后果：一种是区域经济可持续发展的平衡生态遭到破坏，即压榨、透支了区域经济发展潜力以及环境生态、商业生态承载能力；另一种是区域经济抗风险能力大幅度下降，即该行业的国际和国内环境发生大幅度波动，且行业本身震荡时，使得该区域经济发展陷入巨大的危机之中。

第三种表现形式是借鉴一流区域发展模式时流于表象，忽略本质以及没有因地适宜地做出改变。区域经济由于地理、人文、发展历史、社会环境等诸多要素的不同而各有其发展特色、模式和道路。当前的实际情况是三、四线区域大力模仿一、二线区域，大搞硬件开发。例如，科技创新谷这样的区域经济体在一、二线城市可谓车水马龙，不仅能产出可观的效益，还对产业发展发挥了引领创新作用，但科技创新谷在三、四线区域往往门可罗雀、难有作为。

由此可见，区域经济在后续发展中很容易偏离正确轨道。这是为什么呢？原因有二：一是开局过于宏大、包罗万象，恨不得在一两年内就将本区域建设成为国际一流城市群落、产业生态，"大跃进"式的规划屡见不鲜，而理想的丰满终会被现实的骨感所打败，于是最初的目标蓝图和质量要求在实际执行中不断地被大幅降低标准；二是在顶层设计中包含了许多不准确的规划内容，既分散了资源，使得准确部分的执行力不够，也使得区域经济内发展空间配置错位，冲击了部分合理的产业规划，且打击了对整体规划有效执行的信心。

区域经济发展的具体走向和实际情况不是一份规划书就能完全决定的。即使是处于区域经济发展规划核心地位的政府也只能起引导作用，不能完全改变区域经济发展的结构和方向。区域经济正如一辆高速行驶的汽车,作为规划与设计者的政府在此时则是驾驶员,即使是踩下了刹车,汽车在惯性作用下也不会马上停止;而如果刹车、转弯太急,反而容易使汽车翻车,甚至可能导致车毁人亡。

为什么会这样?这是因为区域经济内产业经济结构下的企业不能随心所欲。企业作为区域经济内市场经济的主体,其发展具有滞后性、逐利性,甚至带有盲目性和破坏性。衡量区域经济发展顶层设计是否成功的标准,是要看区域内现存的大多数企业是否能接受,而大多数企业能否接受则取决于区域经济的定位是否精准、科学、合理。只有区域经济发展定位精准,才能符合大多数企业发展的长期利益,才能与企业转型升级的诉求形成共鸣。反之,如果区域内企业绝大多数属于落后产能,思想封闭而滞后,在看清区域实情之后,区域经济发展的定位更要非常精准,因为这是勇气与智慧的双重冒险,一旦区域经济在定位方面出现较大偏差,就会迅速使区域经济发展陷入空前危机。

综上所述,区域经济定位不准是造成区域经济发展困局的一大重要原因。如何精准地给区域经济发展定位,可以参照区域经济发展定位图的结构要素和分析思路,根据当地具体情况,进行全方位诊断,得出结论,如图7所示。

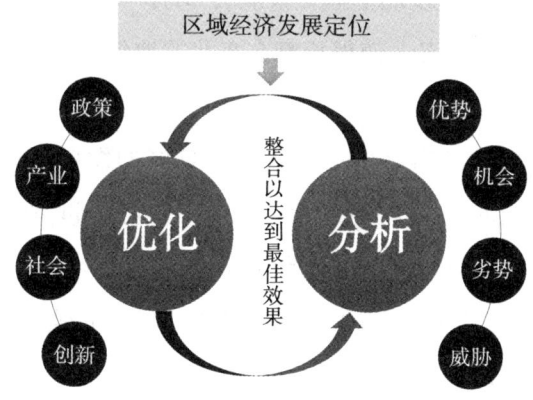

图7 区域经济发展定位

(本小节写于2022年7月)

二、区域经济规划未能将空间和时间充分结合

区域经济发展不是一座"孤岛",是不能关起门来发展的,正如"区域经济"一词本身所蕴含的内容一样,既可以是大到泛国际的区域经济体,也可以是小到以县城、村镇为单位的县域经济、镇域经济体。这种情况本身就说明了很多问题。其中尤为突出的是区域经济的跨时空性,即区域经济是连接宏观经济发展格局与微观某个发展抓手的纽带,既是在宏观战略中研究微观对策,也是透过微观对策反映宏观战略。

当前,区域经济发展规划中,尤其是在县域经济、镇域经济中普遍存在一个问题,即格局不够大、目光不够远,因而不能形成跨越时空、联系内外、桥接新旧的国际和国内发展格局变化的区域经济战略规划。例如长春市,1949年后政府将中国最早的汽车工业引入长春市,与沈阳、鞍山、大庆市共同成为"共和国的骄子"。改革开放前的长春汽车工业发展顺利,但自20世纪80年代以后,后来起步的上海(大众)、天津(丰田)、广州(本田)等城市利用外资纷纷超越长春,使得长春在东北的地位也出现了下滑,大连、沈阳、哈尔滨三座城市的发展水平均超过长春。

除此之外,国内还有许多区域曾坐拥良好的发展条件,但在经济发展规划中,或因循守旧,或急功近利,因而不能融入世界经济发展格局,经济、产业发展趋势相对衰落的城市屡见不鲜,比如徐州、洛阳、连云港、海口、武汉、汕头等,这些城市大多具备政策、发展底蕴、资源、地利、人和等优势中的若干项,却不善于求变,不能积极适应世界经济发展格局变化及国内市场经济的高速发展与转型节奏,其中因循守旧成分较多,其衰落的一些标志性节点也往往是国际和国内经济发展发生重大转型时,因为自身不能适应新的经济发展形势和竞争环境,而被其他城市快速超越,例如东莞、

三亚等。

区域经济发展创新犹如逆水行舟，不进是退，慢进也是退。区域经济发展的惰性不仅出现在过去的案例中，即使是在当前的城市区域经济发展规划中也普遍存在，因此，与区域经济发展密切相关的各方理应注意，是时候认真回顾和审视区域经济发展历程、现状与未来规划了，以便及时发现问题、解决问题。

区域经济发展规划要将区域经济发展的内外环境所涉及的空间与时间协调统一。这里所谓的空间，指区域在进行经济规划时要将自身置于更广阔范围的区域经济发展串联中，例如县域经济规划，不能闭门造车，而是要结合市级、省级、周边跨省市、整个国内乃至国际的世界经济格局变化、产业转移、产业链分工、市场流动、资本流动等，从而制定出最适合于本县域经济发展的顶层规划，使自己在国内和国际经济竞争中都能充分发挥本区域优势，从外部环境中获得最大程度的资源，即建立外循环；在资源被引入后，要迅速启动内部消化吸收机制，将外部资源转化为内部资源或成为整个产业链环节中不易被替代和撤出的要素，即建立内循环。只要内循环和外循环能够协调统一、相互平衡，就是在为区域经济发展创造源头活水。反观当前的各县、市的产业发展规划，鲜少是宏观的、系统的。

所谓的时间，是指要对区域经济发展的不同时期要有所认识。例如，五年规划要思考十年后国际和国内及相关行业的发展变化，消费情况和市场形势将如何变化，世界产业链分工与资本流动趋势会如何，区域可开发空间剩余多少及环境的承载力会如何等。在区域经济发展的未来五年规划中，前三年是尽可能布局，后两年则是尽可能破局。破局是为了释放城市产业可开发利用的空间及松弛区域资源环境的压力，是产业结构的优化和调整升级。为什么要思考十年后的发展趋势呢？因为每一个五年规划中都应包含布局和破局这两个部分，在上一个五年规划中的后两年破局策略要能够衔接后一个五年规划中前三年的布局，一立一破，一破一立，只有这样，才能实现区域经济的稳中求进式发展，在不断地创新和突破中实现可持续发展。

然而，当前的区域经济规划普遍是另一番景象，用一个甚至两、三个五年规划去布局，直至将区域内可开发利用的空间用尽，资源环境承载能力达到上限，后面再用一个甚至是两、三个五年规划去破局，可谓是前人竭泽而渔，后人筚路蓝缕。区域经济发展大起大落，势必导致不可持续的区域经济发展状态。

因此，区域经济发展不可持续的一个原因是区域经济规划不能将"空间"与"时间"两要素协调统一。区域经济规划中的"空间""时间"与资源的关系可以用一个坐标轴来表示，如图8所示。

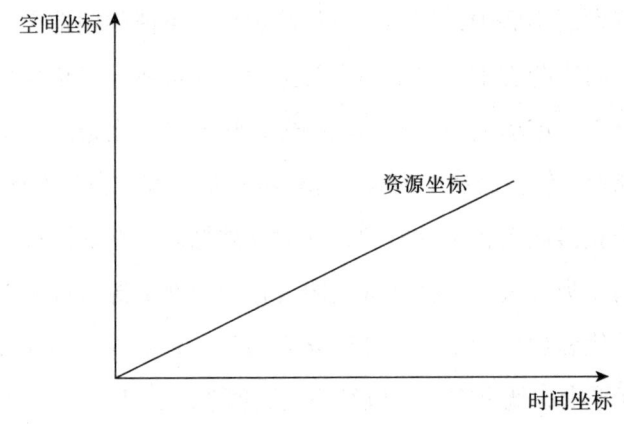

图8　区域经济规划中的"空间""时间"与资源的关系

（本小节写于2022年12月）

三、摒弃不做不错的"无为"思想

在区域经济发展过程中，改革与创新是实现区域经济跨越式发展的"隆中对"。新中国成立以来，波及范围最广、影响最大、意义最为深远的一次改革创新就是"改革开放"。改革开放奠定了中国经济高速发展的基础。邓小平同志在改革开放初期明确指出："改革开放胆子要大一些，敢于试验，不能像小脚女人一样。看准了的，就大胆地试，大胆地闯。"①邓小平同志鼓励人们去"试"去"闯"，以"杀出一条血路来"的决心和气势，激发人们在改革开放大潮中干事创业的热情。习近平总书记则鼓励人们"大胆探索，勇于创新"！

历史的经验和经济发展的实际情况都表明：改革创新没有坦途，必然伴随着不确定性风险，不具备继往开来、锐意进取的魄力和勇气，是无法担起改革创新重任的。当前，区域经济发展又将迎来新一轮的质变，在适应经济发展新常态、应对国际政治经济风云变幻的时代背景下，区域经济发展没有百分之百的坦途，只有不断地探索和创新！

如何评价当前大多数区域经济的发展设计？笔者的总结是：它们是最大众化的发展路线，而绝非最好、最快、最具潜力的发展路线。邓小平同志在改革开放中所批评的保守现象、畏首畏尾情结目前依然广泛存在，如果有读者身处相关领域中，可以回想一下，区域经济发展设计中有多少是当时极具潜力而如今被弃之不用的？在区域经济发展过程中，有多少地方是错失过时代发展机遇而被超越的？这就是导致区域经济发展困局的第四大因素："不做不错"的"无为而治"思想。

在无法得知结果的情况下，一条最大众化的发展路线和一条极具创新性的发展路线摆在决策者面前，估计绝大多数的决策者会选择走大众化的发展路线，因为大众化是能够被大众所读懂的，是能够被大多数人所接受的！而极具创新性的发展路线是大多数人所看不懂的，即使这一路线很有可能将区域经济发展迅速带上新的台阶，但毕竟决策的风险很大，成功了固然很好，一旦失败则深深涉及个人荣辱利益。在这种情况下，即使有80%的可能会成功，也会有90%的可能会被弃置。例如改革开放，在如今看来是极为正确的和伟大的决策，是扭转中国贫穷落后局面的关键之举。

---

① 邓小平：《在武昌、深圳、珠海、上海等地的谈话要点》（一九九二年一月十八日—二月二十一日），求是网，2019年7月31日。

区域经济发展的改革和创新必然会遭受来自时代的阻力，因而作为一地区域经济发展规划的设计师、决策者，必须有锐意进取、大胆改革的勇气和魄力。这不是莽撞的勇气，而是发展的自信。在改革开放大变局中，邓小平同志倡导"摸着石头过河"。同样，区域经济在新一轮变革创新中，也要有"摸着石头过河"的精神，既要有继往开来的自信，也不能蛮干、胡干，要具备系统的规划、路径和抓手，要符合事物发展和创新的根本规律，正如邓小平同志在阐述改革开放的科学合理性时所说的那样："革命是解放生产力，改革也是解放生产力。"

杜绝"不做不错"的念头，抛弃所谓的平缓发展的幻想，当今国际国内环境及发展形势都处于剧变之际，且将越变越快，恰如时代的车轮滚滚碾来，要么跑得更快，要么就是被粉碎在时代的车轮之下！

（本小节写于2023年1月）

四、人才结构配置

在区域经济发展中，人才结构配置问题是导致区域经济发展困局的一个重要原因。人才配置不合理体现在区域经济发展的多个层面、多个领域，成为区域经济可持续发展中一大系统性问题。

在区域经济实际发展中，人才大致可划分为普通劳动者、技术型人才、专业研究型人才、智库人才和专家人才五种类型，他们的数量分布呈金字塔结构，如图9所示。然而，在三、四线城市区域中，人才类型数量的金字塔结构呈现塔尖缺失、中层空洞现象，这种现象阻碍新兴产业等知识密集型产业发展。近3年来，在一、二线城市区域中也出现了金字塔底部坍塌趋势，大量的普通劳动者逃离一、二线城市，普通生产制造环节招工困难的现象屡见不鲜，尤其是在深圳、广州、东莞、佛山等制造业重镇区域。

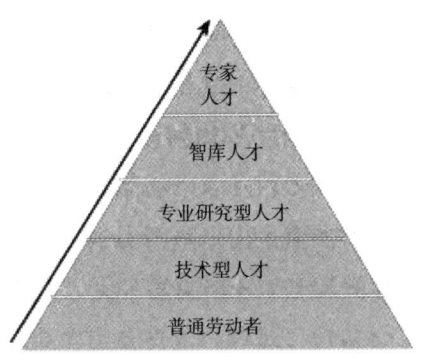

图9 人才类型数量结构

出现在三、四线城市区域的人才类型数量结构金字塔上的空缺如何填补？虽然，针对这一问题各地均有一系列的政策出台，但是，实际效果并不理想。一方面是受"马太效应"影响，另一方面则是因为三、四线城市区域率先将重心瞄准金字塔顶端，而在金字塔中层的人才表现乏善可陈。如此一来，没有了金字塔中层作支撑，金字塔顶端所能发挥的作用就有极大的局限性，一方面浪费了资源，另一方面也会使得金字塔顶端人才感觉舞台太小、中层不牢靠。因此，对于目前处于三、四线阶段的城市区域，不应将人才配置的重心放在金字塔顶端，一方面，从绝对实力和吸引力来说，三、四线城市对于金字塔顶端人才的争夺是拼不过一、二线城市的；另一方面，即使引进了少部分金字塔顶端人才，当地的产业结构也无法满足人才的需求，欠缺能够真正发挥出这一类人才价值的空间和舞台。要想解决人才这一问题，就要强调做优、做强金字塔中层人才的人才结构：一方面，三、四线城市区域对金字塔中层人才有综合吸引力，对比一、二线城市区域具有差异化优势；另一方面，三、四线城市的产业结构和产业层次实际也能迅速发挥金字塔中层结构人才的价值。

一、二线城市区域一直将重心放在金字塔顶端人才的争夺上，但是，一、二线城市区域人才类型数量金字塔基层劳动力流失现象越来越明显，对基础生产制造和服务业的正常经营产生了阻碍。这一现象是值得重视的。虽然一、二线城市的产业结构调整与优化、产业层次升级正在进行，但在未完成整体产能水平提升之前，仍需确保基层劳动力流失不可过快，最终能够维持在一个相对稳定的水平上。

除区域经济发展中整体的人才结构问题外,还可能对区域经济可持续发展产生重大影响的就是区域经济内的行政体系人才结构了。中国有大量的优秀人才集中在行政体系中,但这些人才的能力和价值并未得到合理的、最大限度地释放。这其中存在许多问题,包括体制结构、思想认识、选拔任用、决策建议、职权结构、不同部门之间的协调配合,甚至是个人原因等。总体的表现是官僚主义之风屡禁不止,工作效率偏低、执行力差,部门之间信息不对称、协调性差,甚至存在职能划分上的含糊不清、内部矛盾不断等问题,所以经常能看到人员队伍明明已经显得庞大臃肿,却依然觉得人手不够。例如,行政办事"一站式",这一举措自10年前就已经提出,直到10年之后,才初见成效;又如,区域经济中的招商引资体系,由于前后端信息交流不及时、配合不到位的缘故,造成了许多空头承诺,其结果就是严重损害了区域经济发展的信誉;再如,行政换届前后导致的政策差异现象。

在行政体系的人才结构中,不是专业的人做专业的事的现象普遍存在,结果往往事倍功半,不仅如此,甚至存在非专业的人指挥命令专业的人去做事的现象,也就是外行指导内行。这一问题在2019年底暴发的新冠病毒感染中暴露无遗,其结果自然是危害严重。虽然有些事件只是局部问题,但局部问题很可能是整体问题所导致的,因此,要善于挖掘事件背后所存在的原因,举一反三,由此反思:区域内类似的问题和现象是否还存在?存在多少?存在于哪些领域和方面?其实,结果显而易见,这种情况并非偶然,导致事件的原因其实就是行政人才结构中的决策机制和人才结构不合理。

目前,不少区域对原行政执行体系、人才结构配置、选拔任用机制等进行了局部的尝试性改革,引入了市场机制和做法,在局部上有效提升了行政效率。这是一个良好的开端,但还需要继续探索更深层次的改革,以期最终形成一套行之有效、可复制、可输出的模式。

综上所述,区域内人才结构问题,包括区域内整体的人才结构配置、区域内行政决策人才结构配置现存的不合理问题,是造成区域经济更好、更快发展的困局的第五大原因。

(本小节写于2022年5月)

五、鲁莽/自私的短期利益行为

区域经济发展中难免涉及短期生存和中长期发展的问题，短期生存是迫在眉睫的现实问题，关系到区域内的民生，因而需要优先去解决。尤其是对于发展程度低、发展落后的地区，短时间内应尽可能地承接产业转移，将可用的城市空间、剩余劳动力、自然资源等转化为实际生产力和经济效益。这是无可厚非的。因此，制约区域经济可持续发展的原因并非短期内追逐短期利益的行为，而是在此过程中所产生的"鲁莽/自私的短期利益行为"。如何判断"鲁莽/自私的短期利益行为"？第一，要看追逐短期利益时的形式是否最优，是否与当地中长期发展的矛盾最小；第二，要看追逐短期利益的过程中，是否有及时转型升级、优化产业结构的超前战略部署；第三，要看是否发展为过度追逐短期利益。

就第一点来说，区域经济发展中获取短期利益的方式实际上是有很多选择的。那么，为什么很多区域在实际操作中做出的却是存在矛盾的选择？其原因有二：一是区域经济发展的格局不够大、眼光不够高，因而所能找到的方式只有那么有限的几个，属于能力问题；二是区域经济发展的目标不够明确，是短期内合理提升区域经济发展和人民生活水平，还是短期内达到实现最大化政绩的目标。在现实的行政体制中，或者是因为任期有限，或者是为了创造政绩，决策者往往会偏向于后者，这样一来，就使得区域经济中长期发展与短期发展二者之间产生突出的矛盾，而这种突出的矛盾并不会在短期内爆发，往往是要 10 年甚至是 20 年之后才会发展到不可调和的地步，而当时的决策者早已功成身退。

就第二点来说，笔者在上一章节中提到，我国区域经济发展规划为五年一规划，且一个甚至几个五年规划均是布局，再用一个甚至几个五年规划去破局。因此，在追逐短期利益时，绝大多数区域不会有产业转型升级、结构优化的超前战略部署，只有在区域经济承载能力接近极限、问题频出时，才会着力去做出调整，但那时往往已经积重难返，不但治理难度大，而且转型艰难。

就第三点来说，则在满足区域经济短期发展要求的过程中逐渐迷失。这常见于资源型城市，例如攀枝花、大庆等地区。矿产资源丰富时，这些地方是全国首屈一指的发达城市，而一旦资源枯竭，则迅速没落，持久萧条！同类型的区域，例如亚洲西南部的卡塔尔，同样曾经是贫穷落后地区，同样具有丰富的石油矿产资源，同样是开始时依靠石油经济起家，而如今的卡塔尔旅游经济依然极为发达，成为继石油经济之后卡塔尔的又一大经济支柱。具有相似的资源条件、发展历史，结果和命运却截然相反的一个非洲国家则是南非。可见，作为矿产资源丰富的城市区域，短期内大力发展矿产经济，建设周边工业，发展区域经济的选择是没错的，但是，如果完全沉浸于这种模式之中，不思求变，执着地走单极经济模式之路，不追求多元发展的经济模式，是走不远的！此外，还需谨记盛极而衰的客观规律，在区域经济发展程度达到最高峰时，即要开始着手求变转型这是一个非常重要的节点，也只有在这个节点阶段破旧局、布新局，才能顺利地完成区域经济的转型升级。因为这个时候区域内的人、财、物均处于鼎盛时期，而等到区域经济完全衰落之后，再去谋变求发展，就会变得尤为艰难。

总而言之，追逐短期利益并不是导致区域经济可持续发展陷入困局的原因，而"鲁莽/自私的短期利益行为"才是区域经济可持续发展陷入困局的原因所在。

（本小节写于 2023 年 1 月）

六、可持续扶贫

区域经济内外发展的不平衡所导致的相对贫困是始终困扰区域经济可持续发展的难题。可以说，不平衡的发展状态是导致贫困的根本原因，只有解决区域经济发展的不平衡状态，才能彻底摆脱贫困。

随着 2020 年脱贫攻坚宣告胜利，我国整体上消除了绝对贫困，但贫困的病根尚未被挖除，仍需警惕贫困复发。

在扶贫攻坚期间，就有为数众多的区域既有贫困事实，但又略高于当时所定的贫困标准。例如，粤东西北的很多区域，贫困的病根始终存在，贫困的症状时隐时现，随着扶贫攻坚战的结束，类似现象将会成为刚刚摘掉贫困帽子区域的共同问题，即扶贫攻坚战取得阶段性胜利之后，要如何保持胜利成果，并逐渐祛除产生贫困的病根。

贫困是由区域经济发展不平衡导致的，当贫困导致居民幸福度快速滑落时，就会因贫生怨，逐渐衍生为一种社会消极情绪，从而成为威胁社会团结稳定的社会问题。同时，幸福度也是贫困的"止痛药"，但是，止痛药的止痛效果有时限的，如果在时限内不能有效消灭区域经济发展的不平衡现象，那么，由贫困引发的疼痛势必到来。

在没有国家特别政策出台和支持的情况下，在区域内脱贫攻坚和乡村振兴的议题上必须发挥区域自身的主观能动性。相对于整个区域经济来看，贫困是局部问题和病灶，一般的处理方式只有两种：一种是局部问题局部解决，也就是彻底挖除局部病灶，但这在绝大多数情况下并非可行措施，极个别地区（特别偏僻、交通特别不便地区）除外；另一种是局部问题整体解决，即跳出贫困本身去解决贫困问题，贫困既然是区域内经济发展不平衡所致，那就需要通过整体的产业转移、调整产业结构、招商引资、承接外部产业转移等方式，打造产业园区化的经济体系，帮助贫困居民将手中的不动产资源、劳动力资源、生产资料、生产工具等转化为实际生产力或投资，从而获得更高的、可持续的经济来源。

（本小节写于 2020 年 12 月）

七、创新驱动发展

创新是推动区域经济可持续发展的永恒动力。这里所谓的发展，包含两个部分：第一部分是量变，第二部分是质变。量变即是量的积累和增长，处在量变之中的区域经济都处于"阴极则阳"的加速上扬、暴涨阶段，直至该区段的空间、潜力用尽；而质变是当量变达到"近阳极点"时，进行"腾笼换鸟"、转型升级。区域经济能否顺利发生质变，则是判断区域经济发展是否可持续的关键。顺，则区域经济在经过短暂盘整之后，进入新一轮的"阴极则阳的加速器"；不顺，则区域经济会迎来一次漫长的"阳极则阴"的衰退期。

创新是决定区域经济发展发生质变是否能够水到渠成的关键，同时，这一过程也反过来推动区域经济的可持续发展。

从《2019年界面中国城市创新竞争力排行榜》[①]（如表1所示）可以看出，北京、深圳、上海、广州四座城市占据排行榜前四，是中国创新竞争力最强的四个城市，与此同时，这四座城市也是被国内普遍认可的经济发展水平最高的一线城市，且四座城市在一线城市中的排名关系也与创新竞争力排行榜高度一致，二者关系是如此紧密！

表1　2019年界面中国城市创新竞争力排行榜

排名	排名变动	城市	专利——综合		R&D投入强度		创新企业	
			分值	排名	分值	排名	分值	排名
1	不变	北京	0.8617	2	1.0000	1	1.0000	1
2	不变	深圳	1.0000	1	0.5568	3	0.4395	2
3	不变	上海	0.5091	4	0.5478	4	0.3361	3
4	不变	广州	0.5147	3	0.2036	12	0.3104	4
5	不变	苏州	0.3922	5	0.2463	10	0.1433	5

这份排行榜中的数据直观地反映了创新竞争力与创新投入和城市产业结构、基础之间的关系。值得关注的是：第一，城市创新竞争力排行与区域内创新企业排行关系最大。第二，广州虽位于排行榜第四位，创新投入却排在第十二位。结合当前广州城市发展速度放缓，且逐渐被超越的现象来看，甚至有人发出"广州正在淡出一线城市"的评论。可以说，二者之间有着必然

[①]《界面第二次发布中国城市创新竞争力排名，北深上广再夺前四，东莞表现亮眼》，界面新闻，2019年11月13日。

的因果联系。广州之所以仍能排在第四位,是因为广州有长期积累下来的产业基础、产业结构优势。第三,西安创新投入排行第二位,但总体排在第八位、创新企业排第十五位,说明城市创新竞争力排行榜受创新投入的刺激与产业结构影响是相当的。第四,专利排行榜约等于创新企业排行榜。

排行榜的排名只是从部分客观数据反映城市区域创新竞争力的大致情况,并不完全准确,因为其中还涉及所属行业现状、有效创新种类与数量、创新程度、创新成果转化及转化效率等多种实际存在且不易量化的因素,所以,实际情况与排行榜的排名情况有所差异。

区域经济发展创新的阻力来自四个方面:一是区域内产业发展环境紧迫度不足,二是区域内对于创新的诱惑或是刺激力度不够,三是区域内人才结构存有空洞,四是创新的支撑体系不健全。

在区域经济发展中,所有的创新都是由两个因素导致的:一个是被外部环境所逼迫的。例如,传统的生产方式成本升高,传统的经营模式无法继续生存,行业间的竞争越来越激烈,必须开发差异化产品等;外部环境逼迫得越狠,则创新爆发的势头就越强。另一个是被外部利益诱惑所刺激的。例如,在法国拿破仑时代,军粮不仅营养和口感差,还影响士兵战斗力。这是困扰拿破仑军队的一大难题。为此,拿破仑专门悬赏12000法郎征求食品储藏法,要求在任何气候条件下、在任何地方,都能保证食品长期储存而不腐烂,还要保持味道新鲜。因此罐头食品产生了。

这也是为什么一、二线城市区域远比三、四线城市创新活跃度高的原因之一。首先,一、二线城市区域产业竞争环境激烈,传统产业、传统生产经营方式等逐渐丧失市场份额和竞争力,出于生存和发展的需要只能选择创新,而三、四线城市区域往往要比一、二线城市落后一些,传统的产业、传统生产经营仍有生存空间,故而不思进取。其次,一、二线城市区域由于经济发展水平较高,对于创新的投入也往往比三、四线城市区域要高得多,三、四线城市区域除了要发展产业经济之外,民生扶贫、基础设施建设等都需要花钱,在创新投入方面的力度远远比不上一、二线城市区域,所以,外部的利益诱惑对创新的刺激也远没有一、二线城市区域高。

人才结构不合理也是导致创新无力的原因。在前文中，笔者分析了区域经济发展中的人才困局和人员结构配置不合理的原因，也指出了尤其在三、四线城市区域的人才类型数量金字塔结构的中空问题，在人才引进观念上，又对金字塔中部的人才重视程度不高等问题作了阐释。由此可见，创新是有层次的，既有重大创新也有普通创新。对于当前的区域经济发展而言，重大创新依赖于尖端人才，创新产生困难，转化周期长，尤其对于三、四线城市区域来说，更是如此。反观普通创新，创新产生容易，转化周期快，是能够在短时间内推动区域经济发展不断迈上小台阶的重要动力，而普通创新人才，其实就是处于这个金字塔结构中部的人才。

创新并不只是发起创新的某一个企业、团体、个人的事，每一个创新都是区域经济内多个环节、多方力量协同作战的成果。事实上，目前无论是一、二线城市区域，还是三、四线城市区域，不同程度存在有效创新不足、成果转化困难等问题。目前，各城市区域主要以"双创"平台的方式来推动创新，但存在两个局限性：一个是体系不健全。完整的双创平台应包含给项目、给团队、给资金、给专家指导（即"四给"模式），但目前绝大多数的"双创"平台被做成以物业办公为主的模式，虽然会附加一些其他增值服务，但远远做不到"四给"。另一个则是覆盖范围不足。创新的主体是多层次的，既可能是初创企业、创业个人，也可能是区域内已经在成长和发展中的中小微企业；既可能是新兴产业，也可能是传统产业。这种局限性凸显了区域经济内缺乏围绕创新为中心的支持和服务体系，这是当前"双创"平台普遍存在的局限和问题。

在创新过程中遇到的或胎死腹中、或盲目无效、或成果转化艰难等种种问题，不但浪费了区域经济内的发展资源，还极大地阻碍和制约了新时期区域经济的发展，严重威胁着区域经济的健康可持续发展。

（本小节写于 2020 年 11 月）

第三章 区域经济发展问题外因分析

一、当等待成为习惯，借鉴就近乎等同"拿来主义"

改革开放有"领头羊"，是因为当时的政治环境有局限性，而后在市场经济高速发展时期，"领头羊"依然存在，直至经济发展进入"新常态"。在新一轮技术和产业革命时期，"领头羊"依旧呼之欲出！

在过去很长一段时间里，"领头羊"这个称谓是一种褒奖，但随着改革的持续深入，尤其是在新一轮技术和产业革命的关头，一只遥遥领先的"领头羊"说明了中国区域经济发展无论是在发展水平、发展程度方面，还是在发展意识、创新意识方面，都陷入严重的不平衡状态。等待和借鉴成了更多区域经济发展创新的常态，不思进取，久而久之则会彻底丧失进取之智、之心、之力。

1979年，中共中央、国务院同意在广东省的深圳、珠海、汕头三市和福建省的厦门市试办出口特区。1980年，中共中央和国务院决定将深圳、珠海、汕头和厦门这四个出口特区改称为经济特区。1988年4月，我国又设立了海南经济特区。2010年5月，在中央新疆工作会议上，中共中央和国务院正式批准霍尔果斯、喀什设立经济特区。截至2020年，我国批准设立的自贸区有18个。但是，真正成长为具有"领头羊"能力的国内地区（不含香港、澳门），分别是北京（文化、学术）、上海（金融）、深圳（科技创新产业）、杭州（互联网行业）、东莞（制造业）。这其中既有属于经济特区、自贸区的，也有不属于二者之列的。由此可见，政策的力量并不能够完全决定该区域未来的发展是否会走在全国前列，只是赋予了该区域一定程度上的优势。事实上，区域经济发展中自身的内功修炼、创新意识才是真正决定区域经济发展创新成败的关键。

区域经济在发展过程中会碰上各种各样的难题，会形成各种困局。发展领先的区域会先碰上这些问题和困局，发展滞后的区域则会后碰上类似的问题和困局。发展领先的区域凭借自身的努力和探索成功解决了问题和困局，也就成了所谓的发展创新"领头羊"，而发展滞后的区域往往是参考发展领先区域的方法和模式来突破类似的问题和困局，表面上看结果相同，实质上存在着致命的问题，即领先区域是有着应对问题和破解困局的一套解题体系、机制和经验的，而发展滞后区域不具备这样一套体系和机制，更缺乏经验。随着社会主义市场经济的快速发展，不同区域之间由于具有不同的发展条件、优势，使得彼此之间的差异会越来越明显，最终将各自走上不同的发展道路。这个时候，发展领先区域对发展滞后区域的可供借鉴之处会越来越少，如果此时发展滞后区域没有建立起一套行之有效的问题解决体系，那么在面对区域经济发展所遇到的个性化新问题时，自然就会束手无策，而这就是区域经济发展的阵痛。

自改革开放以来，我国社会主义市场经济的发展历程使得区域经济发展养成了对层级结构的依赖性和观望的习惯。造成这一状况的原因，不仅是由于自身能力不足而不能做"领头羊"，而且内里更是有着不愿、不敢主动出头的意识，当等待借鉴的思想观念成为区域经济发展的习惯性思维模式，那么，泱泱中国的区域经济发展本该出现的"百花齐放、百家争鸣"的局面，实际上却只能听到寥寥数家之言！

（本小节写于 2021 年 9 月）

二、资源浪费现象始终存在

区域经济可持续发展最大的"敌人"是资源浪费。资源浪费既包括生产资料、生产工具、劳动力等的浪费，也包括在生产过程中产生的对区域发展空间占用、资源消耗、生态破坏、环境消耗等的浪费。区域经济发展中的资源浪费类型可分为两种：一种是因为产能过剩造成的资源浪费，另一种是试错浪费。其中，试错浪费又可分为必要浪费和非必要浪费两种。必要浪费是区域经济发展创新中不可避免的探索性消耗，这一浪费现象通常较少出现；非必要浪费则是完全可避免的浪费，是构成资源浪费的主要部分。

产能过剩造成的浪费是可以及时制止的。不可控的浪费部分是区域经济发展试错过程所造成的浪费。

前文，笔者分析了区域经济难以及时适应新时期、新常态，产业转型升级困难的现象和原因。事实上，很多区域在出现产能过剩时通常有两个选择：一是转型升级，二是为传统产能寻找新的市场和去向。转型升级过程中会产生试错性的浪费，在"区域经济篇第二章第一节"中，笔者指出区域经济在发展过程中普遍存在定位不准的问题，这个问题会加重转型升级的试错成本，加重资源浪费。即使是在为传统产能去库存上取得了成功，但由于大多数传统产业占用空间大、对资源和环境的消耗高，且平均收益少、附加价值低、成长空间小，从长远来看，也造成对区域经济发展潜力的浪费。

在"区域经济篇第一章第二节、第二章第二节"这两部分中，笔者详述了区域经济产业结构优化程度较低、时间跨度上前后衔接效果较差的问题，即用一个甚至若干个五年计划去布局，又用一个甚至若干个五年计划去破局，这种做法就相当于反复地将一根弹簧拉到其所能拉到的极限后，再去松弛弹簧，反复操作的次数越多，这根弹簧的弹性就会变得越差。表现在区域经济发展中，就是潜力越来越小、发展上限越来越低。另外，许多区域经济发展中存在许多产业链串联和延伸上的问题。例如，产业结构单一。像惠州大亚湾，石油化工是其主导产业，但其又未能围绕石油化工为主线，形成一个集智库、技术研发、资本等在内的产业集群化生态。又如，产业跨界融合性低，未能衍生出更多的价值点，像很多区域的农业还是纯粹的农业生产，但有的区域将农业生产与休闲旅游业相融合，走出了"一条产业，两条价值链"的路线。再如，海天酱油，作为一个传统生产制造业，打造了一个集生产制造与研学交流、工业旅游于一体的生产制造基地。很多时候，区域经济发展中的资源浪费不仅是因为消耗，当你明明可以用一定的资源产生更多的价值却没有产生时，这其实也是对资源利用的一种浪费。

在"区域经济篇第一章第四节、第二章第四节"中,笔者阐释了区域经济内人才结构、配置的问题。区域内的资源是不变的,而人是时刻变化的。人决定了资源的配置和利用,一旦人才结构不合理、人才配置错位,其结果就会直接导致资源利用率低下甚至造成资源浪费。

在"第二章第五节"中,笔者指出区域经济在短期生存中的"鲁莽/自私的短期逐利行为"的表现形式,这种行为看似在短时间内将区域内的资源最大限度地转化为经济效益,但实际上是在短期内将区域内的各种资源短期"贱卖"掉了,表面上成果喜人,事实上会极大地危害区域经济的长期可持续发展,挤压区域经济未来中长期的发展空间和潜力,甚至会降低区域经济发展上限。

区域经济的发展趋势是不间断地由"量变到质变"的循环交替,如此一来,就不可避免地会产生试错成本,但这个成本是区域经济可持续发展所允许的资源浪费的合理区间。笔者在文中所指的资源浪费现象,指超出合理区间以外的资源浪费,即区域经济发展中出现和存在的多种问题和弊端所导致的资源浪费,而如果这些问题和弊端不能得到有效解决和克服,那么区域经济发展中的资源浪费现象则将难以被有效根除。

(本小节写于 2023 年 1 月)

三、区域间经济发展不平衡

区域间经济发展不平衡是一种在全世界范围内都普遍存在的现象,例如,南北半球之间的发展不平衡,第一世界、第二世界、第三世界所呈现的发展不平衡等。具体到任何一个国家,无论是发达国家、发展中国家还是欠发达国家,都普遍存在区域经济发展不平衡的问题,发达国家中不乏贫民窟,欠发达国家里也存在富人区。以广东为例,广州珠三角地区与粤东西北的发展是不平衡的,珠三角内各城市之间的发展是不平衡的,即使是在广州城市区域内,不同区(例如天河、越秀、荔湾、花都区等)的经济发展也是不平衡的。不平衡是经济发展过程中必然产生的且难以规避的现象，虽然它并不友好，但并不是所有的不平衡都是病态的。只有足以致病的不平衡才亟须治疗，只有随着经济发展差距非但没有缩小反而逐渐扩大的不平衡才需要被重视。

区域经济发展不平衡是由人类社会生产活动和自然资源条件共同决定的。然而，区域经济发展的不平衡并非一成不变的，而是随着人类活动的迁移和自然资源的消耗、利用而不断发生变化的。所以，不同区域间拥有先发优势和后发优势。其中，比较典型的如农耕经济时代和当前的信息科技时代相比，生产方式有着明显的重大变革，经济中心也发生重大转移。如果说不同时代的跨度太大，二者间的距离似乎很遥远，那么来看看在中华人民共和国成立之后，首批发展起来的资源型城市，例如，玉门、大庆、大同、攀枝花等石油、煤炭、钢铁重工业城市，当时的区域经济发展也是不平衡的，但的确是这些老工业城市处于相对领先地位。而当时的深圳还处于起步阶段，百废待兴。在改革开放和科技发展的双重推动下，深圳以科学技术为第一生产力，在相关政策支持下的社会主义市场经济浪潮中励精图治，仅用不到10年的时间就成了中国经济发展的"领头羊"；反观当初领先发展的老工业城市，则由于环境问题、矿产资源逐渐耗竭等原因而逐渐没落，区域经济的发展不平衡状态也随之发生改变。

人民消费结构的变化和新兴产业的发展是改变区域经济发展不平衡状况的重要力量。深圳可以说是新兴产业发展的最大受益者，杭州则是因新兴产业发展而崛起的最具潜力的后起之秀。在消费和市场需求方面，从新中国成立到改革开放再到如今，人们的消费结构发生了重大变化。这集中体现在精神消费和附加价值消费这两方面需求的增加，其中最为直观的应该就是休闲旅游消费了。休闲旅游消费近20年呈现爆发式的增长态势，改变了许多区域经济的发展面貌，将劣势变成优势，使原本无用的闲置资源变成休闲旅游经济下的"香饽饽"。如何精准预测未来消费与市场发展趋势、行业发展趋势，从而基于未来做现在的事，做好超前规划和布局，是消减区域间经济发展不平衡的重要途径。

当前的中国经济正在发生深刻转型，即进入新常态发展，与此同时，世界经济发展也迎来了新一轮的技术和产业革命。这样的时代转折环境与形势，对中国经济发展而言，一方面是缩小区域经济发展不平衡差距的重大机遇，另一方面也面临着区域经济不平衡差距进一步扩大的严峻挑战。

要想缩小区域经济发展的不平衡，要先解决缩小发展创新意识上的不平衡问题。不可否认的是，当前发达区域的发展布局意识和创新意识明显强于落后区域，这种意识是包括创新意识、务实意识、大局意识、远见意识等在内的综合意识，反映的是区域经济发展素养。

对于相对落后区域来说，缩小区域经济发展不平衡的差距，会存在资源上的局限性和试错成本问题，因而对区域经济发展的定位一定要精准，可利用的资源一定要集中，要将好钢真正用在刀刃上。

缩小区域经济发展不平衡的差距，要善于融入区域经济发展共同体中。例如，粤港澳大湾区、长三角经济区、京津冀经济区等，也就是区域经济发展要具备地缘战略、区域经济视角、产业链串联思维和符合行业发展趋势。

缩小区域经济发展不平衡的差距，要练好内功。练内功练得是否得当，取决于是否始终保持区域经济发展的三个平衡，即内环境与外环境的平衡、产业链内循环和外循环的平衡、短期生存和中长期发展的平衡。

一旦区域经济发展不平衡落差加剧，就会直接导致贫困出现，而这不但会威胁扶贫攻坚的胜利成果，还会导致诸多民生问题突出、矛盾激化（例如住房、教育、医疗保障、就业等矛盾激化）；同时，也会反作用于产业分工和区域经济结构，使矛盾更加突出、贫富分化更加严重。

（本小节写于2023年1月）

四、区域同质化竞争

不同区域间的经济发展存在着极大的产业竞争关系，并且，这种竞争关系已经超出合理的区域竞争合作发展范围，虽然这营造了"你追我赶"的局面，但是由于区域经济中普遍缺乏现代化服务体系，又要尽可能地对企业形成吸引力，使得竞争焦点集中在"政策承诺、成本优惠、硬件比拼"等方面，这在本质上与产品竞争中的"价格战"无异，因而这种做法往往也会影响甚至透支区域经济的可持续发展的潜力和空间。

例如，广州市主导产业的定位是先进制造业、战略型新兴产业、现代服务业、海洋经济、都市现代农业五大产业；深圳主导产业的定位是文化创意产业、高新技术产业、现代物流业、金融业和战略型新兴产业；东莞主导产业的定位是新一代信息技术、高端装备制造、新材料、新能源、生态科学和生物技术（战略型新兴产业）。从这三个城市的产业定位中不难看出，它们在很多产业领域均有交叉，而且，不同区域间的产业互通和串联度很低，基本上是各成一家，因而在产业发展、招商引资等方面就会存在很大程度上的竞争，且存在着抢产业、抢资本、抢企业的现象。

从不同行业来看，例如，先进制造业作为主导产业的城市区域遍布全国，任何一个细分领域中均有重合；又如现代服务业，目前几乎所有的一、二线城市区域都在培育"双型"服务业，即生产型服务业和生活型服务业；再如战略型新兴产业，这一定位也是遍布全国。比如，以新一代信息技术为主导产业的城市，其中就包括广州、东莞、深圳、上海、南通、浙江、洛阳等近百座大大小小的城市，其中以休闲旅游、生物技术、文化创意等产业主导的城市区域定位的更是数不胜数；海洋经济由于具有资源性要求，具备发展条件的城市区域算是相对较少的，但几乎所有的东南沿海港口城市的产业定位中都离不开海洋经济。

由此可见，区域经济发展定位上的相似程度较高。当然，产业定位上的相似其实也并不足以导致区域经济的同质化恶性竞争，真正的症结是在定位相似程度高的基础上，相互之间又存在发展竞争关系。每个城市区域都思考本区域内的主导产业如何完善，也就是说，很重视做"大而全"的产业结构，而在"精而美"中发力不足。这就导致了两个结果：一个是本区域内的产业层次不高，没有名扬中外的区域性品牌和不可替代的差异化优势（无论是产业环节处于价值链上的低、中、高哪个环节）。另一个是相互之间对产业、资本、信息、企业的争夺加剧。这种激烈竞争的结果是最后真正的胜利者只是极少数，对于绝大多数区域来说，这种竞争既降低了区域招商引资水平，又大大增加了区域招商引资的难度。

造成区域经济发展陷入同质化局面的真正症结：一是缺乏全国一盘棋的发展观念，二是难以跨区域建立起产业、服务、资本等的互通串联，再加上各自为政和竞争大于合作的实际情况。而要彻底消除矛盾、打通不同区域间的产业链串联机制，又会遇到行政划分不同（在政绩排名、经济发展外还涉及政策差异、民生问题、基础设施等多个环节）、资源流动不平衡（例如同在广州，天河、越秀等与花都、增城、崇化等区形成强烈的明显对比）、城市空间/产业接驳障碍等问题，其本质就是要探索出一套能够跨区域合作发展且行之有效的体系、路径和抓手。目前，如粤港澳大湾区的建设布局，其实就是在谋划布局更大范围的一盘棋，这是一次伟大的创新探索和尝试。

区域经济发展同质化竞争越来越严峻的形势，既对更大区域范围的区域经济协同、一体化发展提出更加紧迫的要求，也更需要市、县级区域经济发展走出一条具有自身差异化的发展道路，以形成区域特色产业和品牌。要做到这些，除了从外部引进外资，更加需要重视内部的产业培育，将外部引进"播种"，本土化融入吸收，最终实现散播、带动、开花、结果。

（本小节写于 2023 年 1 月）

五、区域经济发展竞争中的"马太效应"

在前面章节中已多次提到，中国区域经济发展是不平衡的，并且大大超出了合理区间。这种不平衡除了所表现出来的经济发展水平结果的不平衡之外，还有在优质资源流向、新兴产业集聚选择上的不平衡。

区域经济发展虽然不是绝对的强者恒强、弱者恒弱，但在一定的时间跨度区间中，发达的城市区域总是会比相对落后的城市区域更有吸引力，尤其是在文化创新、高新科技、新兴产业等领域，而这也使得发达城市区域总能占有先天优势和资源优势，除非在城市区域经济发展定位和改革创新中出现明显的延误甚至错误，否则很难被追赶或超越，这样反而使差距越来越大。

对于相对落后的区域而言，发展基础较薄弱，尤其是在发展新兴产业、文化创新、高新科技等方面，存在两个先天不足：一是区域市场认可度不足。例如，同样是搞科技创新的团队，一家在深圳，另一家在清远，即使两家团队实力水平相当，但结果往往是位于深圳的科技创新团队成功概率更大，这就是区域认同感。二是基础环境不同。同样，两家起点水平完全一致的科技创新团队，一家位于深圳，另一家位于清远，其发展结果很可能截然不同。位于深圳的科技创新团队，要么在短时间内适应外部环境迅速发展，要么因为不适应和激烈竞争而迅速消亡；而位于清远的科技创新团队，则很可能保持一种缓慢的速度在发展或缓慢地消失。

对于二、三线城市区域而言，背靠一线城市区域，既是优势，又是挑战。在现有的生产力水平条件下，产业结构总是呈现"中心化＋金字塔"式的布局，也就是越靠近中心地区，则金字塔越高；越靠近边缘地区，则金字塔越低。越是靠近金字塔顶端，产业数量规模就越小，人才越高端同时数量越少；而越是靠近金字塔底部，则产业数量和规模就越是庞大，人才层次递减，但其数量也越多。在靠近金字塔底部的地方，由于产业规模、底部人才数量十分庞大，一线城市区域经济发展空间已经完全不够用，其间还不断会有从金字塔顶部、中部淘汰下来的产业/人才挤占底部空间，因此，就要对靠近底部的产业进行清理和置换，底部一些人才也会由于一线城市的巨大竞争压力而选择逃离。这些产业/人才本身就位于一线城市的边缘区，因而会向周边的二、三线城市区域转移，这就是背靠一线城市区域的二、三线城市区域的优势。

与此同时，所有的产业、人才都希望能够爬上金字塔顶端，因为越靠近金字塔顶端，附加价值就越高，企业的品牌、个人的价值、企业/个人收益等都能得到质变性的提升。正如前文所说，金字塔顶端位于一线城市区域的中心，所以二、三线城市区域涌现出的优秀项目、优秀人才会被一线城市区域所吸引，由此造成二、三线城市部分优秀资源流失。这就是背靠一线城市区域的二、三线城市区域所要面对的挑战。

惠州大亚湾开发区与深圳只有一街之隔。近年来，虽然惠州大亚湾区域人们的生产生活水平均在迅速提高，却呈现这样一种现象，即在深圳工作的人会到惠州居住，或者在惠州工作的人回到深圳居住，其中不乏在惠州有居住场所的人。同样的现象还存在于广州—佛山、上海—苏州、北京—天津等。这可以说是一种普遍现象。以惠州—深圳为例，深入分析这种现象，在深圳工作却在惠州居住，说明该部分群体目前所处位置是靠近金字塔底部的，虽然也能在一定程度上带动惠州生活型服务业的发展，但是他们主要的生产、创新贡献在深圳；在惠州工作而居住于深圳，往往是收入水平较高或家在深圳，而他们所从事的事业往往是在政府单位、事业单位、国企或企业外派机构等。他们虽然是在惠州从事生产服务工作，但其实心属深圳，可称之为"身在曹营心在汉"，在有可能的情况下，还是会回到深圳。并且，这部分人占比少，属于少数群体，且他们大多也并不集中在市场经济领域。

在"马太效应"的影响下，区域经济发展不平衡状态会加剧，但是，机遇与挑战并存，只要区域精准定位、超前规划，把握好平衡发展的天平，就能化解"马太效应"带来的负面影响，从而趋利避害，真正将区位优势凸显出来，成为共同的赢家！

（本小节写于 2021 年 9 月）

六、相对贫困

随着 2020 年扶贫攻坚战的完美收官，困扰中国经济发展的长期问题暂时得到解决。在庆祝祖国同人民富强的同时，思想也不能放松。孟子曰："生于忧患，死于安乐。"贫困问题虽然得到有效解决，但有可能复发。而且，旧的贫困问题解决之后，新的贫困问题也很有可能接踵而来。

贫困分为两种类型，一种是绝对的贫困，即基本的生活条件无所保障，主要体现在没有固定收入且收入十分低微、居住环境恶劣、教育支出负担重、容易因病致贫等威胁正常的生存生活，长时间处于生活的边缘线上；另一种是相对的贫困，即收入差距过大、两极分化严重、生活品质形成强烈对比、人的幸福感不断降低。严格来说，脱贫攻坚所解决的贫困问题是第一种类型的贫困，即绝对的贫困；但是，第二种类型的贫困将是一个需要长期解决的问题，而这只能通过消除区域经济发展的不平衡来寻求解决之道。

根据2020年下半年的统计数据，中国人均月收入近6000元[①]，但实际上收入在5000元以下者众多，甚至有1/10或更多的群体平均月收入仅千元左右。这表明我国贫富分化形势依然严峻，相对贫困现象普遍存在且缺乏有效的解决办法。

相对贫困是由内外环境共同造成的。外部环境是相对贫困群体可能所处的区域经济发展水平相对落后、产业发展程度低、不能提供充足的就业机会；内部环境是因相对贫困群体自身的局限性所致，包括思想认识保守落后、缺乏过硬的技能，甚至是懒惰。而要降低相对贫困程度，不仅要从改观外部环境入手，还要引导相对贫困群体从自身内环境做出有效转变，二者操作起来无疑均有相当的难度。

相对贫困的影响极为深远，它不仅会影响一代人，很可能会在往后数代人之间"传染"，从而影响区域经济的长期可持续发展。在社会主义市场经济下，我国经济发展的很多方面都是不均衡的，其中就包括教育资源。教育是消除相对贫困的一把利剑，但是教育资源既是有限的，又是分布不均匀的。最优质的教育资源往往集中在最中心地区，为社会上的少部分富裕群体服务，而相对贫困群体散落在边缘地区，只能得到基础的教育资源。除此之外，富裕群体和相对贫困群体在教育投入方面相比落差巨大，从宏观上看，两个群体所培养出来的人才有着明显的差距和鸿沟。而在上一代人的影响下，新一代人在适应经济发展应变上也有相对贫困群体所不具备的优势，包括从上一代继承来的财富、人脉、眼界等，进而又决定了两个群体投资差异巨大的可能性，除局部个体的突破和特殊情况外，这两个群体的财富差距往往是不断

---

① 《国家统计局：2020年中国居民人均可支配收入32189元》，中国新闻网，2021年1月18日。

拉大的。

随着社会经济的繁荣和快速发展，当个人发展跟不上整体发展节奏时，新的贫困问题就涌现出来。而随着两代甚至数代人的更迭，整体幸福感就会出现大幅度下降，贫困问题会随之愈发凸显，矛盾也愈发突出。

对此，并非无计可施，可能的解决办法就包含在区域经济发展中，并且在这方面取得成功的案例也并不罕见。例如，安徽的肥西县、河南的甘刘村、湖北省的野花萍村、重庆的大双村等。当然，这些相对较小的县级区域经济、村镇区域经济在发展模式上有着诸多局限，并不能够保障未来的可持续发展，但有些做法是值得借鉴的。例如，这些地方强烈的因地制宜性和强大的产业链串联性、明确集中的发展定位以及产业集群性等。

至少在县级区域内，实现资源的合理配置和流动是消除区域经济发展不平衡的主要措施。这需要区域开创新体系、新路径，形成新抓手，最终形成具有强烈地域特色的新型发展模式。

（本小节写于 2021 年 10 月）

第四章 区域经济高质量发展的理论逻辑

一、精准定位——四个维度（1）

区域经济发展的精准定位，对于区域经济发展适应新时期的改革创新、弯道超车及可持续发展有着重要意义。那么，要区域经济发展如何定位呢？怎样才是精准？这就要从地缘战略、区域经济、产业链串联、行业发展趋势这四个维度去定位区域经济发展的"今生与来世"。

第一个维度是地缘战略。地缘战略源于地缘政治，最早的核心思想是控制心脏地带以达到政治上的制霸目的。这一思想引申到区域经济发展中，就是谁掌握了世界经济发展的核心，谁就足以支配世界经济发展的走向，成为世界经济中心。历史上，美国凭借美元作为唯一的被国际普遍认可的结算货币而一跃成为世界经济发展的心脏地带，支配着世界经济发展。其后，美国又凭借着领先的技术水平、研发水平占领了世界产业经济的心脏地带。当然，世界经济发展的心脏地带既不局限于一地，也并非一成不变，凡是能够对世界经济的长远发展形成结构性影响的，都可以成为世界经济心脏。因此，除美国外，中东地区也曾凭借石油资源而一跃成为现阶段的工业经济时代的世界经济心脏地带。这也是为什么美国频频插手中东事务，甚至不惜诉之武力也要对其实施控制的主要原因之一。

除此之外，中国自改革开放以来，经济高速发展，在短短的几十年时间里，已经成为世界发展中国家的佼佼者。具有中国特色的社会主义市场经济发展模式，无论是在市场经济活跃方面，还是在维持国内社会稳定方面，都表现出巨大的优越性，尤其中国在几次重大金融危机之中的良好表现，更让世界为之瞩目。2015年，人民币正式成为国际货币；中国庞大的新型市场潜力使中国成为世界市场经济中的主要市场；习近平总书记提出"一带一路"倡议后，得到了多国的积极响应；2018年，中国5G技术率先领跑。这些成就都表明中国隐隐有成为新的世界经济中心的趋势。因此，2018年中美贸易战爆发，并成为一场持久而影响深远的中美博弈战，而美国在战略上企图遏制中国成为新的世界经济中心的趋势，虽然国内外反对的声音众多，但是美国一律置之不理。

区域经济发展的地缘战略决定了国际政治、经济的发展变化，即使是突发事件（除自然事件外）。例如，令所有人意外的中美贸易持久战，都有其内在的必然规律，而此前人们之所以没有对此有所预见，只不过是因为对地缘战略的分析和预判有所缺漏和不足。

区域经济发展的地缘战略定位维度的意义有三点：一是适应国际政治、经济环境，并预知国际政治、经济未来变化趋势，预见机遇和危机，从而做出超前应对的准备和应对措施；二是明确世界经济心脏所在及其所决定的经济产业发展规律、国际市场规律和世界产业链分工与定位，合理定义区域经济当前所扮演的角色；三是围绕区域经济发展优势，谋划具有影响世界经济心脏的能力甚至成为新的世界经济心脏的蓝图。

地缘战略无论是大到国家经济层面，还是小到县域经济发展，都极为重要。即使是在县域经济中也是如此。其一，县域经济内一般是有外商、外资型企业的；其二，县域经济也会有大量的进出口贸易活动；其三，县域经济中也存在技术外向依赖现象；其四，县域招商引资对象也有外资外商等。哪怕县域经济中真的直接对外极少（这种县域经济模式事实上已经基本不存在了），国际经济环境的变化也会影响国内经济环境，县域经济总是要受国内经济环境的变化影响的，简单的如外贸出口受阻。如果外贸出口只能转内销，必然会加剧国内的竞争，影响国内企业的生存和发展。

因此，在区域经济可持续发展中，地缘战略并不高远，它已经深入到区域经济发展的方方面面，并且对区域经济发展产生持久而深远的影响，包括使区域经济内资源有"更好的利用方式""更加充分的利用方法""更高的价值转化模式"等。如果在区域经济发展定位中忽略地缘战略，那么区域经济就会随时承受来自地缘战略变化的沉重一击。

（本小节写于 2020 年 11 月）

二、精准定位——四个维度（2）

新时期，区域经济发展定位具备四个维度，分别是地缘战略、区域经济、产业链串联、行业发展趋势。上一节笔者详细阐述了这四个维度中的地缘战略。本节将继续阐述区域经济发展定位中的其他三个维度：区域经济、产业链串联、行业发展趋势。

区域经济维度。这很容易理解，但需要注意的是，区域经济其实包含两个层面。一个层面是本区域内的经济发展基础、优势条件、基础设施等，区域经济发展定位就是如何更好地将这些资源充分利用起来，将其转变为更高的经济价值和经济收入；另一个层面则相对容易被忽略，即在定位本区域时，也要去思考和分析上一层级的区域经济发展定位，例如，一个县域经济发展定位要去分析和考虑对应的市级区域经济发展定位。这两个层面分别产生了两个难题，而这两个难题才是制约区域经济发展定位的"知见障"。

第一个难题是"更"。"更"表明区域经济发展定位是没有满分的，而是随着国际和国内大环境的发展变化而变化的。事实上，区域经济发展定位是始终处在动态的变化过程中，"更好的利用方式""更加充分的利用方法""更高的价值转化模式"，这三条需要结合地缘战略、产业链串联和行业发展趋势才能实现，如果区域经济发展能较好地做到这三条，那么区域经济的转型升级将水到渠成。

第二个难题是思考上一级区域经济发展定位。在目前的区域经济发展规划体系中，是从上到下的顺序，即下一级行政区域是在上一级行政区域的规划和定位下作出自身的发展定位，而下一级行政区域往往不会反向思考。反向思考的意义在于，能够在更大的区域经济发展中，更精准地定位自身的区域经济发展方向。这样有利于在区域经济发展定位中做好减法，尤其是在县域经济、镇域经济中，减法的作用往往会比加法更有价值。

产业链串联维度。这个维度很重要。具体来说，产业链串联是否合理，不仅决定了区域经济发展的整体协调性，还决定了区域经济发展能否有"更好的利用方式""更加充分的利用方法""更高的价值转化模式"。我们常说的产业发展生态圈、产业集群等，主要依靠的就是产业链串联。没有产业链串联的区域经济发展会是怎样的状态呢？可以形容为"一盘散沙"。那么，基于此容易出现什么样的结果呢？可以用"一拥而上，一哄而散"来形容，虽然在市场调节的作用下，也会形成一定的产业链串联，但是市场调节本身的局限性和滞后性就决定了这种串联是不可靠的，并且抗风险能力也极低。很有可能会因此而出现产业链条短、产业链上资源分布不合理、产能过剩和不足同时存在等问题。这个过程可以用农民种稻子这件事来形象地说明：区域经济没有产业链串联意识或产业链串联规划偏弱时，就像农民在稻田中随意播撒种子；而区域经济有较强的产业链串联意识，并且产业链串联规划良好时，就像农民在稻田中有序地插秧。二者最后的收成结果是显而易见的，并且差距会很大。

产业链串联包含两个层面：一个层面是围绕区域内的主导产业进行纵向延伸和横向展开，由此构建出一张以主导产业为骨架的网络结构，这个结构就是产业链内循环；另一个层面是在第一个层面的基础上，先将整个区域经济发展状态视为一个中心点，再向区域周边延伸，尽可能地与周边区域（或者是虽然空间跨度大但区域经济发展有高度互补之处的区域）建立产业链上的联系，从而形成跨区域的网络结构。这个结构就是产业链外循环。当产业链内循环和外循环相得益彰时，就达到产业链内循环和外循环的平衡状态，也意味着区域经济发展创新中的产业链串联真正完成了。

行业发展趋势维度。这个维度指区域经济发展定位要符合行业未来发展的趋势。这一点既是浅显易懂的，但同时是区域经济发展的难题。因为这需要对未来行业发展趋势作出精准判断。行业发展趋势可分为八个阶段，即底部开始向上、加速上扬、暴涨、渐趋稳定、阳极点、开始向下、暴跌、底部盘整（阴极点）。应对未来行业发展趋势，需要区域经济规划设计者精准分析行业现在所处的阶段以及未来3—5年所处行业的发展趋势。一般来说，在底部开始向上时，就要加速引进和储备行业发展资源；在加速上扬时，需要全力发展；在暴涨时，则要开始维稳；当渐趋稳定时，就要思考如何创造增量、盘活存量；当行业趋势处于阳极点时，就要逐步谋划转型升级、改造传统产业、发展新兴产业。因此，在区域经济发展定位的行业发展趋势维度中，最核心的一点就是如何精准预测未来行业发展趋势所处的各个阶段。该点在笔者2014年出版发行的《远见，行业大预测》一书中，对涉及20多个行业在未来5—10年的发展趋势均作出精确预测。

　　地缘战略、区域经济、产业链串联和行业发展趋势，这四个维度共同构成了一幅区域经济可持续发展的路线图，如图10所示。在新的历史条件下，区域经济发展深受整体经济的影响，且无论是否愿意，都成为构成整体的一部分。因此，如果不主动融入整体经济，就只会面临被动地成为整体经济的附庸，从而丧失更多的主动性和话语权；此外，新时期的区域经济发展定位是衔接现状与未来的桥梁，因而不同区域经济发展的比拼，在很大程度上比拼的就是谁更懂未来。

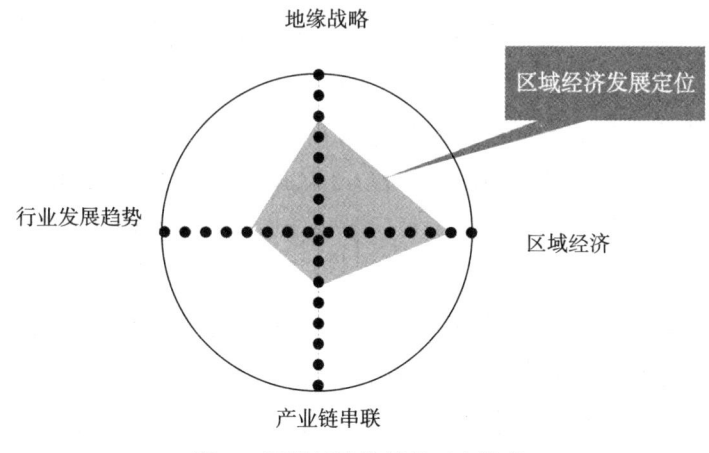

图10　区域经济发展的四个维度

（本小节写于2020年12月）

三、突破思想局限，创新思维

区域经济发展的目的应该是在区域内人为地获得更高的生活品质，以及在外部环境的刺激下，激发出的对所在区域集体更快、更好发展的选择，最终以内部优化遴选、求同存异、相互妥协等多种方式，形成统一的发展理念，并将这一理念付诸行动的过程。

可以这样说，人们的思想在区域经济的可持续发展中起着关键作用。当然，在社会发展过程中，人们的思想对区域经济发展的影响演变成了金字塔结构。这种思想金字塔结构有利也有弊。有利的一面在于：能够充分发挥社会精英的力量，带动区域经济快速实现跨越式发展；弊端的一面在于：如果顶层判断和设计出现失误，那么将会导致全盘困局。改革开放初期，思想的金字塔结构在市场经济高速发展过程中发挥了重大作用，它支持了先进者带领区域经济发展继往开来、开辟道路，收获了众多胜利成果。但是，随着经济发展进入新常态，区域经济发展面临越来越复杂多变的国际、国内环境与形势，其弊端也逐渐凸显。因此，有必要重新构建区域经济发展的思想金字塔结构。值得注意的是，除顶层和底部之外，位于中间层的区域经济发展智库在新的历史时期将承担着承上启下的重要作用。虽然目前智库在参与区域经济发展决策方面逐渐增多，但是，如果智库本身结构不合理，势必会造成其参与的区域经济发展决策的局限性。例如，目前的智库或偏向宏观或偏向微观，欠缺中观层面。那么，中观层面是什么呢？在产业经济领域即是产业智库。

智库结构不合理直接导致了区域经济发展思想中现存的两大问题：第一个问题是有效的创新思想不足。目前，区域经济发展中普遍存在创新思想不足、不活跃，在有限的创新中有效创新占比偏少的问题。尤其是在行政体系中，按部就班极为普遍，缺乏市场经济主体中的紧张、活跃、创新氛围。暂且抛开主观能动性不谈，单从创新效果而言，为什么有效创新难？首先要明白什么是有效创新？有效创新就是创新要符合未来发展趋势；而与之相对的就事论事的创新是除容易钻牛角尖、费力不讨好外，还很有可能不具有大面积输出应用的价值，更有可能是信息不对称所导致的自以为是的创新。所以，有效创新需要跳出来站在更高的地方，但这一跳如果直接跳到宏观层面，反而会不知所措。这就像告诉你一个基本的数学公式，去求解一道复杂的数学题一样；如果是跳到中观层次，就相当于告诉你这道数学题的求解公式，只需要你代入数据就可以得到答案。但是，在目前的区域经济发展思想结构中，是缺乏中观层次的。

第二个问题是跳不出区域自身发展的局限性，即跳不出区域去看区域，跳不出区域发展去看区域。正所谓当局者迷，旁观者清。有的人始终处于区域经济发展的内部，忙于区域内的各项发展事务，虽然这样可以对区域经济发展有更深的理解，但是也更容易陷入当局者迷的困境。尤其是在新时期，外部环境激烈多变，区域内正在酝酿转型升级，可谓是处在"内外交困"之中，更容易陷入"当局者迷"的境地，也更需要有清醒的"旁观者"能够从国际和国内视野的大局性和未来发展趋势的远见性上，为区域经济可持续发展提供战略性分析和建议，定期将区域经济发展的决策者和执行者从"当局者迷"的境地中拉出来。

（本小节写于2023年2月）

四、区域经济发展中的"三个平衡"

符合什么样标准的区域经济发展模式是可持续的发展模式呢？怎么样才能确信并且确保区域经济发展是走在可持续的发展道路上的呢？事物发展是否可持续，关键在于这种发展方式是否平衡。在区域经济发展过程中，包含三种平衡状态：第一种状态是内环境与外环境的平衡，第二种状态是产业链内循环与外循环的平衡，第三种状态是短期生存和中长期发展的平衡。接下来，我们分别阐述这三种平衡状态。

第一，内环境与外环境的平衡。革新内环境以适应外部环境变化，是区域经济可持续发展的首要平衡状态。事实证明，内环境革新不能脱离外环境而存在，否则只会成为闭门造车。例如，清代实行的闭关锁国政策，使当时中国发展内环境与世界发展外环境相隔绝，结果使中国错失了第一次工业革命机遇。当资本主义、市场经济在国际上进行得如火如荼之时，中国还处于保守固执、生产力低下的封建主义、农耕经济时代，结果是被列强以枪炮强行打开国门、抢占中国财富，酿成中华民族的百年屈辱史。再到新中国成立初期至改革开放前，我国经济发展内环境与国际外环境也是相对隔绝的，虽有交流，但并不融合互通，结果是与世界发展脱节。直到改革开放之后，内外环境终于互通互融，这才有了40多年的中国经济高速发展的黄金期。

当前，区域经济发展内环境鲜少有与外部环境不互通的情况，但是普遍存在内环境赶不上外部环境变化节奏的问题，表现为内部环境总是追着外部环境跑。例如，对当前区域经济的发展来说，其面临的外部环境是什么？而这样的外部环境的特征又是什么？这两个问题相当重要，但并不难回答，答案就是亟须转型升级，是新一轮技术和产业革命机遇期，是世界新一轮产业转移浪潮，是进一步深化改革开放、开拓创新的大势所趋。然而，区域经济当前的内环境能够适应这些外部环境变化吗？显然不能！北京、上海、广州、深圳等一线城市区域的内环境是最适应外部环境变化的，但仍需不断地创新和改革，而较之北京、上海、广州、深圳一线城市区域的内环境现状，二、三线城市区域普遍落后。

区域经济发展的内环境和外环境的平衡，二者之间的关系就像池塘与江河的关系，当内环境通过改革创新暂时领先并优于外环境时，就像是拓宽并挖深了池塘，会使得江河之水灌进池塘中，水多了自然就能容纳更多的鱼，只有水深了才能养大鱼；当内环境与外环境持平时，二者呈现平衡状态；而当内环境弱于外环境时，就像泥沙堆积并抬高塘底，使池塘的容水能力变弱，那么，池塘之水会流失或流向江河之中，如不及时进行清理，池塘迟早会沦为一处淤积之地。

第二，产业链内循环与外循环的平衡。区域经济发展要做到产业链内循环与外循环的平衡，首先是区域经济发展要具有产业链串联这一理念。如果没有产业链串联，那么产业链内循环和外循环的平衡也就无从谈起。区域经济发展首先要具备产业链串联的事实基础，然后形成产业链闭环，最终实现产业链内循环。产业链内循环是区域经济发展的内部产业生态体系，它是由多条横向相关的闭环产业链条共同构成的。形象地说，产业中的各个企业就像一坨坨羊毛，产业链串联是着手将羊毛纺成线，产业链闭环就是被成功纺织出来的一根根毛线，而产业链循环就是用毛线去编织成衣物。在当前的区域经济发展中，虽然对产业链闭环的认识是足够的，但是十分欠缺比产业链闭环更高一层次的产业链循环认识。就像笔者在前面所阐述的那样，闭环的产业链条是纺织好的一根根毛线，如果到此为止，那么所能得到的仅仅只是一捆捆毛线。那么，一捆捆毛线有没有价值呢？答案是：有一些，但价值未到最大，因为它只是半成品，不但价值较小，而且也无法拿来御寒，一旦保管不善还会成为一团乱麻。所以，只有将这些毛线编织成毛衣，才能将其价值最大化，也才能为区域经济可持续发展抵御风险之寒提供重要屏障。

产业链外循环是将区域经济看作一个整体，参与更大范围乃至世界产业经济分工合作中。例如，粤港澳大湾区、京津冀协同发展经济区甚至是"一带一路"倡议等。从县、市乃至省级区域经济的角度来看，粤港澳大湾区、京津冀协同发展经济区等都是产业链外循环的呈现，而"一带一路"倡议更是从整个国家的视角来构建产业链外循环体系。但是，值得注意的是，对区域经济发展来说，产业链外循环需要建立在该区域内有完善的产业链内循环基础上，而且产业链内循环的建设程度决定了产业链外循环的推进程度。为什么有这样的论断呢？因为在产业链外循环中，每一个区域都有其明确的标签，相互之间是以能力互补、资源互补、优势互补、资源共享、市场互通、信息共享、产业链上下游配套等为纽带的，在长期的合作发展中，任何一个环节的区域都不能过分滞后或者脱节。

因此，想要做到产业链内循环与外循环的平衡，除要具备产业链串联的理念和事实基础外，还应注意到一点，即区域经济发展的产业链外循环必须建立在内循环的基础上，二者协同才能放大区域经济发展的速度和水平。然而，也应认识到外循环是受制于内循环的，当内循环停滞不前时，外循环也势必停滞不前。

第三，短期生存和中长期发展的平衡。在区域经济发展过程中，不存在时时刻刻、绝对的平衡状态，而是在发展、震荡中呈现的平衡稳定状态。区域经济发展在震荡，也就意味着短期生存和中长期发展这两种利益诉求在不同发展时期的存在取舍及取舍程度问题。区域经济可能在某一时期内的重点是短期生存，但当发展到一定时期或该项诉求得到满足了，或是具备了一定条件时，就要调整目标来保障中长期发展的利益。总而言之，短期生存是区域经济可持续发展短时期内的妥协，点缀在区域经济可持续发展的漫长道路上；而只有中长期发展，才是区域经济可持续发展的长期任务，是区域经济可持续发展漫长道路上的主旋律。

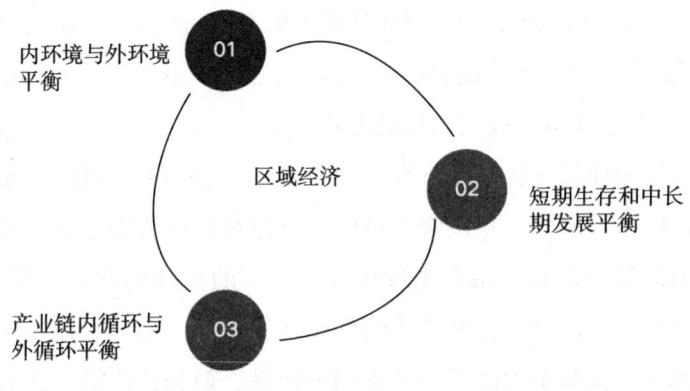

图11 区域经济发展中的"三个平衡"

（本小节写于2023年3月）

五、未来区域经济发展趋势预测分析

精准地预测区域经济未来发展趋势，是制定区域经济发展破局策略的基本依据。唯有精准预测，才能着眼于未来做现在的事，实现超前的谋划布局，从而在机遇来临时能够从容抓住。

区域经济的发展总是趋于稳定的平衡状态，但是由于受外部环境影响，所有旧的平衡不断被打破，又不断达成新的平衡，这是区域经济发展的本质，也正因为如此，区域经济发展的规律是"阴极则阳，阳极则阴"。

为什么当前区域经济发展普遍面临破局难的问题？首先，要清楚区域经济发展急于去破的局是哪一个困局？是当前的局吗？实则未必！诚然，区域经济发展困局的事实往往是发生在当前的，但是区域经济发展所谋划的破局策略却不是针对当前的。因为从顶层谋划开始到实际落地执行是需要一定时间来完成的，而区域经济发展的情况是在不断演变的。也就是说，如果所作出的破局谋划完全是针对开始谋划时的困局，那么当真正落实执行时效果就会大打折扣，为什么会出现这种情况呢？因为那时对比于之前的困局，区域经济发展已经发生了新的变化，很可能已经出现了新的问题。越是在外部环境激烈变化的时期，则原来谋划的策略收效越小；越是在经济发展处于质变的关头，则价值越低。

由此可知，为区域经济的发展困局谋划破局的战略，首先必须要对区域经济的未来发展趋势、特征有精准的预见性，只有基于这一点，才具备保障区域经济发展在质变时期顺利破局的前提。

其次，区域经济发展破局是创造增量，盘活存量，或者说是优化存量。这里有两个重点。第一个重点是创造增量。具体是要创造什么样的增量呢？第一，作为区域经济发展破局抓手的增量必须是既符合行业未来向上发展趋势（加速上扬或暴涨），又符合区域经济整体的未来发展趋势。而对于"未来行业发展趋势是加速上扬或是暴涨"要怎么理解呢？如果未来一个阶段所处的趋势是暴涨的，则说明该增量现阶段是处在加速上扬阶段，这比较容易判断；如果该增量下一阶段所处的趋势是加速上扬，则表明该增量现阶段很可能还处在底部向上阶段，这就比较难以遴选了，因为很可能不会引起关注。例如，当前火爆的短视频直播电商或游戏竞技产业，上推两年会有为数不少的人能够作出准确预测和判断，如果上推五年甚至更久，就极少有人能够精准预测。第二，增量要符合区域经济整体的未来发展趋势。属于朝阳产业的行业有很多，而由底部向上到加速上扬再到暴涨的这一上升周期有长有短，如何进行合理的遴选呢？这就需要对区域经济整体的发展趋势有所判断，其中包含两个层面：一是分析和判断本区域内适合什么行业，二是分析和判断本区域当前的发展现状和未来发展预期适合上升周期多长的行业，或根据上升周期长短进行多个行业的合理配置，以满足区域经济可持续发展的短、中、长期要求。

第二个重点是增量必须能够有效盘活存量或优化存量。想要有效盘活存量或优化存量，首先要对存量的未来行业发展趋势有所预测，其次是预测务必足够精准。而预测的结果大致可以分为两类：第一类是该产业产能本身已经没有太大价值，但是可通过转化形态来创造新的价值，这一类产业绝大多数都是与观光旅游、文化旅游相结合；第二类是该产业只是处于行业发展趋势中的底部盘整期，未来会伴随新技术、新价值的出现而重新成长，进入新一轮上升期。无论是哪一种结果，区域经济发展破局的策略都是相通的，即通过超前的规划和布局，从容引导增量与存量的未来发展趋势、状态相结合，帮助存量顺利、加速完成转型升级这一过程。

（本小节写于2022年10月）

六、产业结构优化

一直以来，产业结构问题普遍存在于区域经济发展之中，优化产业结构也是推动区域经济发展创新的热点话题。尤其在内外环境发生激烈变化、经济发展由量变到质变阶段，推动区域产业结构与区域资源可持续使用、行业发展趋势等相适应，实现以最少的资源消耗，获得最大的经济效益，使产出投入比实现最大化。

作为区域经济发展中老生常谈的问题，产业结构优化伴随区域经济可持续发展的始终，却始终没有形成一套行之有效的系统、路径和抓手，产业结构优化也大多止于就事论事。而产业结构优化是动态的，是随着社会经济的不断发展而不断进化的，也正因如此，产业结构如何优化的问题始终困扰着区域经济的可持续发展。

形象地说，区域产业结构如同区域种植的一片果林，产业结构优化就是在打理、修整这片果林，包括调整果林中不同果树的种植比例或引入新品种果树、优化种植高产品种、修理果树增加产量等。

具体来说，首先，要搞清楚种什么品种的果树最合适。同一片果林中已经包含了多个种类的果树，并且还可以引入新的种类的果树。要让这片果林实现经济效益最大化，就必须清楚地知道未来哪些水果的市场需求会大幅上升、价格上涨，哪些水果的市场需求会降低、价格会下跌，哪些水果在下阶段的产能会大大超出市场需求，哪些新种类的水果又可能会在更远的未来成为市场上的新宠。根据以上的判断，进而调整果林中不同种类果树的种植比例，并合乎时宜地引进和培育新种类的果树。这样做的好处是，既避免了由于产能过剩而出现滞销，又能够及时抓住机遇。因此，对未来的经济、行业、市场等发展趋势的精准预测，是区域经济中产业结构优化的基本前提。

其次，要搞清楚种哪种果树能够实现产出最大化。在明确了应该种什么品种的果树之后，须知区域经济发展中果林的面积是有限的，并且是不可能随便进行扩张的。因此，要提升果园的产量，只能从提升单产入手。同一种水果存在不同亚种，不同亚种间的单产是有很大差距的，且不同亚种在种植成本、口感、价值等方面也会有明显差异，选择合适的亚种才能极大地提升单位产量、降低种植成本且可能更受市场欢迎。引申到区域经济发展中，就是要确保与外部环境相适应的产业发展结构，保持与时俱进的产业升级改造方案。

果园出于所处的环境因素不适合种植所有果树，并且不同种类的果树之间还可能存在排斥和不能共生的问题。引申到区域经济发展中，第一是要因地制宜；第二是要根据区域经济发展实际、产业基础、资源优势等合理规划产业结构，不能囫囵吞枣。

再次，要合理地打理果树。事实上，区域经济发展中的产业结构呈树状，分为三大部分，即根系部分、主干部分和枝叶部分。为什么有的区域产业看似枝叶繁茂，规模庞大，结果却不多？原因正是其根系部分弱小，不能吸收足够的养分供给果实。为什么有的区域产业发展明明欣欣向荣，但是在面对外部风险时偏偏不堪一击？这是因为其主干纤细而枝叶繁茂，一旦有强风吹来，纤细的主干不足以支撑枝叶和果实，整棵树必然会轰然倒塌。因此，区域经济发展中对产业结构的优化，一要扩大并筑牢根系部分（例如区域营商环境优化、产业智库建设等），二要壮大主干部分（例如研发创新、人才、产业金融等），三要催长枝叶部分（即产业规模）。还应注意，在果树成长直至开花、结果、收获的过程中，离不开合理地修剪果树，并进行定期的施肥、浇水、除草、除虫等行为，以确保果树的产量。而这些引申到区域经济发展中，就是围绕"产业结构优化"做好生产型服务业和生活型服务业的配套设施。

（本小节写于 2022 年 11 月）

七、探索制度适应市场

在区域经济发展中，营商环境滞后于市场经济深化改革开放的问题长期存在，总结区域经济发展过程中面对的每一次重大改革和创新的阻力，其中都有营商环境落后的原因。例如，深圳等走在发展前列的城市，也与营商环境的优越性有着千丝万缕的联系。营商环境大致可分为三个部分：第一部分是区域内的基础设施条件及资源环境（包括交通、人口、医疗、教育、自然资源等在内）；第二部分是区域内的生产型服务业、生活型服务业的发展和产业链串联水平（产业集群化发展程度）；第三部分是区域内的行政体制。在第一部分中，虽然一、二、三线城市区域之间存在明显差距，但同级城市区域之间往往相差不大，且区域经济在第一部分的优化和集约配置策略是明确的，虽然因为发展现状存在差距而影响了营商环境，但是不会对长期可持续发展造成影响。第二部分是拉开不同区域营商环境优劣差距的主要原因之一，同时，这也是一个系统问题。具体的应对之策笔者会在后文"产业园区篇"中"五入园"部分详细分析解读，此处不做详解。第三部分同样是影响和拉开不同区域营商环境差距的主要原因，也是区域服务于经济发展深化改革的一大难题，本节将主要分析解读这一点。

在计划经济体制中，是以行政制度支配市场经济发展的；而在资本主义国家的资本主义市场经济体制中，则是市场调控模式。我国现阶段实行的是有中国特色的社会主义市场经济，既尽可能地激发市场的活力和潜力，又不至于令市场失控。如果将市场经济比作一只凶猛的猎犬的话，那么资本主义市场经济就是脱缰的猎犬，而社会主义市场经济是在这条猎犬的脖子上套上了绳索。

中国自改革开放以来，由计划经济体制转型为社会主义市场经济体制，带动了中国经济的高速发展。就像笔者在上一段落中所比喻的，市场经济如同一只凶猛的猎犬，社会主义市场经济是套上了绳索的猎犬，深化市场经济改革，就是缓慢地、试探性地放长了绳索，始终在小心地控制着市场，时不时地拉紧一下绳索，也就是制度约束市场，市场要发展，只能去适应制度（绳索的长度）。这种方式在某些方面确有其独到优势，例如两次世界性的金融危机，我国都得以顺利平稳渡过。然而，在新一轮技术和产业革命的双重挑战和机遇期，在国内经济发展进入转型期，就务必进一步深化改革开放，大胆创新。

正如改革开放前后的变化那样，从害怕、不敢利用市场经济这只"凶猛猎犬"到套上绳索去利用。如今，中国经济发展即将进入又一个崭新阶段，对市场的利用方式也进入新的转折期，即由市场适应制度（绳索的长度）转变为制度适应市场，即根据发展的需要不断大胆地放长绳索，并尽快去适应新的绳索长度，这无疑是一次重大的转折和挑战。

制度适应市场的本质是制度改革尽可能地适应内外环境的激烈变化，制度优化尽可能适应区域经济的高速发展和创新的需要。具体推动制度适应市场的改革创新需从两个方面着手：一方面是切实贯彻"服务"的中心思想，并建立与之相对应的教育体系和保障制度；另一方面是积极创建"平台型"政府，而平台是通过利它来实现共赢的，是一种缔结命运共同体关系的模式，也是资源、市场、信息、思想交互的枢纽。"平台型"政府的运行将更具效率化、服务更人性化、决策更贴地气、对产业的凝聚力将更强，更能激发区域内创新、创业活力，也能更充分调动区域内各类资源服务于经济发展，且在促使区域内经济快速发展的同时更能惠及区域民生、更加精简区域行政结构,使区域各项行政审批效率更高等。

建设"平台型"政府是尽快适应被"放长的绳索"的有力抓手,也是新时期区域经济可持续发展破局的强有力对策之一。

(本小节写于 2022 年 11 月)

八、区域经济发展中的"磁化"效应

制度要适应市场,尤其在区域经济发展由量变进入质变的关键时期,如果制度跟不上市场,就会延缓或者延误区域经济发展的转型,甚至造成都难以挽回的遗憾。那么,什么时候区域经济发展的质变最为激烈呢?一是重大政策落地期间。例如,2015 年设立珠海横琴自贸区、2017 年设立雄安新区、2018 年海南自由贸易区正式落地等特殊时间节点。这些政策一经宣布,随即就将该区域推向了风口浪尖,从而使其短时间内吸引到大量的产业、资本、人才等发展要素,但如果不能抓住机会,及时在区域内打造资源蓄水池,热度就会逐渐降低,吸引力自然也会逐步下滑。二是背靠一线城市区域。由于一线城市区域发展环境本就遥遥领先于二、三线城市区域,而且,在一线城市区域各种新兴事物酝酿发酵得最早、变化得最快,所以对于相邻的二、三线城市区域而言,这既是挑战也是机遇。如果营商环境优化及时且得当(包括区域发展定位有远见、区域发展规划有大局观和强烈的产业链串联意识、配套基础设施建设及时到位、行政制度及时适应市场变化),就能借着一线城市区域发展的东风乘势崛起;反之,有限的发展资源会被一线城市区域虹吸,例如,劳动力流失、创新创业人才流失等。改革开放期间,东莞就借着深圳、广州两地的优势,在自身并无太多政策优势的背景下,将自身打造为中国制造业之都。而同样紧邻深圳的惠州则因种种原因错失发展机遇。

我国区域经济发展的总体特征是"多点开花,以一点带一片,多片相连,全面发展"。如果某一点开花,就会围绕该点,形成对产业、人才、资本、市场等各种发展要素的强大吸引力。这股力量仿佛是磁铁的南极或北极。这种磁铁式的吸引力和凝聚力有几个重要特征：一是越靠近极点吸引力越强；二是远离两极的部分虽然不如极点位置的吸引力强，但同样会吸引资源，只是极点处分布最密集，远离极点的部分具有分布松散的特征；三是越靠近"磁铁"越容易被磁化，自身也能够产生相对较弱的吸引力，但前提是自身要具有同"磁铁区域"相似的特质。

充分利用这三个特征，是毗邻发达城市区域的相对落后城市区域借用优势获得快速发展的重要方法。在具体的实践中还要注意两点，一是要善于将被吸引来的资源留住，并且将其本土化融入吸收；二是要主动对区域内部环境进行改造，形成与所毗邻的发达城市区域具有互补性和具备相类似的营商环境，使区域内外环境达到相通、相平衡。具体的做法包括以下三点：

第一，区域经济发展定位有远见。中心区域伴随着资源的大量汇集，随之而来的是城市发展空间不足、生产生活成本上升，并产生大量的精神消费诉求。进而所产生的是部分产业被动转移或主动转移，中心区人口会向周边区域流动，由此给周边区域带来大量的人流，周末经济发展速度极快并快速向周边区域扩张。对于周边区域来说，首先要做的自然是承接中心区产业的转移，其次是加强与中心区的"一小时公共交通经济生活圈"建设，最后则是加强周末型休闲度假旅游经济发展。

第二，区域经济规划要有大局观和强烈的产业链串联意识。对于周边区域来说，首先，大局观不仅是中心区和自身区域的"两点一线"规划，而是要对中心区周边的其他区域作通盘考虑，从而做好精准规划定位；其次，产业规划要有自主的强烈的产业链串联意识，由于区域定位和自身优势的不同，从中心区转移出来的产业大多是零散的，所以不能"眉毛胡子一把抓"，更不能认为"捡到篮子里的都是菜"，而是要有选择性、有目的性地承接产业转移，而且当前的实际情况是从中心区转移出来的产业绝大多数都是处于产业链生产制造环节，大量盲目地承接这些产业很可能导致区域内产业结构失衡，同时可能会与发展休闲旅游经济形成冲突和造成矛盾，所以要对其进行科学地判断和预测。

第三,区域经济内环境(包括营商环境、生活环境和生态环境)要与区域经济外环境平衡互补。首先,从营商环境上来看,在综合营商环境方面,周边区域与中心区相比,不可避免地存在落差,但是要保证三个基本点:一是与中心区相比,基础设施环境相差不大;二是与中心区相比,行政效能相差不大;三是与中心区有便捷的交通相连。其次,从生活环境和生态环境方面来看,同样要保证三大特点:一是特色要突出;二是生活环境与生态环境要合理相融,即所谓的"人与自然和谐共存",而不能生态是生态,生活是生活,泾渭分明;三是要与中心区形成明显的差异化互补,例如中心区是快节奏,则本区域应主打休闲放松类的慢节奏;中心区是现代科技城,那么本区域可以专注在影视传统、民族、文化、自然等领域发展。

我国区域经济发展的总体特征是"多点开花,以一点带一片,多片相连,全面发展",对处于非"开花点"的周边区域来说,在新时期要推动区域经济更快、更好地发展,就必须具备三点素质:一是具备敏锐的洞察力,包括对外部环境变化的洞察力和对未来发展趋势变化的洞察力;二是练好内功,因为机遇是留给有准备的人的;三是要善于借力用力,以期实现发展自身的目的。

(本小节写于 2022 年 7 月)

九、脱贫攻坚与乡村振兴

对处于周边的区域来说,洞察敏锐、练好内功、借力用力,能够大幅度提高区域经济发展速度。处理好区域经济短期生存和中长期发展的关系,能够在短时间内降低因区域经济发展不平衡所带来的负面影响,并为区域经济中长期发展留下充足的空间。

前文,笔者提到了贫困的分类,即分为绝对性贫困和相对性贫困。相对性贫困将长期存在，这不仅是我国才有的问题，而是全世界共同面临的问题。与资本主义社会不同，在我国，相对性贫困的根本原因在于区域经济发展的不平衡，能否有效解决相对性贫困的问题，也是彰显社会主义市场经济优越性的重要衡量标准。

我国出现相对性贫困的根本原因是区域经济发展的不平衡，所以区域经济整体发展水平的每一次跃升都对相对贫困有着重大的"治愈"作用。

相对性贫困可以通过产业扶贫的方式来解决，并且，产业发展水平要能与时俱进。不同于绝对性贫困，相对性贫困可以通过辅以增加基础保障、社会福利等措施消除。因为相对性贫困是高于绝对性贫困水准的，它不是那种由灾害、疾病等因素威胁生存而产生的贫困，而是由于收入差距巨大而导致生活品质落差巨大，进而使幸福感较低而引发社会矛盾。若想一劳永逸地提高相对性贫困人群的收入水平，可以通过产业扶贫的方式来实现。

相对性贫困往往自身具有局限性。社会主义市场经济发展到现阶段，基本上创造了一个相对公平、一视同仁的社会环境，并且为处于社会底层的人民创造了多种发展和致富通道。在这样的社会环境下，有一部分人抓住机会摆脱了困境，但仍有一部分人身处困境而无从摆脱。这是人们自身的局限性所导致的。要解决相对性贫困问题，除区域经济发展整体水平跃升和强化产业扶贫的方式以外，还要重视那些自身局限性大、主动性差的相对贫困群体。具体策略有三个：

第一，加强思想教育、信息传递和脱贫攻坚与乡村振兴引导机制。相对性贫困群体的局限性首先在于思想上的局限性，具体表现为不愿意接受新生事物、喜欢安于现状同时又对自身所处的生活状态不满意。然后，由于信息接收程度有限，对未知充满恐惧，更有甚者是惰性思想在作祟。总结来说就是由于所接受和了解的信息不对称而对新事物、新举措存有惶恐和疑虑。因此，发挥基层组织和党员的带头作用，强化思想教育及合理的过渡与引导，是解决相对性贫困问题可以去尝试的方法。

第二，完善脱贫攻坚与乡村振兴技能培训体系，尤其是订单式的技能培训。目前，各地区纷纷建立了再就业培训中心，虽然发挥了很大作用，但是仍有一定的局限性。主要表现在深入群众的程度不足、影响力有限，且技能培训完成之后难以对接上岗。完善脱贫攻坚与乡村振兴技能培训体系，需要在现有基础上再进一步做工作。具体做法包括：加强区域职业技能培训体系在基层的宣传和工作，以及将区域职业技能培训体系与产业扶贫高度结合，探索订单式的技能培训的可行性。

第三，脱贫攻坚与乡村振兴就是需要帮助相对性贫困群体对他们所具有的资源进行有效转化。这一点主要是针对农村相对性贫困群体而言。由于农村相对性贫困群体往往具有一定的生产资料（如土地）却不能充分利用。因此，在农村层面，如何充分利用资源变现及将资源转化利用效率最大化是脱贫攻坚与乡村振兴的一大重点。例如，利用土地资源引入产业化发展、将农村资源与休闲旅游业相结合、发展订单化农业等，这些均是脱贫攻坚与乡村振兴的有力措施。此外，部分新兴产业发展也对脱贫攻坚与乡村振兴发挥了巨大作用，例如直播电商等。如图12所示。

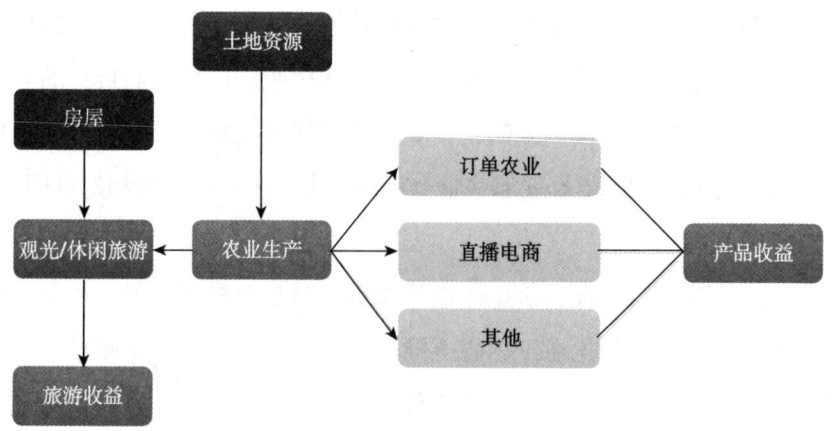

图12 相对性贫困群体利用自身资源进行有效转化

（本小节写于2023年1月）

第五章 区域经济高质量发展的系统建设

一、区域经济可持续发展的创新系统建设

前文,笔者分别从不同角度分析论述了区域经济发展中的创新现状、面对的困境、需要解决的问题、未来趋势及部分应对之策等。当区域经济发展碰上转型升级,唯有创新才是出路,无论是区域发展的整体意志,还是分布在区域内的各行业、大中小微企业的发展意愿,都对创新寄予厚望。然而,即使将创新的重视程度提升到前所未有的高度,依然改变不了创新难的现实。

笔者在前文中提出过这样一个观点:很多情况下,局部问题的根源在于整体,要有效解决局部问题,就需要从整体入手。如此再回头看区域经济发展中的创新问题,会发现这样一个现象,我们所要的,其实都是创新的结果,而不问创新的过程。这就像是解题,我们不断索要题目的答案,却往往忽略了这答案是如何得来的?其解题的方法是什么?所依据的原理是什么?

纵观我国600多个市级区域,具备完整的、有明确主动意识的"产业创新体系"并不是很多。区域内创新力量各自为战,创新资源呈碎片式分布,互不相通是区域经济发展中创新的现状。各自依靠自身的力量完成创新成果,区域内服务于创新的资源不成体系,并且绝大多数是抱着短期逐利的目的。因此,真正能完成创新并且成功实现价值转化、实现创新可持续壮举的,只有少部分大型企业。而区域内半数以上的创新均属于小微型的局部创新,仅仅能实现产品的有限优化、生产工艺流程的有限改革、商业模式的有

限变革。如果只是效果不明显也就罢了,更严峻的是区域内还充斥着大量的无效创新、资源浪费、半途而废的行为和现象,甚至还有许多是伪创新。

2019年,中国国际专利申请数量位居世界第一。① 同年,中国遭受了美国的科技封锁,大量的科技型企业遭受重大打击。根据国家知识产权局数据显示,2019年国内发明专利、实用新型专利以及外观设计专利三种专利申请量总数达432.3万件,较2018年的432.3万件增长了1.33%。从专利构成情况来看,2019年我国三大专利申请量分别是:发明专利140.07万件,占比32%;实用新型专利约226.82万件,占比52%;外观设计专利约71.16万件,占比16%,具体如图13所示。

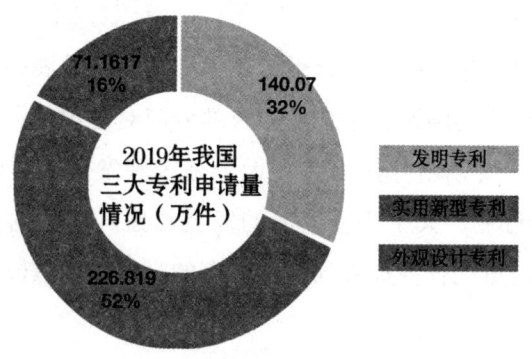

图13 2019年我国三大专利申请量情况

我国每万人口发明专利拥有量排名前三位的省(区、市)依次为:北京(132件)、上海(53.5件)、江苏(30.2件)。

发明专利授权量排名前三位的国内(不含港澳台)企业依次为:华为技术有限公司(4510件)、中国石油化工股份有限公司(2883件)、OPPO广东移动通信有限公司(2614件)。②

从这些数据中抽丝剥茧,可以得知创新形势表面上看似乐观,实际上呈现明显的不平衡特征,多数具有高价值的创新成果集中在信息技术产业和少

---

① 参见《世界知识产权组织表示,2019年中国国际专利申请量全球第一——"中国创新能力不断提升"》,《人民日报》2020年4月10日。

② 国家知识产权局在京举办2020年首场例行新闻发布会,光明网,2020年1月14日。

部分企业之中。由此表明，不仅绝大部分区域创新体系不健全，而且真正能够改变行业发展格局的核心创新成果也可谓凤毛麟角。

促进区域经济发展创新，不能一味地索求结果（例如此前典型的以市场换技术的策略，就是只要结果的行为），不能以量抵质，而是要关注解题方法和所依据的理论。完善区域创新系统建设，所谓"授人以鱼，不如授人以渔"，区域经济发展中的创新不应再关注于"鱼"，而要强调"渔"。

第一，创新要有智库指导，要做顶层设计，以避免无效创新和资源浪费；同时，智库对于未来经济、行业、市场发展趋势的准确预判，都将有效降低创新风险和节约成本。

第二，创新要由有公信力、影响力、约束力的平台来完成创新结构性串联、资源整合、总体协调及权益保障。一般来说，大多数区域内都不缺乏创新主体及围绕创新主体的各种周边支持资源，缺乏的是将这些创新力量整合成为一股力量的平台，因为分散力量的创新绝大多数无法进行到底，而凝聚成一股绳的创新力量则不容忽视，哪怕是一个不起眼的三、四线城市区域。

第三，创新要建立与创新定位精准匹配的人才结构，要有合理的人才"招引用留"政策，在前文笔者详述了对于一个正在发展中的二、三线城市区域而言，最需要怎样的创新人才结构，然后根据这样的人才结构去精准定位，从而定制出最合理的人才引进、用留政策，而不是盲目争夺、盲目跟风。

第四，要建立健全创新成果转化机制。在区域经济发展过程中，有基于产业实用的创新，成果将直接对口应用到实际生产中；也有纯粹的创新，即事前并没有明确的产业项目与之匹配，而是创新人才根据技术发展、行业发展、市场需求等作出的顺应时代的有效创新。这一类创新有价值，但是往往在短时间内创新主体寻找不到合适的产业项目将创新成果种下，这时候就需要发挥平台的运营作用，将好的创新与合适的项目进行匹配。

第五，要建立应对创新风险的保障体系。目前，为数众多的区域已经建立起创新风险保障体系，比如创新风险保障基金等，但仍存在一些局限。例如，基金的规模一般体量不大，不能满足区域创新的需求；基金的门槛仍然较高；基金未能充分调动社会资源资本参与进来，未能形成整合力量等。

在区域经济发展创新中，创新从来不是区域内某些个体的单打独斗，而是区域内创新力量整体参与的共同事业，是建立"创新＋智库＋产业＋政府＋金融＋学研＋N"综合创新的系统平台。因此，要充分激发和调动区域内的创新力量，并让创新顺利地在整个区域产业经济发展的各个环节中流淌、加速。

（本小节写于2020年7月）

二、智库力决定创新力，创新力决定产业力

在未来区域经济的可持续发展过程中，产业发展将产生这样的一个逻辑，即创新力决定产业力，而智库力又决定了创新力。纵观近代资本市场经济、产业发展史，智库、创新和产业，三者是分不开的。早期，虽然三者共同推动了近代经济产业的快速发展，但是因果先后关系并不明确，甚至有些混乱，出现了智库力滞后于创新力、创新力滞后于产业力的现象，其中的典型如我国清朝末期的民族资本主义萌芽与发展。这种混乱现象带来的滞后性，表现在扭曲的社会经济发展形态上，严重制约了产业、经济的正常发展，让社会陷入极不稳定的局面。

随着社会经济的发展，智库、创新和产业这三者间的关系渐趋明朗，即智库力是决定创新力的。例如，拿改革开放前后来对比，改革开放本身就是一次重大的智库力释放，因而才有社会主义市场经济体制，从根本上释放了创新力。到现如今的经济发展"新常态"，智库力决定创新力体现在多个方面。

首先，智库力能够且也只有智库力能够从根本上解决区域经济可持续发展中的"创新体系打造"问题。上一节中笔者已经分析了区域经济创新难的首要问题，就是当前区域经济发展创新没有创新体系的问题，创新体系对一个区域的可持续发展所产生的长期稳定保持创新活力及稳定提升创新层次、水平的作用，就相当于人类从毫无章法的渔猎时期进入有章可循的耕海牧鱼时代一样，孰优孰劣，一目了然。

其次，智库力确保有效创新。2011年，曾独自占据世界手机市场半边天的诺基亚手机终于没落。许多专家和分析人士将诺基亚手机的没落归咎于诺基亚执着于塞班系统，没有与时俱进地跟上安卓系统，认为是它在创新上的落后导致了品牌的没落。这一分析结果虽然不能说是错误的，但也不免有以偏概全之嫌。同时，对诺基亚手机而言，也未免有些不公。诺基亚手机真的没有创新吗？不是，恰恰相反。在安卓系统从问世到快速发展的期间，诺基亚手机对自己的塞班系统的研发创新也是紧锣密鼓，投入极大，并且在很短的时间内达到很高的创新高度。在当时看来，塞班系统比之苹果系统在流畅度上丝毫不逊。所以，诺基亚并非败在了创新力不够上，而是败在了智库力上，具体体现在三个方面：第一个方面是对于市场消费趋势和用户使用趋势预测分析的误判：（1）手机的主打定位仍是实用、质量，并不是聚焦在手机的多功能性和附加价值赋予上；（2）没有简化塞班系统的软件、插件安装流程及授权。第二个方面是对未来行业发展竞争模式趋势预测的误判。例如，收回索爱、三星手机塞班系统使用权利，谷歌却将安卓系统免费开放。当然，仅仅这一点也不至于产生致命的影响，但在第一点上，它已经与苹果拉开了差距，当时的诺基亚变得"毫无特色"。第三个方面是对手机产业的上下游产业（例如软件开发）发展趋势预测的误判。当诺基亚的塞班系统特性使软件开发门槛和成本明显高于其他手机系统，并且用户使用率快速下降时，软件开发产业会果断地放弃在塞班领域的开发，而软件产业的退出又使更多的诺基亚手机用户放弃使用诺基亚，由此形成恶性循环。以上三点，才是诺基亚手机被行业和市场淘汰的具体原因所在。由于智库的误判，使得诺基亚的智库力没能确保其创新是有效的、是符合未来发展趋势的，这才是诺基亚手机最终没落的最根本原因。

最后，智库力有效降低了企业转型创新的风险。"不转型是等死，转型是找死"是在各中小企业中广为流传的一句话，道尽了转型升级的艰辛和不易。为什么会有这样的言论？这很容易理解。企业转型升级无非两种方式：一种是从一个行业跳到另一个行业。企业在另一个行业领域缺乏经验、渠道、市场等，一切都是在探索和试错中前进，而在探索和试错的过程中，走错一步就要付出惨痛的代价，骤然单独面对一个陌生的行业，犯错几乎是不可避免的。另一种就是创新，包括生产技术创新、产品创新、商业模式创新等。事实上，无论中小企业是否有足够的资源创新、能否顺利出结果，即使创新过程一切顺利，也不能保证创新结果一定是有效的，一定是符合未来发展趋势和需要的。苹果手机的创新和诺基亚手机的创新多有相似之处，都是坚持做自己的产品，苹果手机成功了，而诺基亚失败了。由此可见，纵然如诺基亚手机这样的庞然大物，都无法承受无效创新所带来的致命打击，更何况一般的中小企业。综上分析，无论中小企业的转型升级是跳到一个全新行业的转型，还是凭借创新推动原产业的升级，如果没有相对应的智库力作为后盾（产业智库），那结果就是九死一生。反过来，也就是只有智库力才能给予中小企业转型升级的信心，才能有效降低中小企业转型升级可能引发的风险，才能保障中小企业成功和顺利转型升级。

创新力决定产业力已经成为共识。从工业革命开始，都是创新力决定产业力的一次次跃升。例如，蒸汽机的使用、电力革命、信息技术革命等。直到近20年我们身边之事，也无一不是创新决定了产业力的大跃升、大发展。例如，华为的创新精神，决定了华为成长为当今中国最大的信息科技公司；共享经济模式缔造了一批资本神话，虽然有的后来破灭了，但其共享经济的理念依然成为一种宝贵的知识财富；平台经济模式的创新，使得滴滴、美团等平台迅速成长为跨行业竞争巨头。

智库力决定创新力，创新力决定产业力，这是区域经济可持续发展必须深度理解的发展逻辑。逻辑上的缺失、薄弱，甚至是逆反逻辑，都会阻碍区域经济更快、更好地发展，甚至对其形成潜在的威胁！

（本小节写于2022年6月）

三、充分调动全国的智慧和资源

在明确了智库力决定创新力、创新力决定产业力的发展逻辑之后，重新评估区域经济发展现状，就会发现，大部分区域或多或少都存在薄弱环节。这些薄弱环节成了区域经济可持续发展中那一块最短的"木板"。而且，这块"短板"不是依靠区域内部力量所能补齐的，只有充分利用区域外的资源和力量，才有可能补齐"短板"。因此，区域经济发展要善于调动和利用全国的资源，帮助区域找到经济发展创新和破局之策。

当前，区域经济发展发动和利用区域外的智慧、资源的方式，主要以委托、征集、招商、招标、人才引进、区域产业结构性互补这六大方式为主。

具体来说，第一，委托。委托的适用范围一般包括区域性规划制定、区域招商引资等，其中区域性规划制定一般都有着明确的目标选择指向性，其目的以更高、更广的视角，更加专业的知识储备，更加先进的发展理念（经验）来指导和规划区域经济发展；招商引资除以当地招商局为主的行政部门自主招商引资外，往往还会委托外部的资源平台代为招商引资；委托只是区域经济发展中合理借用外部的局部力量，远远谈不上调动全国的智慧和资源。

第二，征集。征集往往被应用在一些区域经济发展的局部创意之中，例如代表城市形象的吉祥物、某局部地区的发展创意等。征集虽然是面向全国的，理论上是可以发挥全国范围内的智慧和资源的，但是，一方面由于信息传递的局限性，征集只能尽可能地扩大信息传递范畴；另一方面是这种方式的应用既局限又浅薄，并不足以产生出改变区域经济发展整体面貌的力量。

第三，招商。招商是以补齐区域内产业数量和结构为主，严格来说，招商本身的行为是区域经济发展中化外部力量为内部力量的方式，并不算是利用外部力量，而招商行为方式包含了区域经济是否善于利用外部智慧和资源的内容。目前，区域招商引资除了依靠以招商局为主的内部力量外，还可能会委托外部的资源方代为招商。而这种利用方式，也算不上是充分调动和利用全国范围的智慧和资源。

第四，招标。招标是以项目为单位，部分招标是面向全国的。但招标发布时所存在的信息传递不充分问题、招标选标中的灰色地带等问题，往往使招标结果未必理想，更谈不上是调动和发挥全国的智慧和资源。

第五，人才引进。人才引进同招商引资的性质大致相同，虽然近几年提出了"不求所有，但求所用"的柔性人才引进策略，但这种策略也只是破除局部的制度障碍而已，例如落户问题等，无法达到充分利用和调动全国的智慧和资源。

第六，区域产业结构性互补。区域产业结构性互补往往基于两个原因：一是拓展城市发展空间，二是承接产业转移。因为需求互补和共同利益而进行的合作，充其量只是区域间的协同发展，各取所需。虽然在一定程度上合作方发挥了各自的优势，能够取长补短，并充分利用外部优势资源，但也远远谈不上是发挥全国性的智慧和资源。

那么，充分调动、利用和发挥全国性的智慧和资源到底是怎样的呢？首先，其所能动员的范围是全国的。其次，这种调动、利用和发挥是长效的，而不是短期的；是全面的，而不是局部的；是深层的，而不是浅表的。再次，这种调动、利用和发挥的结果既是双赢的，也是自主、自愿的。另外，要形成围绕以区域为中心对外部智慧和资源的吸引力和向心力。最后，这种调动、利用和发挥，不能完全是功利性的，而是要具备公益偏向的特点。

综上所述，区域经济发展要充分调动全国范围的智慧和资源，所要解决的应当是区域经济发展的全局问题，而不是区域经济发展中的局部问题。既然是解决全局问题，所需要的就不是一个局部抓手或者说是局部举措，而是需要一个涉及区域经济发展全局甚至关联现在和未来的一个重大体系。

具体的体系设计及方法（抓手）笔者将在后文中作详细阐述。

（本小节写于 2021 年 4 月）

四、充分发挥区位优势

除充分发动全国范围的智慧和资源外，每个区域所在的区位环境都有独到之处，这种独到之处包括区域所处的地缘位置关系、区域内文化生态环境等多个方面。当然，除这些优势之外，必然还伴随着一些劣势。要善于挖掘区位优势、扬长避短，以优势覆盖劣势，甚至化劣势为优势。将区位优势充分发挥利用起来，转化为能够切实推动区域经济发展的动力，是区域经济可持续发展的一项重要的战略性举措。

变区位劣势为发展优势的城市区域虽不多见，但也不罕见，例如湖南省邵阳市。十几年前的邵阳既是湖南省的人口大市，也是"经济穷市"，各项经济指标一直在全省排名靠后，交通不便，人才外流，是邵阳区域经济发展的长期瓶颈。在国家纵深推进开放型经济战略期间，邵阳抓住机遇，率先改善区域交通状况，充分利用自身区域所处的空间位置优势，将交通网络向中国两个重要的经济发展中心延伸，一头连接长三角经济中心上海，一头与珠三角经济中心广州连接，中间串联着重要的经济发展重镇长沙和武汉，完成了"1小时到长沙、2小时达武汉、3小时抵广州、4小时至上海"的壮举，在邵阳架起了高速、高铁、机场等现代化、立体交通网络，将不起眼的邵阳打造成为长三角和珠三角之间的一颗冉冉升起的新星。

获得发展，从来都离不开天时地利人和，那么当完成交通环境改善，区位硬件条件就绪后，邵阳"人和"的情况又是如何呢？上文提到的邵阳区域经济发展有着两大瓶颈，除交通不便外，就是人才外流。人才外流现象自改革开放以来就长期存在于邵阳市，大量的邵阳人走出去，在全国乃至世界各地打拼出令人瞩目的成绩。邵阳紧紧扣住这一点，化劣势为优势，打好乡情牌，在邵阳交通得到极大改善的前提下，原本是困扰邵阳发展的劣势，摇身一变，成了邵阳跨越式发展的最好优势，大量的邵阳企业家纷纷回乡投资和创业，给邵阳带来了前所未有的发展动力。

除邵阳外，还有如贵州德江、宁夏中卫等城市，都是变劣势为优势的佼佼者。然而并不是所有区域都能挖掘好区位优势，都能做到化劣势为优势，甚至可以说，我国还有不少区域并不懂得如何系统地挖掘区位优势，也没有完善的路径、可行的抓手来充分利用好区位优势，更不能化劣势为优势。这里面有不少平白浪费了区位优势的城市区域，例如，浙江嘉兴（紧邻上海，地处长三角核心地段）、江苏连云港（苏北唯一大港，内陆腹地极为宽广）、安徽黄山、江西九江（江西省唯一的沿江城市，区内有著名的旅游景点庐山）、福建莆田（地利人和）、广东汕头（汕头作为中国最早开放的四人经济特区之一，区位优势和政策优势不言而喻，又拥有众多的海外侨胞，本该是现在中国经济活力最强、百姓生活最富裕的地区之一）、广东湛江（湛江是拥有世界级深水良港的城市，也是最早对外开放的沿海城市之一，区位优势得天独厚、腹地广阔，按理说湛江拥有发展经济的良好条件，而现在湛江的经济水平还比不上中国中部地区的平均水平）等。

除了上面提到的两类城市区域之外，还有一类城市区域，这些区域本身没有突出的优势，但也不存在很明显的劣势，区域经济发展也始终保持不咸不淡、不快不慢的发展节奏。这一类城市区域更应树立危机意识。须知，我国现阶段的经济发展是处在由量变到质变的阶段，在量变阶段的落后还是容易追赶的，但如果是在质变阶段的落后，那么想要追赶上来将会格外艰难。

除自然环境特别恶劣不可改善的区域之外，现阶段并不存在绝对劣势的区域，如果有的区域认为自身劣势明显而优势不显著的话，那么，第一要从区域发展创新意识上寻找原因，很可能是因为认知局限所致；第二要评估区域经济的发展定位是否有偏差；第三要从改善区位环境方面着手，如果前两者都确认没有问题，则要反思如此明显的劣势是否是可以改善以及将要如何进行改善。

对于那些曾经成功化劣势为优势的城市区域，须知化劣势为优势的方法是有时效性的，过去行得通不代表一直行得通，过去因此而繁荣不代表现在和未来还会继续繁荣下去。将劣势转化为优势，必须与时俱进，只有确保内环境和外环境的始终平衡，才能确保不会重蹈覆辙。孟子曰："生于忧患，死于安乐。"只有始终保持曾经的勇猛精进之心、继往开来发展创新的智慧和魄力，才能真正将优势进行到底。

对于空有优势而不能发挥所用的城市区域而言，更应自我反省。这些区域有非常大的潜力，可以继北京、上海、广州、深圳四座城市之后，成为下一批的经济高速发展中心。

对于那些优势明显，并且已经发挥所长的区域来说，要不骄不躁，因为一时的领先并非永久的领先，况且，在过去的一段时间内，已经将区位优势中容易挖掘的挖掘而出了，容易利用的也都尽情利用了，就像是资源型城市，面临自身资源已经被开采殆尽，看似现在仍旧风光无限，其实已经危机暗藏，例如最为普遍的新老城区交替一般。对于这样的城市区域，要更加注重创新，只有不断深挖区位优势，甚至与时俱进创造新的区位优势，才能将现阶段的发展成果保持下去。

区域经济发展中充分发挥区位优势，首先要精准定位；其次要始终保持区域经济发展的三个平衡；再次要强化区域经济发展中的"智库+平台"建设；最后要以产业园区为抓手。

充分发挥区位优势，既是区域经济发展中的基础部分，又是区域经济发展中最难做好的部分。发挥区位优势，如图14所示，不仅是利用好现有明确的优势，还要根据外部环境、市场环境、政策经济环境等的变化，创造出全新的优势，为区域经济发展赋能。这既需要有大局观和敏锐的洞察力，又要有超强的趋势预测能力。只有这样，才有可能使得区位优势不断增长。

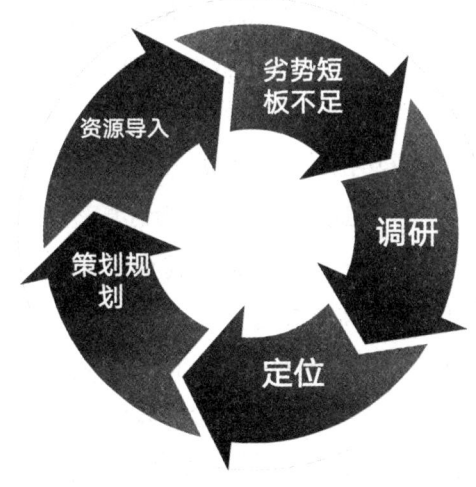

图14 区域经济发展中的区位优势

（本小节写于2022年12月）

五、区域经济可持续发展中的人流、物流、信息流

怎样才能将区位优势做到极致？当区位优势充分彰显时，所能带给区域经济发展的最直接、最明显的结果就是持续爆发的人流、物流和信息流。同时，这三大流量也决定了区域经济当前及未来一段时间内的发展速度和潜力。流量经济是当前信息化时代下一种新兴的经济模式，大量的个人、企业从流量经济理论中收获巨大利益，将自身原本不起眼或者只能用来自娱自乐的优势、技能特点等得以迅速、顺畅地在经济收益间来回转化，而这种理念放到区域经济发展中亦是同理。

人流、物流和信息流的明显变化往往是判断区域经济发展盛衰的前兆，如果出现增长则意味着兴盛，如果出现滑落则意味着衰落。例如，在20世纪六七十年代时，广为流传的一句话是"要想富，先修路"。事实上也正是如此。因为"修路"而成功扭转区域发展贫穷局面、走上高速发展道路的区域比比皆是。直到现在，交通条件仍被视为区域经济发展的先决条件。"先修路"是为了改善区域内外的交通环境，其直接目的就是使区域内外便捷互通，从而实现人流和物流的高速流动。

除修路外，到21世纪初，网络的普及使得区域经济发展再次迈上一个新的台阶。这一次网络的普及所带来的是使区域经济发展融入全国乃至世界的信息流浪潮中。后来，随着大数据、区块链等技术的兴起和发展，各地纷纷着手创建区域性大数据中心、建设和发展区块链技术，大家已经不满足于仅参与信息的互动中，而是希望在区域内构建信息集聚的枢纽。

伴随着社会经济和信息技术的深度发展和应用，人流、物流和信息流逐渐加深关联，成了不可分割的整体，三者互为犄角、互相促进，构成了区域经济快速可持续发展的坚实动力。在过去，区域要集聚人流、物流和信息流，其有效措施可简单地总结为"修路"和"架网"，而时至今日，无论是修路

还是架网，其可成长和发挥的空间已经越来越小，已到了不得不寻求新的对策来汇聚、支撑区域经济发展的人流、物流和信息流的时期了。

当前，人流、物流和信息流汇聚的中心当属北京、上海、广州、深圳四座城市，次一级区域则是除各省会城市区域外，还包括各大旅游名城。这是当前的现状，而在改革开放前后的几十年中，格局显然与此有所不同。那时候的许多矿产资源型城市、重工业城市在人流、物流和信息流的集聚能力上并不输当时的北京、上海、广州、深圳四座城市。然而，随着时间的推移，伴随着产业的衰落，这些城市区域的人流和物流迅速流失、信息流止步不前，如今已经被远远超越。如果说传统的老资源型城市是一个典型，那么杭州作为一个近二三十年内迅速崛起的城市，截至2019年，多个局部领域已经能够比肩北京、上海、广州、深圳一线城市了，成为国内首屈一指的人流、物流和信息流动集聚中心了，其背后更多的是得益于新兴产业的快速发展。

行业的发展变化趋势在很大程度上决定了人流、物流和信息流的流向。因此，区域经济发展要汇聚人流、物流和信息流，首先要对区域未来发展有精准定位，大力发展具有未来导向性的新兴产业；其次要善于创新增量和盘活或优化存量。

优秀的城市是一个"平台"。无论北京、上海、广州还是深圳，如果要问为什么这些地区能够集聚大量优质的人流并因此带动物流和信息流时，得到的答复绝大多数都是这些地区有着足够大的舞台和足够多的机会，能够给身在其中的人以梦想成真的可能。这就是"平台"的特性——善于成就他人。

优秀的城市各有其优点，而普通的城市区域必然是千篇一律的。凡是人流、物流、信息流高度集聚的区域，都必然有其独特的标签和特色。北京、上海、广州、深圳自不必说，例如东莞、佛山由于是中国制造业重镇而集聚流量，云南大理、广西桂林等由于是全国著名旅游观光城市而集聚流量。不同地区的流量集聚因其对人流、物流、信息流汇聚的特点不同，使得这些城市区域的发展水平会有所差距。例如，北京、上海、广州、深圳所集聚的人流、物流、信息流往往是相对长期且层次较高的，因而其发展水平最高；东莞、佛山集聚的人流、物流、信息流虽然总体上也是长期的，但其流动性强、波动性也强，且层次相对较低，所以其发展水平次之；而大理、桂林等集聚的人流、物流、信息流往往是临时的，有明显的节假日周期的特征，不稳定性较强（一年中有明显的淡季跟旺季之分），因而在三者之中发展水平相对最低。

综上分析，想要实现区域经济可持续发展，就要汇聚人流、物流和信息流，如图15所示。要做到这些，首先是做好区域经济发展定位，合理引入和发展新兴产业；其次是打造平台，而平台又与产业息息相关；最后要突出区域性特色，因地制宜地进行发展创新。

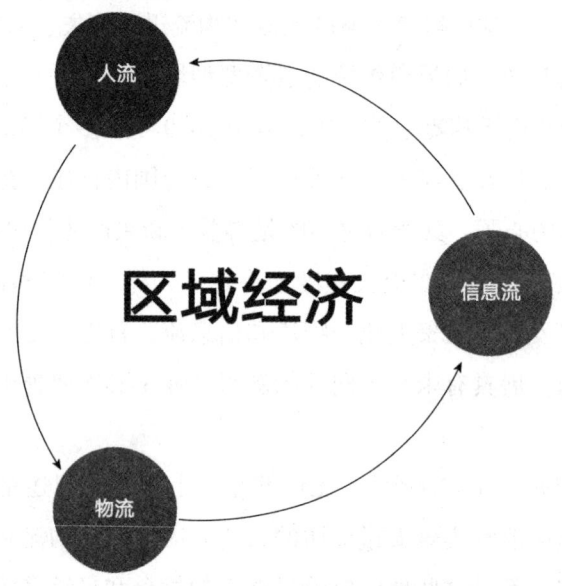

图15　区域经济可持续发展与人流、物流和信息流之间的关系

（本小节写于2022年12月）

六、创新成果转化

前文，笔者分别就区域经济发展中的区域创新困局、创新对区域经济发展所造成的影响和区域创新体系建设等多个方面，强调了创新在区域经济可持续发展中的重要地位和价值。在本节中，笔者将继续深入展开并具体分析

区域经济中存在的创新成果转化效率低的问题,并提出一些可行的应对策略,以此抛砖引玉。

据 2017—2020 年的不完全数据统计显示,我国专利申请数量在 2019 年攀升至世界第一,自然科学类论文发表数量在 2017 年前后就已成为全球第一。但是,科技成果转化率却一直维持在 10% 左右,而发达国家的科技成果转化率能够稳定在 40% 左右。二者对比,差距十分明显。[①]

目前,区域经济发展中产生的创新成果可分为两类,一类是企业在发展竞争的过程中产生的实用型创新成果,例如生产工艺的局部改进;另一类则是以高校或科研机构为主的原始的科技创新成果。接下来,具体分析一下这两类创新成果的转化。

先来看实用型创新成果转化。由于企业在发展过程中产生的实用性创新是基于企业现有的产业和生产线而产生的,所以大多并不存在转化障碍问题。然而,这种创新成果有效时间短、创新层次低,往往是在原有的技术基础上进行局部改善或是功能上的叠加,绝大多数都没有形成推动行业发展质变的力量。不过,值得注意的是,这一类创新的规模十分庞大,如果这一类的创新力量能够得以整合和实现串联,就会形成推动行业不断发展创新的"阶梯"式动力,最终由量变引发质变。

然而,事实并非如此。该类创新的现状是,同行业不同企业之间互不相通,各自作为企业竞争力之一。也就是说,同一类型、同一水平的实用创新成果,不同企业都要花费代价。从整合行业的视角来看,内耗和资源浪费现象十分严重,并且现状是尚无有效力量能够对此进行理想化的整合和串联。

再来看科技创新成果的转化。这类是以高校或科研机构为主的原始的科技创新成果。它们往往是比较前沿和核心的创新,但是,这些创新成果距离产业很远,要真正实现转化,还需要通过中试过程,并不能直接应用于生产制造。也正因如此,这一类创新成果的转化率很低。

---

① 《世界知识产权组织:2019 年中国国际专利申请量全球第一》,新华社,2020 年 4 月 8 日;《中国自然科学年均论文数量世界第一》,国际在线,2020 年 8 月 11 日;《中国工业经济联合会会长、工信部原部长李毅中指出,我国科技转化率不高,最高在 30% 左右》,腾讯网,2021 年 12 月 4 日。

以清华大学为例,根据其科技成果转化数据来看,通常只有5%左右的创新成果得以成功转化。也就是说,100个科技成果,大概有5个能够形成最终产品,或在生产中被使用上,或是带来经济效益,剩下的大部分项目都是处在中间的、过程的阶段,无法产生具体的经济效益。

有效提高创新成果转化率,突破产学研一体化障碍,需要从以下三个环节着手:

一是避免创新立项时犯方向性的错误,并且对创新的超前性要设置一个合理的区间范围。因此,产业智库有必要参与创新立项时的可行性论证环节。首先,创新不能犯方向性的错误,否则一切都是无效的,正如前文所分析的诺基亚手机创新方向性错误。其次,创新也不能过于超前,过于超前的创新成果会因为当前的产业发展水平跟不上(没有相对应要求的生产设备和生产线),导致创新成果同样无法转化。在这一点上,苹果公司对丽萨系统(Lisa)的创新就是典型案例。丽萨系统在1983年被乔布斯开发出来,但是它对当时的苹果公司来说几乎完全没有价值,直到20年之后,以现代产业的眼光来看,才发现丽萨系统确实是一款具有划时代意义的电脑系统。甚至可以这样说,如果没有丽萨系统就没有Macintosh(在Mac的开发早期,很多系统软件都是在Lisa上设计的)。即便如此,如果当时的苹果公司由于丽萨系统在市场上的失败而彻底失败,那么这只会成为一段回忆和历史。

二是原始科技创新成果到产业化,中间有漫长的中试调整过程。中试期间的人才处于区域人才金字塔结构的中部,因而,要合理配置区域人才结构。在前文中,笔者详细论述了区域经济发展中不平衡的人才结构问题,这一问题同样制约着创新成果的转化率。正如上文提到的,原始科技从创新成果到产业化,其间是有中试过程的,中试是否顺利,直接影响该创新成果能否顺利转化。也就是说,中试过程中的人才对于创新成果能否转化是非常关键的,他们是科技与产业的衔接纽带。然而,当前区域内不平衡的、中空薄弱的金字塔式人才结构,往往难以提供中试过程中所需的优秀人才。

三是区域产业结构问题也会制约创新成果转化。在前文中,笔者详细论述了当前区域经济发展中的产业结构问题,即产业结构不平衡,多是以价值链低端产业为主,这一结构中的企业对科技成果的转化往往缺乏热情和动力,且追逐短期成本最少化和短期利益最大化，只愿意投资或者只想购买成熟的产品，而不愿购买原始科技成果再投入转化、再配套相对应的硬件设备，最终实现生产。比如，第五代继电器，虽然体积缩小了，性能提高了，成本也降低了，但就是找不到市场。它是一个创业企业研发生产的，市场没有订单。国内企业安于用现成的低代产品，或者宁愿选择进口产品，也不愿投入资源去创新技术产品，也可能是没有现成的配套设备去使用第五代继电器。也就是说，研究者追求水平先进，企业追求现在就用，如此一来，不可能配套新设备就可以理解了。

以上三个环节是区域经济发展中创新成果转化效率低的根本原因所在。

根据以上原因提出的对策，可总结为三条：

一是产业智库要充分参与原始创新的正确方向定位和合理超前性评估中，从而得出最佳的方案并给原始创新以建议。

二是平衡区域内的人才结构，尤其是强化金字塔中部人才的力量，防止人才金字塔出现"腰斩"现象。

三是充分发挥金融和政策的力量，搭建起创新成果转化服务平台。

在对于上述三点原因进行分析的过程中，创新成果转化所遇到的障碍除了上面的第一条和第二条之外，还包括企业的"短视"、风险投入顾虑以及创新"惰性"。因此，很有必要借助金融和政策之力，一方面以利诱之、引导之，另一方面尽可能消除企业的后顾之忧。再加之以适度的紧迫感，就能极大地激发企业的创新主动性，从而提升区域内创新成果转化的效率，如图16所示。

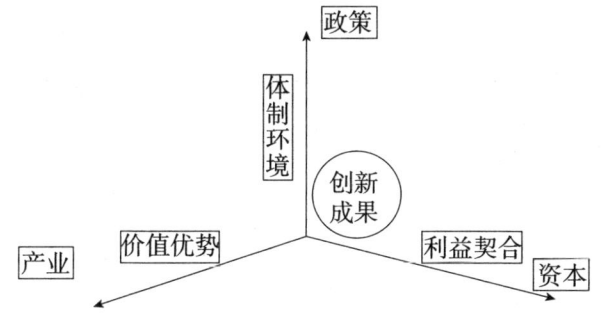

图16 借助金融和政策之力提升区域内创新成果转化效率

（本小节写于2022年2月）

七、区域经济发展串联中的"高地—基地—腹地"

"高地—基地—腹地"规划是现在及未来推动区域经济可持续发展的一大重要路径和抓手,相较之"结对帮扶"策略,其更能适应未来行业的发展趋势,也更能发挥市场的主动性。如果说对口扶贫和一对一帮扶,是一个成绩好的学生和一个成绩差的学生的话,安排成绩好的学生给成绩差的学生补习,即使过程顺利,事实上两者都缺乏主动性。而"高地—基地—腹地"就是成功地使成绩差的学生开始主动学习、主动请教。一种是在安排下才会去行动的模式,另一种是不用安排就能主动自我驱动的模式,这二者或许在短时间内的差别不大,甚至是后者不如前者在短时间内成绩提升得快,但从中长期来看,唯有后者是可持续的。当然,该二者互不冲突和矛盾,并且如果二者能够相结合,则是更为理想的发展状态,可以完美地解决短期和中长期发展的问题。

笔者在前文中多次强调外部环境、资源对区域内产业经济发展的重要作用。伴随着全球经济一体化、区域经济一体化和世界(区域)产业链分工细化的大趋势,无论任何区域,要实现可持续发展的目标,都必须要深度地融入大外部发展环境,并随着外界发展的浪潮冲浪。事实上,现在绝大多数区域发展也都是这么做的,但在实践结果上跟不上市场经济深化改革的速度,不能始终保持与大外部环境同步,总是滞后于大外部发展环境变化,甚至有时会脱节。此类现象屡见不鲜。在我国社会经济发展仍处于量变积累的期间,这种不平衡虽然也会影响区域经济更快、更好地发展,但这种影响并不十分明显。随着我国社会经济发展进入质变时代,这种不平衡的矛盾随之加剧,而且会明显影响区域经济可持续发展的进程。

何谓高地?在军事术语中,高地指地势较高能够俯视、控制周围的地方。区域经济发展中的高地,则是经济发展水平最高、最领先,并且能够辐射、影响和带动周边区域的地方。区域经济发展的高地应具备两大特质，即人才汇聚和信息流集聚。同时，高地所在区域应是经济发达地区，高地周边（一般是同一城市区域内）应该具备产业发达、交通发达、市场创新活跃等条件。能同时满足上述特征的区域并不多，典型的如北京、上海、广州、深圳。

高地是一个点，而不是泛指整个城市区域，这就意味着高地是一个非常精准并且有限的范围。例如，北京、上海、深圳、广州，其中任何一个城市区域都可以被其周边的城市区域定位为本区域经济发展的"高地"，但并不是具体的高地。因为这些区域资源体量庞大，并且分布在整个区域之中，除此之外，还有许多流动性的资源在"过路"，只要守住"心脏"和"咽喉"位置，也即是高地，就能够最大化地借用整个高地所在区域的力量和流量，只有这样的高地设置，对于推动区域经济可持续发展来说才有意义。

高地吸收先进的发展理念、科技创新成果、发布本区域招商引资信息和承接产业转移、高端人才引进，保持对产业、国际和国内未来发展趋势的高度敏感性。

在区域经济发展中，何谓基地？基地是相对于腹地而言的，因而基地往往处于腹地的几何中心，辐射并影响着腹地。从区域经济、产业发展创新的角度来看，基地的属性更加偏向于"中试"经济属性，也就是新兴产业发展的试验田、创新创业的孵化基地、原始科技创新成果转化的中试产业环节等。相比于高地，基地在区域经济发展中的分布广泛。

如果说高地是一个点，那么基地则是一个圈。基地一方面对接高地所带来的各种先进发展理念、先进科创成果、高端人才和新兴产业；另一方面将吸收进来的先进的发展理念和本区域发展实际相结合，首先打造模式，然后向腹地输出模式、对原始科创成果进行中试转化，并将中试成果向腹地产业终端转化，依托人才培育和孵化新兴产业，成熟后再向腹地输送，以优化腹地产业结构。

区域经济发展中的腹地，就是区域经济发展的"大后方"。它一般分为两种：一种是具有成熟的优势产业（往往以传统产业为主，缺乏活力，面临产业结构老化的风险），这是大多数情况；另一种是腹地缺少产业支撑，虽然可开发利用的空间较大,但是存在基础设施配套跟不上或者不适宜引进传统生产制造业的情况,这是少数情况,改善这个情况的办法是需要开发绿色新兴产业。

相对于高地、基地而言,腹地是一个面,其囊括的区域范围甚广,甚至在许多情况下是横跨多个城市区域的。对于腹地而言,其产业输出能力良好,但开拓创新性不足、产业结构不平衡,需要高地和基地作为其引导和调控调度的中心。

通过高地—基地—腹地的体系,创造出为区域经济发展服务的区域中心,例如广州的南沙(珠三角粤港澳大湾区几何中心);再比如河北省邯郸市下面的武安市(中原经济圈),距离郑州市280公里(中原经济圈),距离太原市296公里(太原经济圈),距离济南市283公里(环渤海经济圈),距离石家庄市195公里(冀南经济圈)。如果从河北省的角度来看,那么武安市的地理位置很偏远;但从它与上述四个省会城市的距离来看,它却是处在中心的位置。从全国来看,类似南沙、武安市这样的地方还有不少。所以,定位决定出路,格局决定结局。高地—基地—腹地体系将大有作为,具体如图17所示。

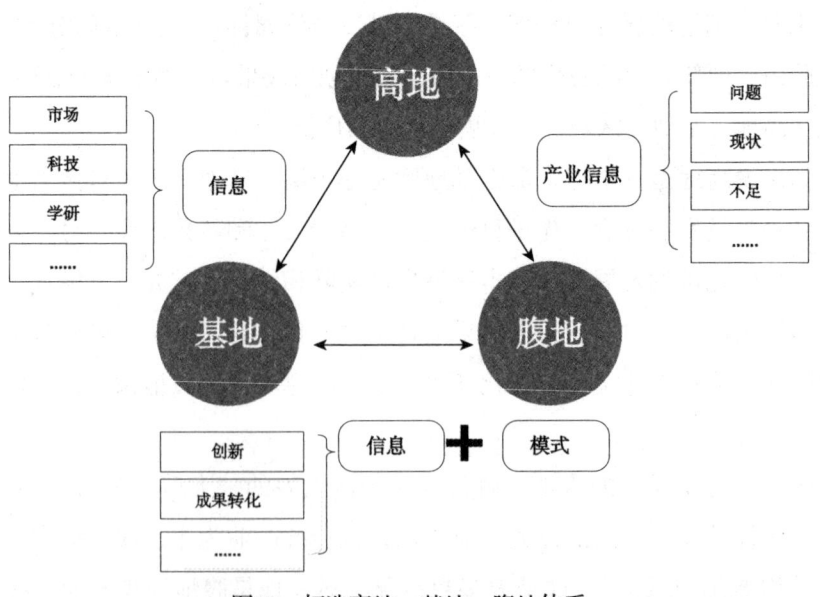

图17 打造高地—基地—腹地体系

在具体落实上，高地、基地的定义要清晰明确。对于高地而言，除定位精准外，最适合高地的运作模式应当是"智库＋平台"的方式。这是由高地的特性及其所承担的主要职能所决定的。

对基地而言，关键是基地的发展定位要精准，并且基地的产业结构中要突出生产型服务业和生活型服务业配套，尤其是高端现代服务业。作为区域经济发展中创新成果转化的关键环节，如果基地没有相应的高端现代服务业配套，其所承担的转化取得和使命是绝难完成的。

此外，基地所需人才主要以金字塔结构的中上部为主，而这也正是区域经济发展中所暴露出的人才结构问题之一。

综上所述，基地的打造应扣住高端现代服务业配套和人才结构优化两大要点，并且要尽可能地将基地打造成为产业发展高度集群化的产业集群。

腹地作为区域经济发展的"大后方"，既有优势，也有局限。腹地要以产业园区为抓手，输入高地、基地所带来的优秀基因，改善和创新腹地的产业结构。而"五入园"则是最好的输入方式，它包括专家智库入园、商协会入园、项目入园、人才入园和资本入园（详见本书产业园区中的内容）。

（本小节写于 2023 年 1 月）

八、支持区域经济发展创新的高端现代服务平台

笔者在前文，多次提到"平台""平台化"对区域经济发展的重要推动作用，这并不是因为平台经济是当前的经济热词所以才强加的概念，而是因为平台的特性决定了其在资源整合、商业模式创新、行业标准自我调节、产业链延伸等多个方面发挥着重要作用，其符合了当前区域经济发展质变的趋势和要求。

虽然目前的市场经济充斥着各种各样的平台，但是真正具备平台内涵的并不多见，而能够服务于区域经济可持续发展的平台更是寥寥无几。那么，作为能够推动区域经济可持续发展的重大关键平台到底是怎样的呢？答案是

高端现代服务平台。具体要如何解读？如果拆分来看，就有三大内涵：其一是"高端"，其二是"现代服务"，其三是"平台"。

高端要怎么理解？首先，平台本身是高端的。何以谓之高端？这并不是说平台的硬件和背景有多高端、规模体量有多大，而是平台本身的运营模式领先，各项规则和标准的制定理念超前，能够顺应未来的发展趋势，并且对内外环境变化敏感，同时还能以此为标准，调整平台的内生环境，引导和促进产业转型升级。

其次，服务目标是高端的。其中包含了三层含义：一是服务的目标对象是高端的，是处于价值链的中高端；二是服务所要达到的目标是高端的，例如能够推动创新、成果转化、转型升级等；三是服务的内容是高端的，例如战略咨询、资本对接、成果转化等。

现代服务在此处并非只是要标明这是一个现代服务业，而是指这是由现代服务业串联起来的，具有显著时代特征的生产型服务业（现代服务业）的产业结构，并围绕这一中心打造出的营商环境。

平台，顾名思义，并无特别含义，但将其与高端、现代服务串联起来时就会发现，推动区域经济可持续发展的高端现代服务平台可以理解为：它是一个为高端化发展提供高端服务的、由现代服务业串联起来的、具有显著时代性产业结构特征的、先利他后利己且具有命运共同体关系的生态发展环境。

那么，区域要如何才能打造出这样的高端现代服务平台呢？我认为大致可分为四个步骤来进行，如图18所示。

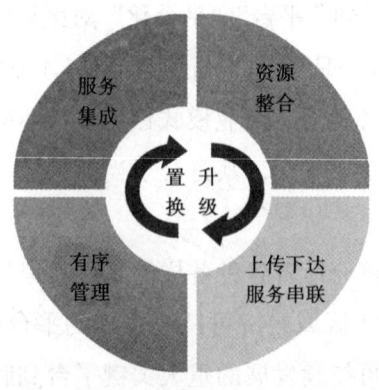

图18　推动区域经济可持续发展的高端现代服务平台的四个步骤

第一步，由智库设计和规划平台。在前面章节中，凡提到平台概念时，大多是以"智库+平台"的形式出现。其实，平台和智库是不分家的，没有平台配套的智库缺乏成果转化机制，而没有智库配套的平台则是不可持续的，更谈不上高端。

第二步，将现阶段区域内服务于产业经济转型升级、变革创新的各种行政的、社会的力量整合在一起，并按规划合理配置和协调约束、保障信息共享互通、服务标准统一化，从而搭建起最初的平台框架。这也可视为平台的雏形。

第三步，给平台添砖加瓦，梳理区域内生产型现代服务业，并将其纳入和填充进平台框架中，丰富平台的功能和层次，加强平台管理和保障服务，并以平台的标准分析区域内生产型服务业产业结构，及时发现问题并解决问题，重点培育区域内欠缺的生产型服务业部分或强化薄弱环节。

第四步，完善支撑平台的硬件配套，包括技术开发和工具的更新应用等，使平台得以深入区域产业发展、企业发展的细节中。除此之外，还要建立起平台与用户之间的高效沟通互动机制。

（本小节写于 2023 年 1 月）

第六章 区域经济高质量发展的路径和抓手

一、区域经济发展创新中的"积分银行"机制

在前文中,笔者具体分析了区域经济发展中的"平台驱动力",其中,平台发展有一个非常重要的理念,即"不求所有,但求所用;不求所在,但求所为"。这一理念同样适用于区域经济可持续发展,尤其是当区域经济发展面临瓶颈时,这一理念往往能够帮助区域经济发展打开全新局面。前文,笔者提出区域经济发展破局要能够充分调动和发挥全国范围的人才资源,具体要如何去做呢?答案往往是茫无头绪。而平台"不求所有,但求所用;不求所在,但求所为"的理念,正是为区域经济发展中如何充分调动全国范围的人才资源指明了方向。

"不求所有,但求所用;不求所在,但求所为"已经被部分区域应用在发展破局的行动中,但因为其应用层次浅薄,没有系统性,并没有在区域中真正转化这一理念,只是在部分工作中进行了一定程度的改进。例如,对人才引进策略做出调整,调整后,相比于此前硬核的引才标准柔性化了许多、降低了人才引进门槛,注重与区域外部的科研、智库合作等。这些改进虽然起了一定的作用,但是极为有限,并未发挥出这一理念的真正价值。

"不求所有,但求所用;不求所在,但求所为"这个理念所敞开的应是开放式的区域经济发展大门,是区域经济发展"海纳百川"的气量。"海纳百川"是区域充分调动全国范围的人才资源的关键,同时是"不求所有,但求所用;不求所在,但求所为"这一理念的精髓所在。然而,目前的实际情

况是，支持区域经济发展创新的智库存在思想上的狭隘性，并未有效做到广开思路、言路，区域经济发展创新受到的人才局限和制约性依然很强。

在区域经济发展创新中想要充分调动全国范围的人才资源，就需要有系统的体系作支撑，以此来逐渐转变当前只有区域主动出击在全国范围寻找人才的现状，将之发展为全国范围内的专家人才主动找到区域来共谋发展的新局面。

当前区域主动出击具有局限性：第一，在全国范围内筛选、匹配最合适的人才这件事本身就是一大难点，尤其产业创新型人才，筛选的结果往往差强人意。第二，主动出击只能根据项目来匹配人才，但当前的区域经济发展趋势是由人才来创造机会、创造项目，也就是要厘清谁是因谁是果的关系。在过去的区域经济发展中，项目是因，人才是果；但在未来发展趋势中，应是人才是因，项目是果。

怎么样才能令全国范围内的专家人才主动找到所在区域，并为该区域的经济发展创新贡献所能呢？这就是平台的用处！无论是哪一个领域的专家、人才在推动社会主义经济发展创新中都存在两个方面的诉求，一是社会责任感；二是希望获得一个舞台，一个能够让他们发挥所长、所学、所能的舞台，并且他们可以在这个舞台上实现自身价值和得到对等收益。因此，要充分调动全国范围的人才资源，搭建起这样一个系统（高端现代服务平台中的组成一部分），我将其称为"积分银行"。

所谓"积分银行"，就是利用区块链技术创建的记录系统，并以平台化的方式运作，将各方面人才对区域经济发展所作出的贡献（包括在区域内和区域外的贡献），进行合理打分并将分数累积后录入"积分银行"中。这些积分可转化为多种形式的对等收益，这部分收益既可累积也可随时支取。"积分银行"不仅能够给区域经济发展创新带来弥足珍贵的超前思想、经验、人才等关键资源，还将全面改变区域经济发展的面貌："积分银行"的设立，一是确定了区域经济发展的开放状态，树立了一面"广聚天下英才"的旗帜，随着"积分银行"影响力的扩大，不但可以大幅减少区域经济发展过程中人才引进的工作量，而且可以极大促进区域发展中的人才引进和转化效率，即使不处于一线城市区域，同样可以成为一个人才、信息的集聚中心。二是有效解决了区域经济发展中的人才用留问题。在区域经济发展中，必然会接触到众多区域外的不同行业、不同领域、不同层次的各类人才，这些人才会对本区域经济发展起到或大或小甚至非常关键的推动作用，如果不考虑任何客观条件的限制，那么，最理想的情况自然是将这些所接触到的各种人才统统引到本区域中，使他们能够服务于本区域经济的创新发展。然而，按传统方式去做，这显然是不可能的，因为需要考虑包括区域所要付出的代价、人才本身意愿等在内的各种现实的制约因素。"积分银行"则突破了这些制约，因为"积分银行"的定位是一个平台，加入平台不存在任何掣肘；另外，"积分银行"主张的并非预付模式，而是积分累计的后付方式，只有为该区域经济发展作出相应的贡献或是拿到结果之后，区域才会付出与之对等的价值；还有，"积分银行"合理地为区域经济的发展创造了一个规模无限庞大的人才智库集团，同时，它又使得区域完全不必担心消化问题；最后，"积分银行"的出现，彻底突破了区域对人才过早定性的局限，使得考核系统更能够从中长期合理地去定位和评价一个人才。

"积分银行"的设立将极大地提升区域经济人才引进效率，使区域人才的引进变得更加精准和高效，因为"积分银行"本身就是一个庞大、长期的人才蓄水池，它的存在使区域在长期的发展中，建立了与各界人才良好且深厚的互信和友谊关系。

"积分银行"将为区域发展带来可观的人流和信息流，如果规划发展得当，它就极有可能使区域经济发展在质变转型期间实现"弯道超车"。

（本小节写于 2022 年 11 月）

二、区域经济发展创新中的"学分银行"机制

如果说"积分银行"模式是对区域经济发展中的人才引进和用留模式的改革，那么"学分银行"则是对区域经济发展中的人才培育标准和评价的改

革。当前，绝大多数区域都已具备相对完善的人才培育体系（不同区域强弱不同），却仍然无法有效支持区域经济在新时期的质变式发展，并使该问题变得愈发突出。无论是一线城市区域，还是正处在经济转型阶段的二、三线城市区域，对人才引进的依赖性都变得越来越强，虽然本区域人才培育成果也尽可能地被吸收了，但是对区域经济发展的推动作用不仅不显著，反而在很多时候会成为区域发展的压力（例如就业压力）。也就是说，区域内所培育出的人才跟不上新时期技术和产业革命的步伐，也不适应于中国经济发展的新常态。这不是局部问题，而是整体问题，要想解决这一问题，需要从人才培育思想、理念、结构、标准、评价等多个方面去推动变革，以适应未来发展趋势，及时抓住区域经济发展的大机遇。

区域人才培育体系大致可分为区域内高等教育培养、职业技能人才培育、委托外部代培（定制班、委派留学等）三类。区域人才培育体系为此投入大量的人力、物力和财力。下面，分别分析这三类人才培育方式存在的不足和问题。

首先，区域内高等教育培养。这一类人才培育体系主要依托区域内高校，因为受区域综合发展影响，高等教育资源的分布是不均衡的，其分布规律主要遵循区域经济发展水平和文化历史底蕴的高低。改变和加强区域内高等教育培养水平是区域发展的长期目标，非短时间内所能改变和完成的。原因有三：一是大多数的区域高等教育人才培养体系本身就很薄弱，并且存在着短期甚至更长时间里都无法有效改变这样一个客观事实。二是高等教育目前培育出的人才与当下社会需求存在差距或脱节。通常来说，高等教育是根据未来发展趋势来培养社会所需的人才，虽然有层次上的差异，但都是社会经济发展中不可或缺的一部分。而且，当前的高等教育培养体系普遍存在"严进宽出"的现象，即所培养出来的人才并未达到预期的培养目标甚至相差甚远，这也直接导致从高校走出去的人才不适应区域经济发展创新的要求。三是对多数区域来说，高等教育培养的层次和水平普遍不高，难以培养出高层次人才。除此之外，即使是在高等教育水平较高的区域，同样存在培养出来的优秀人才容易流失的问题等。

其次，职业技能人才培育。其主要依托于区域内各类职业技能教育培训学校/机构，这一类人才培育体系主要是满足区域内企业的技术用工需求，层次相对较低。除了层次不高外，还有区域的技能人才培养往往偏向于就事论事，缺乏系统化的学习机制，人才综合素质较低；由于生产技术进步越来越快，并且正逢传统产业和新兴产业交替之时，这些人才很容易成为"过时人才"。

最后，委托外部代为培养。一般是因为本区域内高等教育资源薄弱，需要借助区域外的高等教育资源来培育区域内的人才，例如定制班（这里指一流高校，目前多为企业自发行为）等。这一类人才培育体系往往采用遴选区域内最为优秀的一批人才出国深造，再回报区域经济发展。虽然所培养出来的人才层次较高，基本能达到预期目标，但是人才流失现象难以避免，即使通过合同、协议等手段对人才进行约束，效果也并不太好，人才的不稳定性强。

总的来说，在区域内人才培育体系中，存在的主要问题有三个：第一，没有形成能够全面、长期、动态地反映人才综合素质技能和成长性的直观评价标准体系（目前主要以学历、证书、经历等作为参考，但是这种方式存在两个问题：一是不能反映人才成长性及其在实际工作中的日常表现、适应性、学习力和创新力；二是没有统一标准，形象一点的比喻是就像一场考试，科目包括语文、数学、物理、化学、政治、历史等，每个人都有高分科目和低分科目，但是，只有总分才能真实反映一个人才的价值。第二，不能激发人才终身学习的主动性和积极性。第三，留住人才方面的信息不对称，也就是相应人才在学习成长的过程中，不知道自己处于什么状态，也无从得知这个状态在区域经济发展中可以获得怎样的舞台（形象一点的比喻，就像一个学生在学习过程中没有参加考试，自然也就没有得分，所以这个学生不知道自己学得怎么样以及能获得什么样的名称和奖励），结果就是，既对自身不足之处模糊不清，又不知道自己在本区域中能有怎样的待遇，因而往往容易被外界更大的舞台所吸引，即使机遇就在身边也浑然不知。

"学分银行"是针对当前区域经济中人才培育体系的问题所作出的应对改革战略，同"积分银行"相似，也是基于区块链理念而打造的线上虚拟平台。"学分银行"录入区域内人才的基本信息，根据他们的受教育程度、所取得的成绩、获得的技能证书等生成初始学分；然后，该平台会持续跟踪人才发展成长的轨迹，实时进行记录、评价他们在后续的工作实践中所取得的学习成绩、成果以及期间所表现出来的创新性、学习能力、适应能力、职业素养、综合能力等（这些要素在传统评价中多数难以量化），并将其转化为相对应的学分；随着学分不断地累积增加，最终根据学分高低给出明确的人才待遇标准及其发挥的舞台。学分会根据外部发展环境的变化适时地调整评价标准（因为社会经济的发展进步和新兴产业、技术的变革有关，部分成绩成果、能力价值会贬值，所能转化的学分会相应减少）。

"学分银行"的实施难点主要有两个方面：一方面是推动"学分银行"深度融入区域经济发展中，依靠"学分银行"实现区域经济发展中"产学研一体化"；另一方面是"学分银行"背后的科学合理学分评价转化机制。"学分银行"能够很好地突破区域经济发展中的人才培育体系现存的瓶颈。这个突破作用具体包括下面四点。

一是解决区域高等教育人才培育体系中良莠不齐的问题。即使是在"严进宽出"的大环境下，也能做到精准筛选和过滤人才。

二是解决区域内人才学习的主动性不足及终身学习习惯养成难的问题。"学分银行"将所有人才置于不进则退、你追我赶的危机环境之中，不再是一考定乾坤、一次定终生。

三是改善区域人才流失现象。"学分银行"能够根据学分精准地为人才匹配舞台（目前人才流失主要集中在相对欠发达区域，因为相对欠发达区域的舞台不够大，又不能及时快速精准地为人才提供合适的舞台，因而人才流失问题严重）。

四是使人才评价标准更加精准，填补了传统评价方式中的"盲区"。传统人才评价标准无法对如创新思维、学习能力、适应能力、职业素养等主观要素作出准确评价，并且在与学历、资历、技能等客观要素作对比时，又无法放在统一的标准下进行综合考量，往往是以主观为主、客观为辅，极大地降低了评价的精准度。

"学分银行"体系建成后，就像在区域内布下了一张孔洞大小能够自如控制的人才过滤大网，既缜密又精准。

"学分银行"和"积分银行"二者相辅相成。"积分银行"消除了区域招才引智方面的障碍,既推动了人才引进工作,又不局限于传统意义上的人才引进概念,真正做到"不求所有,但求所用;不求所在,但求所为"。"积分银行"不拘一格的招才引智方式,同时会极大地强化区域内的人才培育体系,"学分银行"则极大地鼓舞本区域内人才的拼搏士气,二者相互衔接,共同构筑起新时期区域经济可持续发展创新的人才培育体系新架构。

同时,"学分银行"体系的创建也将有效解决区域经济发展中持续的"脱贫攻坚与乡村振兴"难题,并且以"学分银行"为主要依托,打造出一所行之有效、落地有声的"脱贫攻坚与乡村振兴学院"。

(本小节写于 2023 年 1 月)

三、区域经济发展案例分析——广州

广州是改革开放的第一批受益者,是最早在社会主义市场经济浪潮中的冲浪者,改革开放 40 多年来,广州的发展成就有目共睹。然而,近 5 年来,广州的发展速度慢了下来。随着深圳、杭州的快速发展,它们的部分指标已经超过广州,而这也使得人们对广州作为一线城市区域的经济发展地位和潜力有所争议。

首先,广州在创新力上确实弱于深圳。在前文中,笔者分析"2019 年中国城市创新竞争力排行榜"中,深圳排名第二位,而广州排名在第四位。在创新投入方面,广州甚至排到了第十四位,而深圳、杭州分别排在了第三、第五位。创新力的不足导致了广州在新兴产业发展速度、传统产业转型升级方面均不如深圳甚至不如杭州,这也是广州发展地位遭受质疑和争议的根本原因所在。然而,广州依然是华南地区传统的学术中心、文化中心,虽然随着社会经济的发展,深圳、杭州在学术文化领域的建树不断加强,但是广州这一底蕴仍然超出深圳、杭州很多。其次,广州是华南地区海陆空立体交通枢纽,虽然深圳、杭州也相去不远,但细细比较之下,广州仍更具优势。最后,广州是广东省的政治中心,也是国家层面政策创新、探索的试验田。例如，在粤港澳大湾区建设规划中，广州的定位是"充分发挥国家中心城市和综合性门户城市引领作用，全面增强国际商贸中心、综合交通枢纽功能。培育提升科技教育文化中心功能，着力建设国际大都市"；深圳的定位则是"发挥作为经济特区、全国性经济中心城市和国家创新型城市的引领作用，加快建成现代化国际化都市，努力成为具有世界影响力的创新创意之都"。由此可见，广州在一定程度上仍然优先于深圳。

在前文中，笔者提出并分析了区域经济发展破局的"高地—基地—腹地"策略，广州要改变现在创新发展速度缓慢的不利局面，一举在"双城竞争"中脱颖而出，非常有必要在区域内外采取"高地—基地—腹地"的发展策略。这一策略也将有效改善广州区域内经济发展不平衡现象（广州各区经济发展对比明显，像天河、越秀这些区对比花都、从化、增城等区域，尤为明显）。

广州的高地有广州番禺大学城、广州南站经济区、广州空港经济区、琶洲国际会展中心。在前文中笔者分析道，高地应是信息发布枢纽，或是人才、学术聚焦之地，又或是高端人流来往的"咽喉要地"。接下来，笔者具体分析一下广州的这四大高地。

第一块高地，广州番禺大学城。这里可以说是粤港澳大湾区的重要"智核"、广深港澳科技创新走廊的核心节点。为什么这样说呢？原因有四：其一，科研力量发达，高层次人才培养体系雄厚。这个高地拥有中山大学、华南理工大学等12所重点高校（含南岸）、47个国家重点学科、100多个国家省市重点实验室以及国家超级计算广州中心等科学研究平台、20多万名高校师生、1400多名博导和65名院士等高层次人才。其二，高新技术产业集聚。整个片区共有企业1294家，其中，新三板上市企业有6家，高新技术企业有99家，涌现出有米、九尾、卓动、探迹等一批创业型高科技企业。粤澳青创国际产业加速器、粤港澳青年创业孵化器等空间载体建设成效显著，人工智能与数字经济产业园、数字家庭、IC基地、健康基地等产业园区发展迅速。[①]其三，"双创"氛围浓厚。近年来，广州番禺大学城片区成功举办了"互联网+交通运输"创新创业大赛、粤港澳台大学生创新创业大赛等多项赛事活

---

① 《人才大会前瞻 大学城片区全力打造大湾区"智核"！》，番禺区融媒体中心官方账号，2020年11月19日。

动。而且番禺区出台了相应政策，从资金、场地、活动等方面全方位支持高校毕业生和港澳台青年创新创业。其四，创新成果转化可行性高，创新产业开发空间充足。番禺区积极拓展大学城片区可承载科技成果转化的空间，重点用于人工智能、物联网、5G、VR等数字经济发展。加快建设环大学城科技成果转移、转化基地，支持在广州国际科技创新城和大学城南岸地区建设科技成果转移、转化承接区，有效支撑人工智能与数字经济产业发展。

第二块高地，广州南站经济区。广州南站是全国四大高速铁路客运中心之一，其旅客到发量全国领先，有"中国第一高铁枢纽"之称。京广、广深港、贵广、南广4条高铁线路在此交汇。2019年，广州南站到发量超过1.92亿人，日均发送量26.3万人次，客流规模为全国首位，建站以来客流量年均增长27%。[①] 广州南站坐拥11条轨道线，被定位为世界上最好的火车站和大湾区全面合作的门户枢纽。广州南站路网四通八达，能实现30分钟通达湾区中心城市、60分钟内覆盖大湾区、3小时内覆盖华南城市、8小时内通达全国主要城市。可以说，广州南站是成就广州交通枢纽地位和国家中心城市的重要支撑。从国内外交通枢纽先进地区的发展来看，交通枢纽往往在资源配置与产业竞争中具有先天优势，凡是交通枢纽，无一不是产业兴盛之地，因而向来有"得枢纽者得天下"之说法。

广州南站坐拥亿万人流，却不能留人，这是广州南站过去一直存在的发展弊病，然而，这并不影响广州南站作为区域经济发展的"高地"定位，并且广州南站经济区正在规划建设和实施中，未来的广州南站势必带飞广州南站经济区的发展。2020年上半年，《广州南站周边地区控制性详细规划深化》规划方案正式公布实施。[②] 根据这个规划，在近36平方米的规划范围内，规划居住人口约33.5万人，7大组团协同发展，打造高350米的站前地标建筑，将对12个旧村进行全面改造。与此同时，这个规划留出641万平方米的弹性用地，以备在后续供地和审批时，结合拟引入的产业类型和项目需求，确定

---

① 《有亿万人流，却无法留人的广州南站，如何破局？》搜狐网，2020年10月28日。

② 《广州市规划和自然资源局关于公布实施〈广州南站周边地区控制性详细规划深化〉等8项规划成果的通告》，广州市规划和自然资源局，2020年3月6日。

具体的用地性质。

第三块高地，广州空港经济区。广州空港同广州南站相似，都是依托交通枢纽地位带来庞大的高端人流。不同于广州南站的是，广州空港是将广州置于全球24小时经济圈，其所衔接的是全球资源。如果说广州南站是面向国内高端人流"咽喉要地"之一的话，那么广州空港就是面向国际的高端人流往来"咽喉要地"之一。广州南站主内，以广州南站为高地，构成内循环；广州空港主外，以广州空港为高地，则构成外循环。

第四块高地，琶洲国际会展中心。这里北临珠江，与珠江新城、广州新技术产业开发区、赤岗领事馆区、长洲文化旅游风景区等城市的重要发展区相邻。根据未来发展规划，将建立以琶洲为核心、覆盖粤港澳大湾区的两小时经济圈。未来的琶洲地区可通过广佛环线、广州南站至白云机场段、穗莞深城际琶洲支线接入珠三角城际线网、国家高铁线网，快速到达珠海、深圳、香港，建立以琶洲为核心的"1小时经济圈"，将覆盖港、澳、广、深大湾区四大核心引擎城市；"2小时生活圈"将覆盖大湾区全部11市，打造高效智能的交通服务体系，进一步增强会展竞争力，构建外向型经济集聚发展的增长极。作为世界最大的展馆，琶洲会展中心联系内外，每年举办大小展会数千场次，是信息发布和收集的重要枢纽。

综上所述，广州区域经济发展布局的高地是在番禺大学城、南站、空港和琶洲国际会展中心。

前文中，笔者提出，基地是相对于腹地而言的，既是腹地各个区域连接的重点，也是各种智库思想、创新成果转化的基地。在广州，基地的定位，南沙区当仁不让！

南沙区依托国家新区、中国（广东）自由贸易试验区、粤港澳全面合作示范区以及广州城市副中心的"三区一中心"发展定位，聚焦"国际航运中心、国际新型贸易中心、国际创新金融中心、国际化科技产业创新中心"四个中心的建设，着力建设面向国际的区域综合交通枢纽和信息枢纽，着力构建创新型产业体系，加快建设国际化滨海生态城市，强化资源要素优进优出的门户作用和集聚辐射的枢纽功能，打造粤港澳大湾区综合服务功能核心区和共享发展区，初步形成承载门户枢纽功能的广州城市副中心基本框架。具体来说，它的发展就是一个目标、两个环境、三大战略。

一个目标：高标准建设国家新区、自贸试验区、粤港澳全面合作示范区和承载门户枢纽功能的广州市副中心这"三区一中心"。在目标上，是作为基地的南沙与高地的完美契合。

两个环境：国际一流营商环境、国际一流人居环境。在前文中，笔者指出基地作为智库思想、先进创新成果的"中试"转化基地，务必要有高度发展的生产型服务业和生活型服务业与之配套。

三大战略："枢纽+""智能+""绿色+"。以此增强五大门户枢纽功能，包括区域综合交通枢纽、国际产业创新枢纽、国际航运枢纽、国际新型贸易枢纽、金融对外开放试验示范窗口五大功能。

以上南沙区的发展定位与基地内涵是完全一致的。此外，南沙区从空间和地理区位来看，是整个珠三角和粤港澳的几何中心点。南沙新区方圆100公里范围内囊括了广东经济最发达的珠三角城市群以及港澳地区，周边75公里囊括了广州、深圳、珠海、香港、澳门等城市。从水路来看，南沙区距离香港38海里，距离澳门41海里；从陆路来看，南沙区距离广州中心52公里，与珠三角的主要中大型城市的距离都是在60公里以内。同时，水运、路运条件优良，有20多公里的黄金岸线，自然水深6—11米；陆路是京珠高速和广深珠高速公路的交汇处，是沟通珠江东西两岸的重要交通枢纽。

前文中，笔者提出了腹地是一大片，是基地所辐射笼罩的范围。腹地往往是生产制造业发达但创新意识、创新能力不强，或是极度欠缺产业的地区。以广州为例，以南沙区为基地，其腹地就是广阔的珠三角区域，这里是中国的制造业中心。随着中国经济发展进入新常态，这一制造业中心正面临着产业结构优化、传统产业转型升级难的困局，而高地—基地—腹地的发展布局将有力推动珠三角制造业转型升级；反过来，腹地—基地—高地这一链条也将有效解决珠三角制造业在实际发展中遇到的种种问题，包括但不限于智库咨询、技术改进、招商引资等。

（本小节写于2022年9月）

四、区域经济可持续发展中的产业智库

本书在前面多次提到产业智库在区域经济可持续发展中的重要作用。所谓的产业智库,就是聚焦于产业经济研究的中观智库,主要研究推动行业可持续发展的创新战略,具体研究内容包括产业链串联、产业结构优化、行业发展趋势等。其本身具有三个显著的平衡特性:一是内环境和外环境的平衡,即产业内环境如何适应国际和国内外环境的变化;二是产业链内循环和外循环的平衡,产业智库以精准区域内的产业经济为研究对象(理论上不同区域均有各自区域的产业智库),同时要充分考虑结合国际和国内的行业发展趋势、世界产业链分工和产业转移等,因而带有明显的产业链内循环和外循环平衡的特征;三是产业智库研究具有明显的短期生存和中长期发展的平衡特征,产业智库以产业结构优化和行业发展趋势为主要研究内容,因而对于短期利益和中长期利益有清晰的认识,并且能够在短期利益和中长期利益之间作出最佳取舍和选择,以平衡短期生存和中长期发展利益。

然而,在当前的区域经济发展中,并没有充分重视产业智库的发展,虽然不至于说是完全空白,却也是非常薄弱的环节。这一点与产业智库在区域经济发展中承前启后的定位不相符,产业智库力量之薄弱之于区域经济转型升级,从某种意义上可以说是问题的症结所在。

目前来看,还没有严格的、完整意义上的产业智库,但部分智库型机构、企业有涉及产业智库研究领域的研究,可作为中观智库。无论是宏观智库还是咨询管理企业,产业智库都会有意无意地向产业智库领域延伸,前者为加速落地,后者则更具战略性。

没有完整意义上的产业智库,对区域经济可持续发展会造成怎样的影响呢?正如区域经济群研究的三大具体课题所展示的那样:产业链串联、产业结构优化和行业发展趋势。这三大课题不也正是新时期区域经济改革创新中

所缺和所需的吗？为什么宏观智库要向下延伸，企业咨询管理机构要向上延伸呢？这不恰恰证明了智库结构设置中迫切需要中观的产业智库吗？为什么区域经济发展变革中总有似懂非懂、呼之欲出却又还差一些东西的感觉呢？这就是因为缺乏产业智库。

目前，中国智库数量有近600家，稳居世界第二。中国智库主要是根据体制不同来进行分类，分为党政智库、社会科学院、高校智库和民间智库四大类。其中，绝大多数智库沿东南沿海分布，主要集聚在一、二线城市区域。除了智库咨询分布不均外，智库发展结构也不平衡，主要表现在质量不平衡和类型结构不平衡两个方面。质量不平衡表现在很大一部分智库仅有报告能力而没有真正的智库思想；类型结构不平衡则指四大类智库在数量、实力、影响上均不平衡。

除上述问题之外，当前的智库研究内容99%都属于项目型研究（以具体项目为研究对象），系统性研究少之又少，然而，只有专注于系统性研究的智库才属于产业智库。由此可见，在四大类智库中极少存在产业智库。

为什么在区域经济发展中未能充分重视产业智库并发挥产业智库的推动作用呢？其原因大致有两个：第一，自改革开放后，区域经济发展首次由量变到质变，是继改革开放之后的又一次发展大变局，并且，区域经济发展不仅面临来自国内经济发展转型的压力和挑战，还面临国际上错综复杂的政治经济环境与形势。因此，区域经济在新形势下对未来的发展方向也不清晰，对于具体需要什么并没有清醒的认识，更谈不上具备成熟的体系。第二，虽然近代以来我国智库发展的历史并不短，但真正意义上的现代化新型智库起步并不早，很多都是在近10年涌现并发展起来的，尤其是民间智库、企业智库（包含企业咨询机构）。产业智库的萌芽注定比其他大多数智库要更晚。作为专注于系统性研究的独立智库，一是，它不像党政军智库那样需要由政府出资；二是，它不像高校智库那样有现成的人才，产业智库的人才标准与高校智库（学术派）有明显差异；三是，它也不像企业智库那样有明确的买主（企业智库多为项目型研究）。但是，产业智库又同时需要有党政军智库的系统性研究特点和高校智库高标准的研究水平（需要总结规律），还要像企业智库那样能落地、能执行。由此可见，产业智库的发展之难！以创新类比的话，宏观学术研究智库就像原始科技创新成果诞生高地，产业智库就像成果转化基地，企业智库就像产业化输出的腹地。如果没有成果转化基地进行衔接，宏观学术高地就是纸上谈兵，企业智库腹地就是无源之水。至于产业智库在区域经济可持续发展中的重要作用，如图19所示。

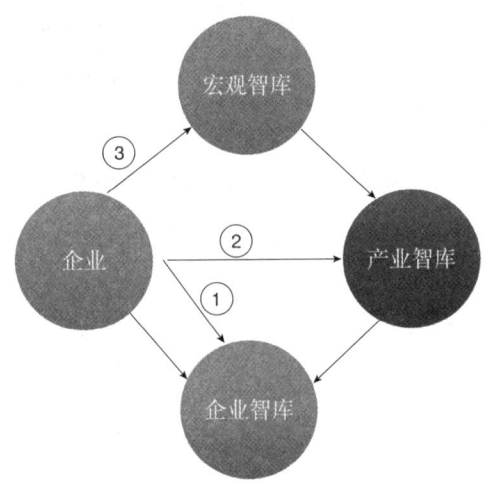

图19　产业智库在区域经济可持续发展中的重要作用

（本小节写于2022年1月）

五、区域经济可持续发展中的产业集群

在当前的区域经济发展中，产业集群化的发展程度偏低，虽然产业集聚程度较高，但是集群化水平低的现象，无论是在一、二线城市区域还是三、四线城市区域，都广泛存在。相对来说，一、二线城市区域得益于产业发展水平较高，集群化水平要明显高于三、四线城市区域。无论是国家级产业园区、经济开发区，还是由民间资本投资的产业园，均带有浓厚的房地产模式运营色彩，只是相对来说，国家级经济开发区、产业园区由于前期的规划工作较为严谨，加之后期政策的配套和跟进，要好于民间资本投入的园区情况。然而即便如此，能达到及格线以上水平的产业园区也寥寥无几。在以民

资为主、市场运作的产业园区中,仅仅广州,大大小小的产业园区(含村级园区)就有数千体量,但也只有如广州的 TIT 创意园、华南的新材料创新园等二三十家产业园区在产业集群化发展的表现算得上可圈可点。

事实上,与其说区域经济发展是陷入有集聚没有集群的误区,倒不如说是区域经济发展陷入是选择做容易的事还是选择做正确的事的困境。毕竟,追逐短期利益总是容易做到的,而平衡短期生存和中长期发展之间的利益固然是正确的,但要做到非常困难。

为了突破困局,我们从未来区域经济发展转型升级的要求和产业集群发展所具有的特征这两个方面来综合分析,寻找当前区域经济中产业园区集群化发展的症结所在。

第一,部分产业园区定位不精准,虽然开发前作了具体定位,但没有考虑到或者没有预测到行业的发展变化。园区进入正式运营招商阶段,开始时一般按约定规划招商,但当园区招商进展缓慢、效果欠佳时,则开始以招商结果为核心对原来已约定的整体运营规划做调整。这样做虽然短时间内有效降低了园区空置率,但内部产业杂乱问题随之而来。这一点直接否定了部分园区的集群化发展的可能,因为在集群化中,大部分企业基本是围绕统一产业或紧密相关产业或有限的几个产业从事产品开发、生产和销售等经营活动。

第二,许多产业园区内各企业之间欠缺产业链串联。真实情况往往是既没有分工细化,又缺乏产业链上下游配套,而且,围绕主导产业的周边服务业配套也并不十分健全(包括生产型服务业和生活型服务业)。在产业集群中,产业内部企业之间具有某个或某几个显著的产业特征作为联结,产业内部企业之间实行专业分工并且有明确的集群内产业链上下游配套。除此之外,随着社会经济的快速发展,产业集群水平是随之不断提升的,近 10 年,围绕产业链的生产型服务业、生活型服务业和社会组织配套的价值越来越高,尤其是对于高端现代服务业的需求越来越高。

第三,在产业集群中,虽然产业内部的单个企业绝大部分属于中小企业,规模不大,但整个集群具有显著的规模优势和很高的市场占有率,而这正是当前的产业园区所缺及所需的。现状是，园区内的大企业还是中小企业，无论是竞争优势还是市场占有率都没有任何提升。

第四，在当前的区域经济发展中，创新难是区域经济当前及未来发展的主要障碍，而产业集群是加速创新进程的最好催化剂。这缘于产业集群企业具有明显的"学习效应"，即一个企业的成功，往往会带动一大批具有分工合作关系的企业产生，其"学习效应"呈裂变式扩张。目前来看，产业园区内的这种"学习效应"并不明显。

产业集群，能够从整体出发，挖掘特定区域的竞争优势，进而成功突破企业和单一产业的边界，着眼于区域整体。这样一来，就能够使他们从一个区域整体来系统地思考经济、社会的协调发展，同时考察可能构成特定区域竞争优势的产业集群，考虑与邻近地区间的竞争与合作，而不仅仅局限于考虑一些个别产业和狭小地理空间的利益。

产业集群要求区域经济发展要重新定位，并且，产业集群理念更贴近现代或未来竞争的本质，要求在区域经济发展中要消除局部思维，强调整体和系统以促进经济发展的效率和创新，推动区域经济可持续发展。

区域推动产业集群化发展最重要的一点就是，要从"容易倾向思维"向"正确倾向思维"转变，要正视区域经济发展的趋势，正视产业园区集群化发展的必然趋势。正视发展中由容易到正确的转变是有其必然性的。即使是尚处于量变积累中的三、四线城市区域，也不应抱着"等一等"的心理或者是"明日再做"的想法。改革和转型就要从当下开始，只要思想上有所认识，手下就应有行动，意到手到，方能无往而不利。只有这样，才能适应经济发展新常态，才能有效应对越来越复杂多变且动荡不安的国际局势和环境所带来的巨大影响，才能在大风大浪中趋利避害，紧紧抓住机会乃至创造机会。

（本小节写于 2022 年 12 月）

六、区域经济可持续发展中的轻重缓急和短中长

区域经济发展因不同时代、不同国际和国内环境、不同主要矛盾而被划分为不同的发展阶段，同时以此划分出轻重缓急、短中长以及灵活多变的阶段性工作重心和发展目标。轻重缓急和短中长在长期大方向不变的背景下，短期调节和局部调整是趋于频繁多变的，尤其是近10年来，我国国内经济发展开始跨入质变阶段，并且逐步深化。再加上世界新一轮技术和产业革命的迫近，国际合作和国际冲突复杂多变，矛盾和统一并存，更加剧了区域经济发展趋势曲线的振荡频率和幅度，如图20所示。这种发展趋势中的震荡，要求区域经济在轻重缓急和短中长的发展调节中务必更加敏感和灵活。

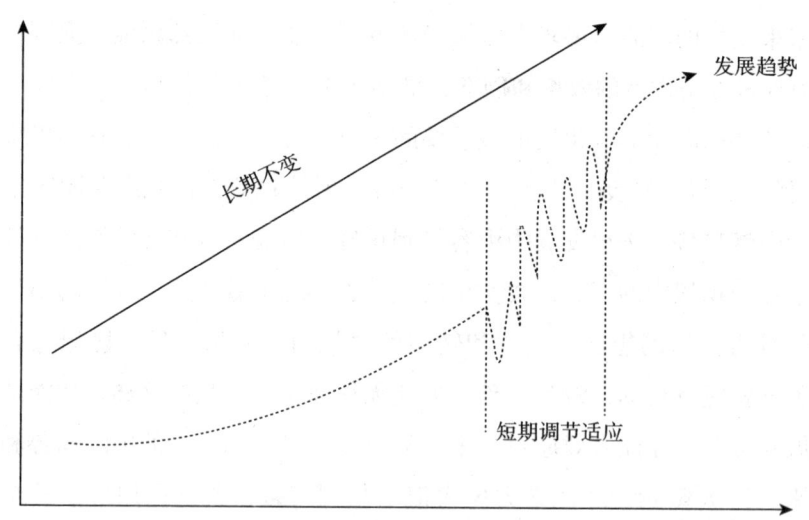

图20　区域经济可持续发展的变化

从时代发展来看，区域经济发展经历了几次重大变革，使得区域经济发展的轻重缓急和短中长发生重大且长期地改变。

在1978—1982年，我国开始重视市场经济在发展中的重要作用，虽然仍是以计划经济为主、市场经济为辅，但是放权让利的市场化改革已经是大势

所趋。这也是中国社会主义市场经济发展的奠基时期。这一次变革是国内环境的转折性变革，使区域发展轻重缓急和短中长开始酝酿长期的、根本性的改变。

1992年，明确了中国经济体制改革的目标是建立社会主义市场经济体制；转换国有企业特别是国有大中型企业的经营机制。这一次变革是国内环境的重大变革。这次变革使区域发展的轻重缓急和短中长的改变更加明确、紧迫。

2001年，中国加入世界贸易组织。这一次是国际环境的重大变化，使得区域经济发展的轻重缓急和短中长再次作出调整。

2013年9月，习近平总书记提出"一带一路"倡议①，中国以崭新的姿态面对国际环境变化并深度参与国际发展秩序，这一变化敦促区域经济对发展任务和目标作出调节。

2013年12月，习近平总书记首次提出中国经济发展进入新常态。这是自改革开放以后，国内环境的又一次重大转折。这次转折督促区域经济发展要着手调整区域发展的轻重缓急和短中长目标。

2015年，中国加入WTO保护期正式结束。②这一次变化是对2001年的变化作补充、完善和强化。

从短期来看，对区域经济发展的轻重缓急和短中长的目标调整主要缘于四个方面，分别是适应市场变化的调节、适应国内经济发展政策变化的调节、适应国际环境变化的调节和应对突发事件变化的调节。然而，目前区域经济在发展变化实际中，普遍表现出的是反应滞后和应对乏策。

首先来说反应滞后。即对发展的变化不敏感、后知后觉，往往是变化已经开始了，才有所认识。而在这样的认识期之后，还有反应期、筹划期和应对期等阶段。当正式开始应对变化时，要么已经错失最好的机遇，要么就是已经造成损失了；从应对效果来看，虽有效果，但由于前面认识较晚以及反

---

① 《"一带一路"倡议：促进中国经济发展的重要因素》，中国经济网，2021年11月18日。
② 参见吴桂霞：《中国WTO"保护期"到期？解读"保护期"的真正含义》，中国日报网，2015年5月27日。

应、筹划所用时间较长，往往是当能够有效应对时，下一个变化又接踵而来，如图21所示。

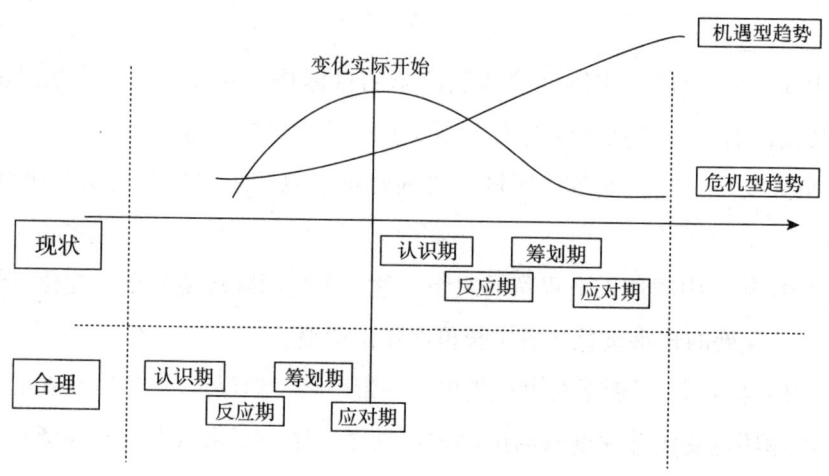

图21 造成反应滞后的原因

在新时期，及时反应要求区域经济对变化不仅仅是敏感，更要超前，要将认识期、反应期和筹划期安排在区域经济发展变化实际发生之前。只有这样，当实际发生时，才能迅速进入应对期。例如，始于2018年的中美贸易战，虽然中美贸易战骤然爆发确实有些出乎意料（根据中国平衡预测分析法，其爆发有其必然性），但爆发的矛盾焦点和所受到的影响主要集中在核心技术领域，这一点早在十几年前人们就有普遍认知，由于一直以来危机感不够强，自信市场可以换技术，导致反应不急迫、筹划缓慢、应对被动的情况。

其次来说应对乏策。造成应对乏策的原因主要有两个，一是反应滞后，此前没有准备，突然面对发展变局，仓促间拿不出与之相对应的策略；二是区域智库体系建设不健全，也就是前文中笔者多次提到的产业智库问题。

只有推动"智—政—产—学—研—融—用"等要素的一体化，才能建立起区域经济发展的超前预知和推动区域产业结构持续优化的主动机制。就当前来说，升级产业园区、打造产业集群，是区域经济短期内就应重视的发展任务之一，且"智—政—产—学—研—融—用"一体化主要依托于产业园区（产业集群）来实现。

（本小节写于2022年2月）

产业园区篇

第七章　产业园区发展过程中所遇问题分析

一、产业园区招商引资难

招商难是摆在产业园区面前的首要难题，特别是在经济发展转型、国际环境复杂多变的背景下，传统产业走到了危机边缘，新兴产业风险大，企业生存经营困难，尤其是中小企业。近5—10年，中小企业平均寿命不足3年。企业发展的困境使得产业园区招商更为艰难，任凭园区使出浑身解数，依旧难以使产业园区走出招商难的现实困境。

新常态下企业经营发展难，转型升级难，即使产业园区的门槛一降再降，也只是饮鸩止渴而已。新常态下，市场的消费潜力得到进一步释放，消费水平稳步提升，自2013—2018年，国内最终消费对经济增长的贡献率分别为47%、48.8%、59.7%、66.4%、58.8%和76.2%；[1]2019—2020年，尤其是自2019年底开始，由于受新冠病毒感染影响，国内消费水平有所回落；到2020年下半年，国内消费水平又呈现快速反弹的趋势，成为2020年下半年之后国内产业经济复苏的主要力量。深入分析国内市场的消费变化，可以知道国内消费水平是在稳步提升的。2013—2018年连续5年的快速上涨，除规模扩大和消费频次增多之外，最重要的是，消费层次快速提高带来的单次人均消费费用明显升高，且消费者越来越注重追求品牌增益和附加价值。

反观我国各行业当前的发展情况，低端的产品占绝大多数，耳熟能详的

---

[1]《中国消费呈现四大变化》，《北京日报》2019年4月8日。

高端品牌屈指可数，企业还没有走出10年前甚至20年前的传统产品思维、经营思维的框架，跟不上当前的市场变化。笔者在区域经济篇曾提到区域经济发展是在容易的事和正确的事之间做选择，结果往往是更倾向于选择容易的事，对于企业来说也是同理。目前，大部分中小企业因为对"开源"没有头绪，所以只能选择"节流"，毕竟开源难而节流易。为了满足中小企业节流的需要，产业园区不断降低准入门槛。即便如此，也只是稍稍缓解了产业园区招商难的压力。

产业园区的竞争趋于"白热化"，园区的总体空置率仍居高不下。以广州为例，含村级园区、专业市场、写字楼等产业集聚区在内，大大小小的园区不下数千家。其中，有多少是同质化的？有多少是存在激烈竞争关系的？自传统房地产行业发展进入"阳极点"之后，大量的传统房地产业转型进军产业地产，使得产业地产规模迅速膨胀，"僧多粥少"的问题迅速暴露。虽然产业地产有着巨大的挖掘潜力，行业发展也远未到达发展顶端，但是如此一拥而上的行为使得产业地产行业出现短期"消化不良"。

前途光明而道路曲折正是产业园区的发展写照。以珠三角地区为例，作为我国市场经济最活跃、最发达的地区之一，其产业园区的发展水平相对于其他地区是有比较优势的，但它的园区发展水平仍旧未能"登堂入室"，产业园区结构性失衡现象普遍存在。例如在佛山市，工业园区发展与商务办公楼（生产型服务业园区）的发展情况就形成鲜明对比。2020年上半年，佛山甲级写字楼的空置率达到43.8%。服务业的发展程度反映了制造业结构的优化程度，尤其在中国经济发展直面国际挑战和迎接新一轮技术和产业革命时期，制造业要发展、要创新，就离不开强大的现代服务业作支撑，而低水平、低质量的现代服务业不足以支持第二产业转型升级，这一点足以敲响产业园区的警钟。

作为产业人，园区招商难已经是老生常谈的问题了。在所有的产业园区类型中，以商务办公楼招商最为困难（一、二线城市中心城区由于现代服务业发展水平较高，因而商务办公楼招商情况相对良好），生态科技园、仓储物流等类型园区招商则相对容易，但这一类园区通常以政策优惠为主打，而且平均收益情况较差。

在这样的大背景下,涌现出各种各样的思考,虽然所指出的现象、问题和给出的解决思路不无道理,但通常不能转化为系统的模式,更没有具体可行的路径和抓手,所以对于产业园区而言这些思考和思路是可望而不可即的"纸上谈兵"。

除此之外,还出现了一些服务于产业园区的招商平台,虽然有些地方宣传这些平台能够帮助产业园区招商,实际上只是让产业园区多一个信息发布的渠道而已,甚至有些是抱着"套路"产业园区的目的而来的。

招商难是产业园区可持续发展的深层问题所反映出来的表面现象,这里面不只有园区营销的局部原因,还涉及园区顶层设计、规划、管理、服务等众多环节的系统原因,所以需要用系统的办法才能从根本上解决问题(详见后文)。

(本小节写于 2021 年 1 月)

二、产业园区转型升级

如果说招商困境是摆在产业园区发展明面上的困境的话,那么转型升级困境就是潜伏在产业园区深处的困境。何谓产业园区转型升级?顾名思义,转型升级包含两部分内容,即转型和升级。其中,转型又包含两个层面的含义:一个层面是体制转型,另一个层面是发展方式或者说商业模式的转型。升级则包含了四个层面的含义:一是服务升级,二是效率升级,三是功能升级,四是产业链升级。由此来看现阶段的转型升级,会发现当前很多人对转型升级的理解除了深度不够之外,在覆盖面上也是不完整的。

两个含义和四个层面,其实通用于区域经济转型升级、产业转型升级、企业转型升级和产业园区转型升级。其中,两个含义是转型升级的质变;而在四个层面中,第一、二层面是量变积累,第三、四层面是由量变到质变的转型过渡。本节重点阐述产业园区转型升级。

由于定位不够精准，产业园区并不太清楚一些关乎其发展的重要问题，比如我是谁？我要做什么？我的价值在哪儿？不清楚这些问题导致产业园区转型升级始终停留在浅表层次。据笔者的长期观察，发现大多数产业园区将园区转型升级理解为基础设施配套、硬件改造、工具应用和人性化服务几个方面。这种解读方式虽无错误，但并不完整，甚至可以说这只是产业园区转型升级的基本要求。转型的两个含义没有做到，四个层面仅较好地包括了第一、第二两个层面，第三个层面有一定涉及，但并不多；第四个层面几乎没有。根据笔者在前文对转型升级两个含义和四个层面的解释和定义，可见产业园区转型升级的漏洞之大。

这说明产业园区的转型升级仍是基于物业这一角色去定位的，仅仅只是为产业转型升级和企业转型升级提供配套升级的物业管理服务。

因为产业园区是衔接产业和企业的中间平台，所以产业园区的转型升级实际上是根据产业转型升级的趋势，适应和应对产业转型升级趋势的具体战略。从某种意义上来说，甚至可以将其看作局部产业转型升级的具体体现。因此，产业园区转型升级是以产业转型升级为母版，由串联的产业链环节上的企业及周边配套产业和服务业形成统一战线，组织发展出一条品牌化、规模化经济的路线图，即对应于笔者在区域经济篇中关于产业集群的论述。

一个可持续发展的产业园区在定位明确且精准的前提下，应该有立体化的多重交织的产业链网络，并且相互接驳，从而切实提升产业园区内创新能力和经济效益。以传统的纺织服装产业园为例，园区内应有服装文创设计类企业、高新技术支持企业（如数字网络技术）、新兴终端产业（例如网络直播）、纺织服装产业基金、信投、天使基金、保险等金融类企业、产业智库和企业智库等智库机构、行业自律性社团（如商会、行业协会）和生活休闲娱乐购物等生活服务业、相关经济公司等企业类别，以此构成一个相互接驳的企业集群。这样，即使是十分传统的纺织服装产业园区，同样能够焕发出强大的活力和竞争力。

然而，目前的产业园区绝大多数是按照行政区域划分和行业进行分割的，深受传统利益格局和资源配置的影响，难以实现新时期新的关键发展要素组合和产业深化。如上文中笔者对产业园区转型升级的论证，产业园区应该将自身打造成能够改变产业格局的平台化力量，紧跟产业转型升级趋势，具体如图22所示。

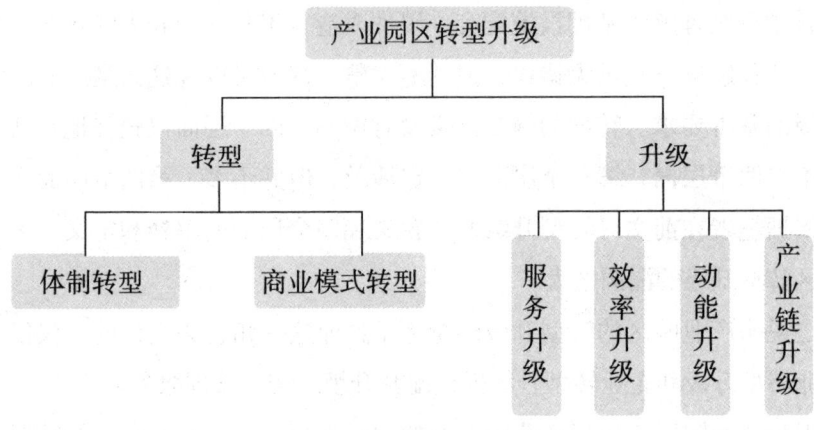

图22 产业园区转型升级路径

（本小节写于2021年1月）

三、产业园区产业结构串联困局

"立体化的多重交织产业链网络，并且相互接驳，切实提升创新能力和经济效益"，"以产业转型升级为母版，串联不同产业链环节上的企业及周边配套产业和服务业，形成统一战线，组织发展品牌化、规模化经济"。这是笔者在上一节中分析指出的，强调产业园区内产业结构的重要性。如果说产业园区硬件是一个外壳的话，那么在这个外壳下，所装载的应该就是产业结构串联了。

以广州为例，不计村级产业园（目前广州村级产业园数量2000余家，绝大多数发展水平落后，此处不进行讨论），产业园区的数量在1800余家，大致分为工业制造类产业园、仓储物流类产业园、文化创意类产业园、互联网类产业园和综合类五大类别产业园区，具体如图23所示。其中，综合类产业园区和工业制造类产业园区占比最多,其次为文化创意类产业园区和互联网类产业园区。无论是哪一种类型的产业园区,都普遍存在园区内产业结构低端化、没有明显的层次之别和产业链串联的问题。

以工业制造类产业园区来说,这类园区内部产业结构就极不合理。例如,广州白云区某工业制造门类园区内,就包括日化生产、服饰、食品加工、家具、新兴生产制造、机动车零部件生产制造等多个生产制造门类,相互之间既不存在产业上的分工细化,又不存在上下游衔接关系,园区内各企业之间甚至没有互通互动的平台,各自所在的行业领域基本不发生交集、业务发展开拓不发生交集、目标客户基本没有交集等。这样的一批企业集聚在一起,除了在地理空间上集聚,不可能产生任何产业集群效益。

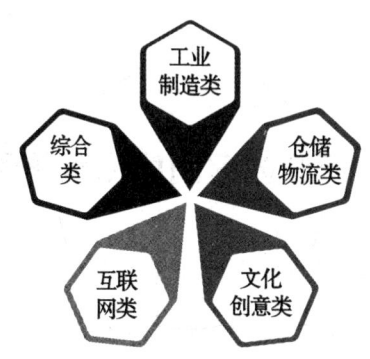

图23　产业园区内产业结构

除产业园区内没有围绕产业联系进行的产业链串联外,在生产型服务业配套和生活型服务业方面也非常薄弱。仍以广州为例,包括村级产业园、商务办公楼等在内的全市近5000家产业园区,有60%以上是没有生产型服务业和生活型服务业配套的,有80%甚至是90%的产业园区在生产型服务业配套和生活型服务业配套上是薄弱的。这其中甚至包含部分国家级产业园、开发区,仅有不到10%的产业园区在生产型服务业配套和生活型服务业配套上情况良好。

产业园区内没有产业结构中的高端部分。产业园区内的产业结构低端化是普遍现象,例如在工业制造类产业园区中,缺少研发环节、设计开发环节等价值链中的高端环节,这已经是老生常谈的问题,此处不再赘述。

再说当前极受关注的文化创新产业园。当前我国的文化创意产业园发展处于初级阶段，按正常的发展规律，现阶段不足以形成大量的构成规模的文创产业园区，但在政策的驱动下，大量的文化创意产业园却涌现出来，在这些文化创意产业园中，固然有名副其实的，也有为数不少的是利用文创产业的噱头来实现圈地的目的，属于典型的"圈地园"。因为是"圈地园"，所以从一开始就注定发展这样的产业园是不负责、不认真的，同时也缺少足够的文化创意产业作支撑，当然也就谈不上产业结构了，最终导致园区空置率高，甚至出现"挂羊头卖狗肉"的现象。即使能支持起产业园区对应规模的企业，也会出现不同文化创意企业同质化，相互间构成激烈的竞争关系，不利于文化创意产业集群的打造。

（本小节写于 2022 年 8 月）

四、产业园区同质化竞争困局

在产业园区招商困境的背后，同质化竞争是直接诱因。同传统行业产品竞争一样，随着行业机遇越来越明显，大量的同行业竞争者涌入，相互争夺和瓜分市场，呈野蛮生长之势，产品迅速由原本的供不应求变成供大于求，并且产品价值和功能绝大多数集中在同一方向、同一水平。如此一来，就不可避免地进入同质化竞争阶段。只有当量变顶到行业天花板且不可逆转地进入"阳极则阴"的下跌趋势，甚至是暴跌趋势后，行业才会进入重新洗牌和盘整阶段，转入发展的正轨上来，也就是转型升级。

产业园区的发展也同此理。随着传统的房地产市场进入行业天花板，大量的传统房地产行业以及有意进军房地产领域的其他资本纷纷转向产业地产项目。不仅如此，大量拥有自己的场地、厂房的传统生产制造企业，也大多选择将原本用于生产制造的场地、厂房进行改造升级，摇身一变成为产业园区；除此之外，还有以政府为主导的产业园区大军席卷而来、大量布局。三者相加，造成中国近 10 年来产业园区数量规模暴涨！

通过中国平衡预测分析法关于行业发展趋势的规律研判分析得知,一个新兴行业从萌芽到进入发展正轨,要经历八个阶段:底部向上、加速上扬、暴涨、顶部大幅震荡、顶部向下、加速下跌、暴跌、底部盘整,如图24所示。一个新兴产业,在底部开始上扬至加速上扬,乃至是暴涨阶段,基本不存在合理规范的标准。这也就意味着,这个阶段是龙蛇并起、割据混战的时期,大量的投机者趋之若鹜,同质化竞争不可避免。当前我国的产业园区正处于暴涨后期,存在严重的同质化竞争问题。现在不少产业园区也开始意识到这些问题并积极寻求解决对策,甚至不少产业园区已经走在转型升级的路上,并取得良好成效。

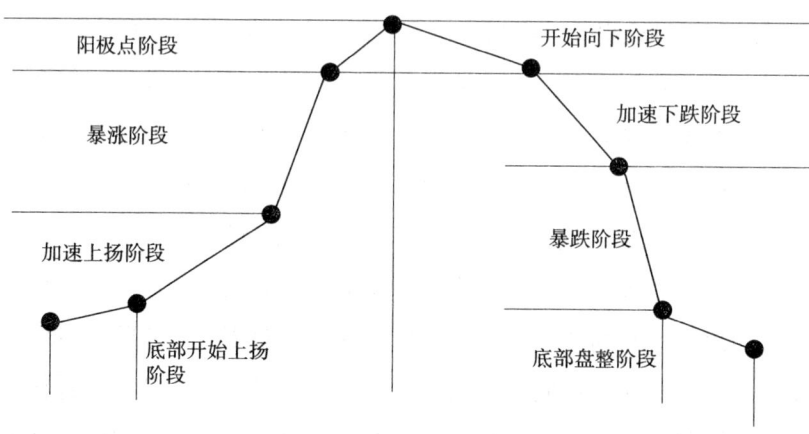

图24　行业发展的八个阶段

产业园区密度增长过快、追逐政策风口、缺乏集群化经营思维、追求短平快利益,是造成当前产业园区同质化竞争的四大根本原因。

第一,产业园区的密度增长过快。以文化创意产业园为例(被纳入统计部分),从20世纪90年代起,截至2002年末,只有48个园区建成;到2015年数量达到2506个,其间暴增了50倍。[①] 虽然中国文化创意产业在该段时间内同样呈现"井喷式"发展态势,但是文化创意产业的发展速度和规模还不足以填充如此庞大数量的文化创意产业园。2015年,中国文化创意产

---

① 《文化产业园区如何可持续运营?三大法则要坚持》,搜狐网,2017年6月19日。

业增加值约 27000 亿元，占 GDP 比重约为 3%；① 到 2018 年，我国文化创意产业增加值 38737 亿元，占 GDP 比重为 4.3%，② 维持了较快的增长速度。而自 2015—2018 年，我国文化创意产业园的数量基本维持在 2015 年的水平，这说明在相当长的一段时间内，文化创意产业园的数量是过剩的，并且，是过于密集的。我国的文化创意同质化竞争早在 2015 年之前就已经开始出现，并成为文化创意产业园发展中的长期问题。

以广州为例。根据广州市产业园区商会的走访摸查数据显示，2019 年纳入统计的园区共有 889 个，而 2018 年这个数据是 323 个，一年的时间园区数量剧增近 2 倍，主要以村级工业园增长、旧厂房改造产业园等为主。短时间内产业园的密度迅速提高，必然会带来更加严峻的同质化竞争形势。

第二，追逐政策风口。无论是产业园区发展还是企业发展，都在追逐政策风口。这本无可厚非。追逐政策风口是顺时应势之举，但是过分追逐政策风口，则变成了机会主义。诚然，投机者本身很可能因此获得很大利益，但这样会引发行业乱象。这一点在产业园区中同样凸显。"大众创业，万众创新"后，随后各地掀起"双创"热潮，大量的"双创"产业园、孵化器如雨后春笋般涌出，一时间风靡全国。然而，这些"双创"产业园、孵化器，超半数以上只不过是在把玩概念、利用政策风口来揽钱，本身并没有什么独特的"双创"孵化体系作为核心竞争力，因而最终的结果就是"房东之争"罢了，而这也使得本该引领经济发展的"双创"清流变得鱼龙混杂，陷入千篇一律的同质化竞争中。

第三，缺乏集群化经营思维。笔者在上文中说过，目前大量的产业园区是由传统的房地产资本转型或者是传统生产制造业的自有场地、厂房改造而来的，缺乏集群化的经营理念。打造产业园区、发展产业园区的最终目的，不就是打造产业集群吗？没有集群化的经营理念，又何谈发展好产业园区？

第四，追求短平快利益。追求短平快利益固然是项目运营的必须手段，

---

① 《2015 年我国文化及相关产业增加值突破 2.7 万亿元》，《人民日报》2016 年 8 月 3 日。
② 《国家统计局发布报告显示：文化产业增加值在国民经济中占比逐年提高》，《经济日报》2019 年 7 月 26 日。

但是不能以损害中长期发展、透支未来发展潜力为代价，需要在短期生存和中长期发展间寻求平衡。

（本小节写于 2022 年 1 月）

五、产业园区内企业可持续发展水平低下

产业园区和园区内的企业是互惠互利的合作共生关系。产业园区为企业发展提供平台、良好的营商环境，促使企业快速成长；企业发展壮大则带动产业园区发展壮大，当二者实现良性循环时，则互为因果。

就当前我国产业经济发展现状来看，产业园区可持续发展的形势仍不容乐观。这是因为产业园区的可持续发展，很大程度上是建立在中小企业可持续发展基础上的，而目前我国中小企业可持续发展水平较低，平均寿命不到 3 年，尚不足欧美日等地的中小企业水平的一半，如图 25 所示。

中小企业是产业园区绕不开的话题。虽然所有的产业园区都希望引进的是世界五百强之类的大企业，实际上绝大多数产业园区内的企业主体都属于中小企业，尤其是高新科技企业、新兴产业企业，基本上都是以中小企业为主。

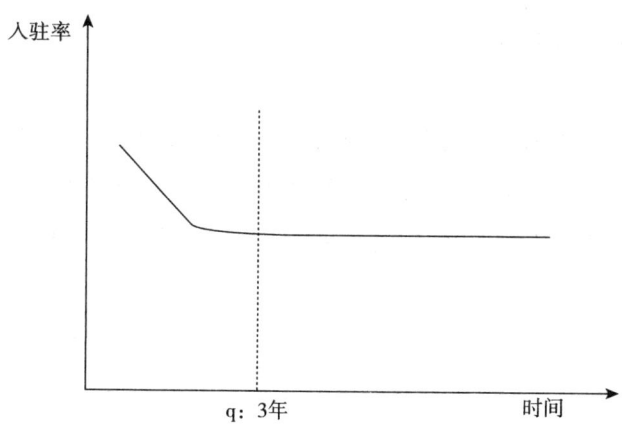

图25　当前我国产业园区内的中小企业发展现状

目前，我国中小企业有 4000 万家，占企业总数的 99%，贡献了中国

60%的GDP、50%的税收和80%的城镇就业①，可以说，看起来不起眼的中小企业，才是真正推动中国经济发展繁荣的主力军！不仅是中国，美国中小企业有2500多万家，占美国企业总数的99%，吸收了美国一半以上的就业人口②；日本中小企业有约509万家，占日本企业总数的99.7%③。由此可见，无论经济如何发展，中小企业始终是经济发展的主力军。而且，产业园区的理念本质是产业集群，产业集群的主要目的就是改善中小企业的发展、竞争环境。

中小企业除平均寿命短之外，产能落后也是传统生产制造型中小企业普遍存在的问题。试想，如果一个产业园区中，不但总体产能落后，而且入驻的企业时常因倒闭而退出，那这个产业园区的发展光景也可想而知。

产业园区与园内企业是一荣俱荣、一损俱损的关系。关注产业园内的企业可持续发展，帮助产业园内的企业适应新时期环境的变化、及时进行转型升级，使它们实现可持续发展，也是产业园区自身转型升级的过程。当然，这也是在实现产业园区自身的可持续发展。

虽然政策在努力改善中小企业的生存发展环境，但是仅凭此点，还难以改变中小企业发展的困境。单纯靠政策会独木难支，只凭中小企业自身则无力破局，这时候就需要产业园区登场。借助产业园区的平台作为跳板，一方面可以使政策推动有力，另一方面能够扭转中小企业单打独斗时在整个经济结构中的弱势群体地位，能够让中小企业顺利搭乘政策的东风，一举实现飞跃。

综上所述，产业园区需要加强软实力建设，提高服务输出能力，也就是"智库+平台"的发展战略。新时期这已经不是产业园区用于额外加分、可做可不做的"附加题"，而是决定产业园区是否及格的"必考题""必答题"！

（本小节写于2023年8月）

---

① 《企业太累了》，山西新闻网，2023年7月20日。
② 《美国2月份小企业信心下跌》，人民网，2014年3月12日。
③ 《日本推动中小企业兼并增效》，《经济日报》2020年12月25日。

六、产业园区招商进程中政策不断弱化

产业园区作为中国改革开放的一个缩影,在推动区域经济发展、促进对外开放、加快体制机制改革等方面都发挥着不可替代的作用。

产业园区的形态、发展模式始终随着时代的变迁不断进行自我完善。继最早的深圳蛇口工业区之后,各地的开发区、保税区、高新区不断涌现,随后的民营园区也相继崭露头角。模式也从最初的"自由式"运营到针对园区的整体规划,到实现园区配套的产业新城概念,再到如今的城市运营商的概念。产业园区的概念涵盖的内容更多,为产业园区提供的配套设施更加完善。

产业园区已经成为我国社会主义市场经济发展创新的主要平台。在经济新常态下,通过产业园区优化产业结构,推动产业转型升级,已经成为区域经济深化改革创新的主要途径。而且,产业园区也成为各种政策红利释放的主要窗口,主要包括以下三点:

一是租金补贴乃至减免租金。在企业刚入园的一段时间内(一般为3年),给予一定面积的房租补贴或者减免(首年优惠力度最大,然后逐年递减);

二是税收优惠政策。对于入驻园区的企业,只要满足它们一些特定的条件,例如高新技术企业验收、专利等,便可享受一定额度的税收补贴或税收减免;

三是一次性拨款与现金奖励。对于符合特定条件的企业和在入驻期间达到特定条件的企业,可以给予一次性的拨款和现金奖励。

尤其是在产业园区开园和招商的初期,各种优惠政策最密集、力度尤其大。大量企业被政策吸引而来,这本无可厚非,但在接下来的3年时间内(初期政策优惠一般持续时间为3年),产业园区政策优惠力度就会不断弱化,而生产型服务和生活型服务配套(特别是高端现代服务业)并无长足进步。这就导致产业园区对企业的吸引力长期停留在政策层面上,超半数以上的企

业在享受完初期优惠政策后，会转而选择投入政策优势更好的其他产业园区，导致产业园从开园到开园之后的2—3年时间里，红红火火、势头强劲；而3年之后，产业园区发展势头受阻，产业园区的空置率会有明显上升，产业园区招商引资难度阻力明显增大，如图26所示。

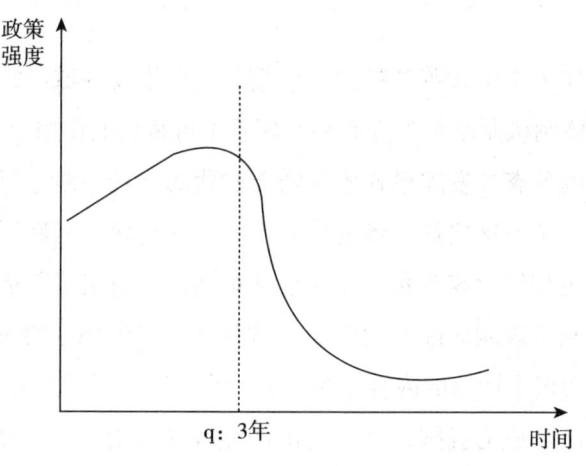

图26　产业园区政策发展规律

政策优势由强到弱的转变是必然规律。开园时有力的政策，为园区发展打开良好局面，但产业园区可持续发展不可能一直依赖政策优势。企业追逐对自身发展最有利的环境也无可厚非。政策弱化是产业园区发展中不得不面对的问题，只有充分利用好政策优势期，并积极在政策优势期内强化和完善生产型服务业和生活型服务业、加强产业园内产业链串联，早日形成集群化发展的产业生态，使企业由政策依赖型转变为产业链依赖型和服务依赖型，才能有效避开因政策弱化所带来的困境。

（本小节写于2022年12月）

七、产城融合

产城融合的概念很早就出现在区域经济发展中，但一直以来由于探索创新的成绩有限，"产"与"城"虽有交汇，但总体上依然"泾渭分明"，产城之间仍未有效打通"任督"二脉，实现二者的真正融合。2014—2018年，特色小镇火遍全国。这是一次大范围的对产城融合的探索创新和实践，但最终除少数地区外，绝大部分的特色小镇只是草草收场。

目前，比较成熟的产城融合包括经济开发区模式和城中产业（商务服务业）。一般来说，城市资源决定产业定位和发展方向；产业发展水平决定城市化进程。当二者形成良性循环时，会推动产城融合不断深入。

目前，产城融合主要面临两个不平衡：一个是有城无产，另一个是产强城弱。经济开发区普遍存在产强城弱的问题，而在传统城区中，更多面对的是有城无产现象，比如风靡一时的特色小镇，原本就大多处于有城无产状态。

产强城弱的现象主要存在于以产兴城的经济开发区中，尤其是以传统第二产业为主的经济开发区。大部分经济开发区中的各项城市功能设施配套往往并不健全，缺乏大型商业中心、休闲娱乐产业、优质教育资源、医疗资源等，导致经济开发区中虽然有产业进驻，有人上班，却很少有人选择在此长期居住和生活。正常情况下，城市功能配套应逐步补齐短板，以推动城市功能的强化和升级，实现与产业发展的共同发展。然而，现实情况并非如此，这是为何呢？原因有二：一方面，由于产业新城新建，各项生活配套服务功能不健全且质量低于传统城镇中心，因而常住人口数量少，不足以带动商业中心、医疗、教育等资源的大幅转移，使得产业新城在生活服务、医疗教育等方面与传统中心城区相差悬殊。如此一来，产业新城自然就留不住人；而越是留不住人，就越不能带动生活型服务业转移，从而形成恶性循环。另一方面，产业新城通常是作为城市发展副中心，而不是城市中心的转移，所以城市人口、消费投资等不会积极主动涌向产业新城。

目前，大多数经济开发区并未从区内循环上解决产强城弱的问题，而是从产业新城与传统城市中心互动的外循环上解决问题，即改善和优化二者之间的交通环境，使得人口流动性增强、流动范围扩大。

有城无产的现象普遍存在于三、四线城市区域及一、二线城市周边的城镇/郊区，本书的区域经济篇的重点就是破解有城无产问题，上文中提到的特色小镇，其发展目的也是改变有城无产的现象。有城无产现象属于本书区域经济篇中探讨的课题，故而本节不过多叙述。

产强城弱是制约产业新城可持续发展的主要瓶颈，主要表现为产业新城中的生活型服务业只能满足在产业园区中工作就业人群的日常生活所需，并不能实现与多元、多层次、高品质的生活型服务业的衔接。因此，也就无法稳定地留住人才，而新时期经济发展需要以人为中心，无法有效地留住人才会影响产业新城产业结构优化、转型升级。在外部环境变化激烈的今天，进步缓慢就意味着产业结构会出现相对老化和落后，核心竞争力和吸引力下降，产业新城就会出现衰落征兆，如果调整不及时或调整力度不够，就难免持续恶化。

产城融合中。首先需要注入产业，从而带动城市发展（笔者在前文中提到，产业园开园初期，伴随着密集且力度很大的政策优势，容易吸引产业进驻）；其次需要凭借城市发展带动产业结构优化和转型升级，由此形成良性循环。然而，由于产业新城在建设发展过程中，危机感逐渐下降，凭借开园时的政策优势、热点优势等带来一批产业后，城市发展却没能及时跟上（包括生产型服务业和生活型服务业），等到政策优势弱化/行业大洗牌时，产业和城市发展双双陷入瓶颈，使得原本产强城弱的状态一下跌落到"城弱无产"的状态。例如，攀枝花、大庆、大同等传统工业城市就属于这种情况。

（本小节写于2022年7月）

八、产业园区的四类问题

据抽样调查，当前全国约占80%以上比例的产业园区的发展状态是不可持续的（含村级产业园、改造型小微产业园、专业市场等）。这些产业园区根据不同的问题和原因所导致的不同的不可持续发展状态，可分为四大类型：标配园、万国园、圈地园和烂尾园，如图27所示。

首先，是标配园。标配园在所有的不可持续发展产业园区中占比最多，出现的问题也最为普遍。所谓标配园，顾名思义，就是标准化配套的产业园区，别人有的我都有，别人没有的我也没有，具体的表现就是缺乏差异化，同质化竞争严重。

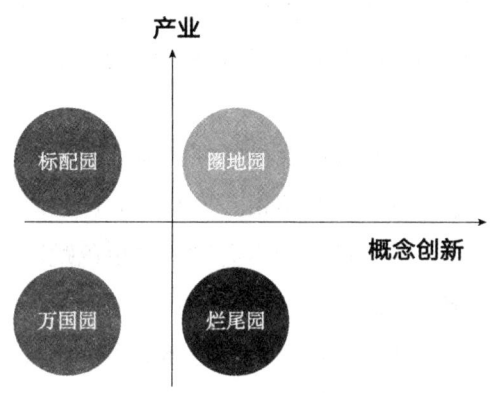

图27 产业园区的四大类型

标配园的竞争力主要来源于区位条件、政策优惠和租金价格这三个方面。其中，区位条件的影响最为深远，政策优惠属于机遇性影响（标配园所在区域迎来政策红利所带来的被动机遇），租金价格是主要的竞争手段。因此，标配园也经常陷入价格战。

绝大多数标配园所承载的产业都是劳动力密集型产业，部分是因为区位优势而有所不同，因此，标配园中的产业结构通常层次较低。同时也更容易受国际国内环境变化及市场订单变化的影响，波动性强。尤其是随着世界新一轮技术和产业革命的到来，中国经济发展进入新常态，世界产业链分工出现重大变化以来，标配园的发展经历岂止一波三折所能形容！尤其是当世界经济发展出现重大震荡时，例如，2008年的次贷危机、2018年的中美贸易战、2020年的新冠病毒感染等，都令标配园处于水深火热之中。

标配园的整体面貌呈现的是不求有功但求无过，整体状态是安于现状，无论是拥抱机遇还是应对危机，都表现得相对被动。需要注意的是，标配园作为我国产业园区中最为普遍的一类，在一定程度上也是有其先进性的。例如，标配园对始终维持与全国整体产业园区的发展平均水平线这个方面非常重视，既难以领先，又绝不会落后于平均线。

其次，是万国园。它与标配园在很多方面是交叉的，但在定义划分上，标配园和万国园的界限十分分明。万国园，顾名思义，就是各种行业杂糅在同一个产业园区中。

万国园大多是村级产业园或由传统厂房改造而成的小微型产业园区。这些园区的开园动机明确，就是为了尽可能地以场地换租金，因而它们对于各行各业表现出来者不拒的态度。

万国园在开园之前，并没有系统的园区规划和设计，只是参照同类产业园区的设置进行改造，然后进行招租。当有企业进驻以后，园区忠实地扮演着"房东+物业管理"的角色，绝不会发生"角色跳跃"的状况。园区内所聚集的企业既有传统生产制造型企业，又有一些创业型企业，但无论是哪一类型的企业，都有一个共同特征，即都是小微型企业或初创型企业，都是为了尽可能降低成本而落户于万国园的。

万国园所在的区位条件不佳，这一点明显落后于标配园。万国园的核心竞争力来源于租金价格，其他方面则鲜有可圈可点之处。

万国园受外部环境波动的影响剧烈，园区空置率大部分时间是比较高的，园区内企业进驻和退出频率较高，因而万国园长期处于高压的招商引资状态中。

万国园的发展水平较之于标配园更为落后，标配园是处于全国产业园区发展的大众水平线上，而万国园是位于大众水平线以下。

再次，是圈地园。它是一种在理念上看起来较为先进的产业园区，其实是外表华丽而内里苍白。顾名思义，圈地园就是以"圈地"为目的的产业园区。圈地园不同于标配园和万国园的是，具有很强的战略规划和设计，且理念十分突出、创新且先进。如果不看后期具体落地情况，仅看园区规划和概念，那么它当真是可跻身于中国产业园区发展创新的"领头羊"行列。

圈地园的动机不纯，它本身就是奔着"圈地"的目的来进行规划和设计的。它拿地之后，有的是"挂羊头卖狗肉"，做着与此前的规划设计完全无关的事，更有甚者，拿完地之后就长期空置，并不进行具体开发。圈地园在国内并不少见，从2019年开始，各区域都在加大对圈地园的治理、清退力度。

圈地园绝大多数是只有前期没有后期的产业园，或者是只有理念而没有实践的产业园区，因此自然也谈不上后期的具体产业结构配合和招商引资。虽然圈地园严重浪费了区域经济发展资源，但是它也并非一无是处，如果能够切实落实，至少将圈地园的理念和规划稍加改进，将极有可能开创产业园区运营发展的新天地。

最后，是烂尾园。它可以分为两类：一类是理念烂尾，与圈地园类似，但是，又并不完全相同。理念烂尾的烂尾园属于虎头蛇尾，即未能将先进的发展理念持续贯彻落实下去，往往是在遭遇阻力之后，努力一番，因为一时成果不显著，加之受发展的急躁和焦虑情绪影响，使得产业园区发展理念无法继续落实。另一类是建设烂尾。这种烂尾园相比于标配园、万国园和圈地园并不多见，烂尾的原因包括资金链断裂、股东更替等客观因素。

烂尾园在发展初期是具有一定先进性的，甚至是"标杆性工程"。例如，山西汾酒园区①，还未落地就被誉为"山西转型标杆工程"。按照该园区的规划，它的规模颇为壮观：占地面积5平方公里，投资50亿元，白酒产量10万吨，年销售收入100亿元，吸纳3万名劳动力就业，带动20万户高粱、豌豆、大麦种植农户致富……官方宣称，汾酒园区于2010年开工建设，3年后建成。然而现实是，在太汾高速公路杏花服务区附近，绵延数公里的高大城墙较为扎眼，隐匿其后的"汾酒园区"不见繁华踪影，只有荒草中的"烂尾楼"一眼望不到边，除了零星的看守人，偌大的工地上罕有人迹。

烂尾园往往是因为开始时顶层设计不完善所致。例如，对国际国内环境及行业未来发展趋势研判失误；对风险和投入预估失误，由此导致短期生存和中长期发展不能平衡；园区开园后在运营发展中智库配备不到位，导致规划蓝图在实施过程中错漏频出，并长期累积，以致最终成为"烂尾"。

（本小节写于2021年5月）

---

① 《山西汾酒占地千亩产业园烂尾，10名投资人3人入狱》，参考网，2015年3月12日。

第八章 产业园区发展问题的原因分析

一、区域经济发展下的外环境对产业园区发展的影响

上一节中,笔者详细论述了存在不可持续隐患的四大类产业园区。其中,尤以标配园最为普遍,规模体量最为庞大。其他如万国园、圈地园、烂尾园则是社会经济发展中的短暂阵痛现象,不会长期存在,而标配园是一种长期存在的现象。

我国产业园区的发展历程所呈现的变化规律同国际和国内发展环境密切相关。自改革开放至2008年之前,是一个量变的快速增长期。这一时期的产业园区主要以数量增加、面积扩大为主要特征;而到2008年之后,产业园区数量增长趋缓,并达到一个阶段性的顶点,但产业园区的总体效益仍然呈现增长态势。这种增长主要得益于产业园区运营质量的提升,产业园区运营者由先前完全的"房东角色"开始向服务者角色转变,提供一些基本的园区服务项目。到2020年前后,产业园区较2008年之前,整体面貌焕然一新,并涌现出部分杰出的优秀产业园区。虽然产业园区改进发展良多,但除少部分杰出的产业园区外,大部分的产业园区仍然远远滞后于市场经济发展变革进程,不能适应新的国际环境变化和国内经济发展新常态。

自从2008年国际金融危机后,中国整体经济形势经历了极为复杂的变化过程,在相当长的一段时间内都将处于增长速度换挡期、结构阵痛期、前期刺激政策消化期。在三期叠加的影响下,各行各业先后进入转型升级期,行业大调整、不断否定传统思维和发展方式的新发展模式剧烈冲击着大量的传统中小企业,使原本就挣扎在生存边缘线上的中小企业的生存状况更加严

峻，这是整个国内经济发展的大变局。2008 年前后，产业园区的数量大幅缩水，产业园区发展自此正式进入转型升级阶段。

2008 年，国内环境激变，很大一部分源于国际环境激变所带来的影响。金融危机后，国际经济发展萎靡，世界新一轮产业转移浪潮出现，国际政治格局发生重大转变；世界上局部冲突加剧，贸易保护主义抬头。我国外贸出口增幅呈下降趋势，投资增速放缓。到 2018 年，中美贸易战爆发并持续恶化；2020 年世界新冠病毒感染暴发……这些事件都对我国产业经济发展产生剧烈冲击，再加上国际和国内环境的双重叠加影响，倒逼产业经济发展加速转型升级。

笔者在本书中指出：经济、产业发展转型升级将直接影响产业园区的转型升级，产业园区是在局部区域反映当时经济、社会、行业发展先进的营商环境及代表未来发展趋势。因此，产业园区转型升级更具宏观性、超前性和系统性，并且是先于企业进行转型升级的，具有引导企业转型升级的完善机制。由此可见，产业园区的发展深受区域经济发展外部环境影响，无论是当前产业园区所处的不利局面，还是产业园区所面临的机遇和挑战，其源头均是外部发展环境变化在产业园区层面的具体体现，如图 28 所示。

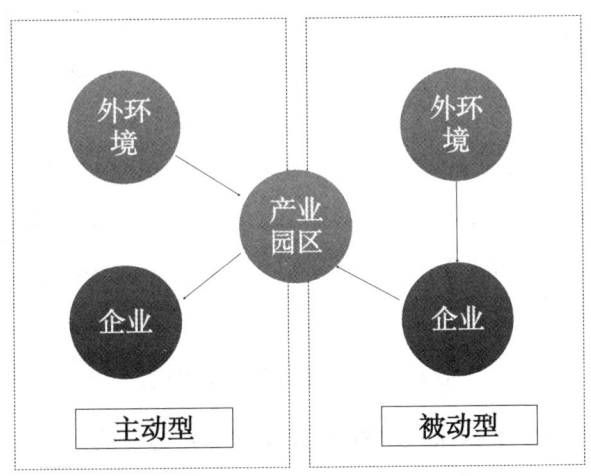

图28　外部环境对产业园区发展的影响

（本小节写于 2021 年 12 月）

二、行业发展趋势对产业园区发展的影响

产业园区的发展深受行业发展波动的影响,当行业发展趋势向上时,园区发展往往百事百顺;而当行业发展趋势向下或出现转折时,园区发展则会陷入多重困境。根据中国平衡预测分析法理论,行业发展趋势可分为底部开始上扬、加速上扬、暴涨、阳极点、开始向下、加速下跌、暴跌、底部盘整(阴极点,也就是转型升级阶段)8个阶段,如图29所示。在不同的行业发展阶段,产业园区的发展状态、机遇与挑战各不相同。即使是在不同的经历发展时期,在相应阶段的本质和原理是共通的。因此,搞懂不同行业阶段产业园区的发展应对方式,往往能做到以不变应万变,从而从容应对外部环境变迁带来的冲击和影响。

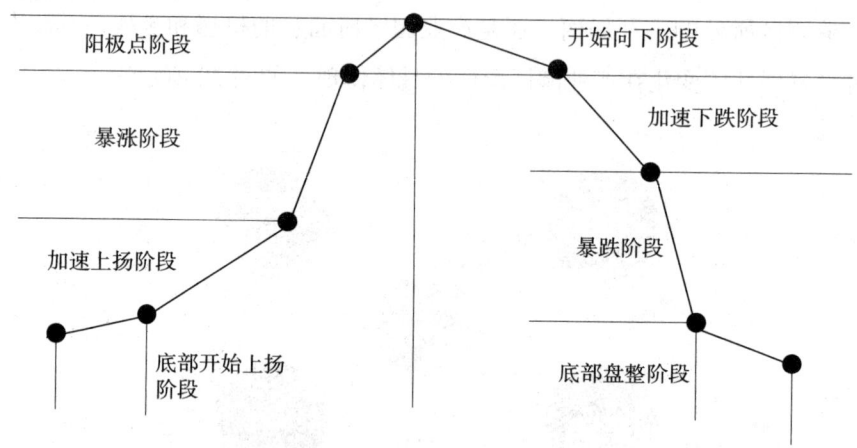

图29　行业发展趋势的八个阶段

第一阶段是开始上扬阶段。在该阶段,所处行业已经有一种或若干种业态出现。但是,同一时期也会有不同行业多种新兴产业业态涌出。这些新兴产业业态中,有的是草芽,有的是树芽,在开始向上的行业发展趋势中,它们之间的发展水平差异不大,甚至有的草芽比树芽还要高大茁壮,因而很难

分辨出孰优孰劣。该阶段对应行业的产业园区已经出现，但同样处在探索阶段，往往规模很小，或是同时容纳很多个新兴产业的综合园，专业化水平不高，数量、面积等都寥寥无几。处于该阶段产业园区的主要机遇来自远见性，即预测未来做现在的事；面对的主要挑战则是来自发展战略上的挑战，即能否提前布局行业高地、占领市场等。

第二阶段是加速上扬阶段。在该阶段，树芽已经从草芽中脱颖而出，表现出强劲的发展潜力和成长空间。同时，该阶段的市场需求快速上升，经常出现供不应求的局面，对应产业也以迅速扩大产能、圈占瓜分市场为主要目标。该阶段产业园区的数量保持相对较快的速度增长，早期布局的产业园区已经形成一定的品牌和资源优势，在竞争中处于优势地位，规模迅速扩张，基础设施配套加快完善。该阶段对于产业园区来讲，其发展态势几乎是畅通无阻的，没有明显的危机和挑战。

第三阶段是暴涨阶段。该阶段行业发展迅猛，大量从业者涌入，产能迅速扩张且发展迅猛。在该阶段及该阶段之前，行业发展一般没有完善的标准，有的甚至就没有标准，因而行业发展门槛低，虽然行业总体趋势是暴涨的，但是也有鱼龙混杂、产能低端、竞争浅表化及激烈化等现象同时存在。该阶段产业园区数量和规模同样呈暴涨趋势。园区运营状况虽然良好，但开始出现招商难的压力，园区之间的竞争对立关系苗头渐显。该阶段的主要机遇在于智库思维和平台思维，也就是规划布局园区软环境，发展园区内高端现代服务业，打造园区差异化核心竞争力。主要机遇也是主要挑战。该阶段产业园区同质化竞争态势也会爆发，如何留住企业、为园区内的企业可持续发展赋能、创造附加价值，成为产业园区所要面临的主要挑战。

第四阶段是阳极点阶段。顾名思义，阳极点就是行业野蛮生长所能达到或所被允许的天花板。此后，行业调整势在必行。在这一阶段，行业标准已经初步建立，并且开始对行业中的乱象进行整顿，落后产能被淘汰或"换血"，行业企业绝对数量停止增长并开始回落，行业整体开始由量变向质变转型。该阶段对应行业的产业园区绝对数量通常是过剩的，产业园区空置率上升，招商难问题初步显现；在该阶段，产业园区的主要机遇同样突出表现在"转型升级"四个字上,在园区发展结构中增加"智库+平台"策略支持的需求已经很迫切。在该阶段,产业园区的主要挑战是园区内现代服务业发展滞后,不能满足园区内企业可持续发展的需要,园内产业链串联程度低、集群化发展水平低成为制约产业园区可持续发展的主要障碍,并且,招商难问题进一步恶化,同质化竞争形势日趋严峻。

第五阶段是开始向下阶段。该阶段行业调整初见成效,行业标准初步形成。部分有远见的资本经营者已经意识到此时行业已经进入"阳极则阴"的下跌阶段,所以及时撤出行业是明智的选择。因行业野蛮生产而带来的社会性问题逐渐凸显,政策调控力度明显加强。行业内企业经营业绩出现普遍持续下滑的现象,很多按以往经验能够成交的订单、合作、投资等行为出现各种问题和障碍。企业生存发展困难变得越来越大。越来越多的企业想方设法地为自己减负,包括但不限于裁员、搬迁新址等。产业园区空置率持续上升,招商引资难度持续增大。

第六阶段是加速下跌阶段。该阶段行业标准基本完善,并且社会各界对行业的标准认识比较清晰,标准以下企业的运作模式再难获得政策支持或风险资本的青睐,行业热度成为过去。行业中企业经营状况普遍不佳,部分企业开始退出所处的行业,转向其他行业,而行业中投机逐利的概念型企业绝大多数已经撤出。在该阶段,产业园区发展状态每况愈下,本在暴涨阶段时就因为园区绝对数量众多而竞争激烈,到加速下跌阶段时行业萎缩但园区竞争者依然不少,导致园区企业流失速度明显加快,空置率明显上升,招商引资难度持续增大。该阶段,园区的机遇来自内功和外功两个方面。所谓内功,就是在过去的发展过程中积累的优势,是否代表行业发展调整的内在要求;外功则是园区发展结构是否代表未来行业的发展趋势。在该阶段,如果园区未能找到机遇和强化自身优势的话,那么将要面临的就是危机了。此时,进行行业转型升级、方向调整、战略调整迫在眉睫。

第七阶段是暴跌阶段。新兴产业的总体发展趋势特征就是暴涨暴跌,并且暴涨往往对应暴跌,因为暴涨阶段很多都是泡沫经济,而暴跌就是泡沫的破灭,回归正常的发展状态。在该阶段所能留存的企业,往往代表所处行业某一环节的核心优势，掌握核心资源，成长性高，可持续发展能力强。同时，该阶段行业迎来重大洗牌，行业龙头企业往往在这一阶段初露头角。该阶段产业园区的经营情况往往较为惨淡，表现为居高不下的空置率、选择转型退出的产业比比皆是。不过也同样存在少数情况良好的产业园区。该阶段，对于尚可持续经营的产业园区而言，主要的挑战就是如何继续保持优势，并进一步适应国际和国内经济发展环境的变化及行业发展趋势，强化园区内产业链串联，推动园区内生产型服务业和生活型服务业布局升级等。

第八阶段是底部盘整阶段（阴极点）。在此阶段，行业转型升级进入深化期，新的更可持续发展的模式逐渐成形。处于该阶段的行业具有显著的市场需求量大但供给不足的特征，来自国外的同行业竞争者往往在国内占有相当部分市场。例如培训行业就曾经历这一阶段。换句话说，不是行业没落了，也不是市场不需要这个行业了，而是产品/服务落后了，是市场不需要这种"低营养、低价值"的产品了。该阶段，产业园区发展状态呈现明显的两极分化状态，即优者经营良好，劣者则几乎毫无生存空间。园区的主要机遇是行业发展即将进入下一个上升周期，迎来订单再暴发时期，并且能够在该阶段获得生存发展的产业园区均有自己的独到之处，都是未来所处行业产业园区标准的制定者等。该阶段产业园区的挑战主要来自强劲对手的竞争，在下一个上升周期到来之前，同区域内产业园区竞争激烈程度急剧上升，因为竞争者彼此各有特色，往往是旗鼓相当，并且会相互取长补短。

（本小节写于 2023 年 1 月）

三、产业园区运营仍是房地产思维

关于产业园区的发展，说到底是人的思想与行动协调的结果，也就是说，产业园区运营发展的好坏，大部分取决于园区运营管理团队，包括智库布局能力和执行力两个方面；剩下的小部分取决于园区的区位条件、政策红利等独有的外部环境因素。区位条件跟政策红利等外部环境因素对于普通民营产业园区而言，只有在规划期充分论证、合理选址、主动站到未来风口，才能占据有利地位。这个观点强调了选择比努力更重要。但是，这一结论，通常适用于项目开始实施之前。就以普通民资产业园区来说，建成开园后，就只能被动接受很难改变的客观条件。然而，主观因素对产业园区发展的影响更为深远，同时，这也是造成产业园发展困境的主要原因。而且，无论是政府主导型的经济开发区、产业新城、重点产业园，还是民资投入建设的民营产业园的运营管理团队，都存在跨行、跨业、跨界的局限。这些局限导致产业园区在发展历程中要走很多弯路和经历很多坎坷，因而长期处于探索和试错的状态，总是出现这样或那样的问题，始终谈不上健全、完善和可持续发展。

以政府主导的产业园区来讲，产业园区管委会通常由三部分组成：第一部分是从原来的其他部门机构抽调，第二部分是招考，第三部分是外聘。其中，抽调人员往往是管委会的核心成员，招考人员是外围补充人员，外聘人员则多是配合工作的具体执行人员。当然，还有一些其他的组织结构和方式，但是在所有的组织结构和人才结构中，真正懂得产业运营机制的比例不到一半，甚至部分园区中只有寥寥数人而已。在懂得产业运营的人才中能真正懂得园区运营、产业集群发展理念的比例则更少，甚至占比不到20%。这样一来，以最乐观的数据估算，一个园区中，真正懂得园区运营、产业集群发展的人数不超过10%。甚至人数是零的状态也并不罕见。不懂园区运营和产业集群，却又在实际运营管理一个产业园区时，就难免会出现下列状况：第一，具体工作中按图索骥、听话办事，应变能力差。第二，学习的过程是先参考或效仿别人，然后才会逐渐地有自己的想法，这一过程或长或短，且在模仿的过程中容易将产业园区引向标配园行列。第三，一线积累的经验、方法得不到升华，只能停留在就事论事的层面上，优秀的经验方法可以短暂地改善园区运营状况，却不能升华为系统和模式，就无力推动产业园区从中长期发展和整体发展上发生根本性的变革。第四，创新发展的天花板低，产业园区发展是一个深刻复杂的课题，既包含了深奥的"道"，又包含了复杂的"术"，如果是不懂产业园又想要经营产业园的运营管理者，在前期学习中往往会倾向于对方法论的学习，追求产业园区运营之"术"，反而在"道"的层面共鸣较差，由此导致"闻道而不知道"的情况屡见不鲜。事实上，"道"的高低决定产业园区发展创新天花板的高低，只有在经历一段时间的积累和沉淀之后，才会在"道"的层面产生较为强烈的共鸣。

目前，许多产业园区新增了顾问委员会等类似的智库机构，用以解决产业园运营管理专业水平不足的问题。这一举措明显改善和提高了产业园的运营管理水平，但是类似智库的机构在整个园区运营管理中的结构位置、专家人才结构、组织方式等诸多问题上还有待完善和加强，这些问题如能在实践磨合中得到解决，那么打造出"智库+平台"的园区发展生态，就不再是一句空话。

再说民资投入的产业园区。这些园区虽然较之政府主导型产业园区体制更为灵活，但同样有着致命的弱点。笔者在本书多处谈到，民资投入产业园主要分为两类：一类是从传统房地产行业转型的（尤以商务办公楼为多）；另一类是从传统制造业改造升级的（例如广州地区知名的广州TIT创意园就是由传统纺织生产业改造升级而来，但其前身属于国有资产，严格意义上还不能归入此类）。无论是从传统房地产行业转型而来的还是从传统生产制造基地的改造和转型升级而来的，都是从一个行业跳转到另一个行业，都是从做具体企业跳转到做平台，这其中无论是在商业模式还是在经营方式、管理理念等方面，都发生了重大转变。不能适应于这种转变是民资投入的产业园区运营困境的主要症结所在。

从一个行业跳转到另一个新的行业，必然会带有一定的之前行业的特征。例如，之前做房地产行业的，就会有房地产行业的思维定式；做制造业的，也会尝试用制造业的思维方式、理念和方法去诠释产业园区的运营发展。这也是为什么现在许多产业园区带有明显的传统房地产特征的原因。

除此之外，做产业园区者是否以追求可持续发展为目的？这是对他们初心的拷问，对于很多传统的房地产资本来说，之所以会投向产业园区，只是因为传统地产行业不好做了，产业园区有更好的掘金空间。对于从传统生产制造厂房基地改造的园区来说也是同理。不同的地方，只是因为传统生产制造业干不下去了，手中已有的厂房和场地所能想到的、最容易变现的办法，就是搞产业园。通俗来讲,就是把场地租出去,但整租不易且单价低,分租相对容易并利于抬高单价,再冠以园区的概念,这就是一个"华丽"的转身。

如果产业园区是如此的发展初衷与目标,那么无论是定位、规划,还是最终的运营、管理,暴露出的种种问题也就在情理之中了。

(本小节写于2022年6月)

四、资本的短期逐利行为

资本自诞生以来,其本质就是"逐利",哪里能赚钱就流向哪里,哪里可以赚到更多的钱就汇聚到哪里,并且是天生的"冒险者"。《资本论》[①]一书中如此形象地形容资本逐利的特性及其"胆大妄为":如果有10%的利润,它就得保证到处被使用;有20%的利润,它就活跃起来;有50%的利润,它就铤而走险;为了100%的利润,它就敢践踏一切人间法律;有300%的利润,它就敢犯任何罪行,甚至冒绞首的危险。这就是资本的共同天性,无论是国内资本还是国际资本,从无例外。例如,2015年,正处在国内经济困难时期,李嘉诚卖掉大陆房产,带头从大陆撤走200多亿美元。

国内和国外的资本同样都是逐利的,但相比较而言,由于国内资本发展时间短,资本投资体系并不"老成持重",而是"血气方刚"。所谓的"血气方刚",说的是资本还太年轻、成长不足、缺乏远见、缺乏耐心、喜欢极端化,资本体系看似完善,实则急功近利且不可持续发展。表现出来的就是短期逐利性很强,例如近5年来红极一时的产业,包括P2P、特色小镇、养老产业、区块链等,其中任一个产业本身都是新兴产业,都是未来的朝阳行业,哪一个不是因为资本的迅速涌入而快速生出"莫须有"的概念性发展,乃至是畸形发展的?这种发展形成迅速膨胀的泡沫,最终泡沫崩灭,留下了一片

---

① 马克思:《资本论》,郭大力、王亚南译,上海三联书店2009年版。

狼藉，资本收割了一波"韭菜"之后大量出逃，这期间周期长的不过1—2年而已。在这波"闹剧"中，最终得利的是资本，损失的是产业，打击的是信心，甚至造成这个行业在很长的一段时间内都难以恢复到正常发展状态。

在正常情况下，资本与产业发展是相互依存的关系，资本扶持产业发展，并从产业发展成果中获利。这一周期往往会长达10年甚至更久。但是，目前国内资本显然没有这个耐心，希望1—2年就要见效，超过3年不算成功，超过5年就算失败。虽然资本的目的是榨取剩余价值，但如果过分榨取尚处在成长初期的产业价值的话，就会既严重伤害一个新兴产业的发展，又让自身损失中长期更为庞大的收益。目前，对于产业园区的投资也是如此。

中国产业园区的发展大致可分为四个阶段：第一阶段是初创期，即从园区立项、规划、开工建设，直至开园；第二阶段是加速发展期，该阶段以招商引资为主，园区各项基础配套设施和服务项目有序且迅速地展开；第三阶段是阳极点时期，该阶段园区空间承载能力已经饱和，园区内企业的发展状况整体良好，产业园区开始进入升级期（包括产业链串联、园区发展结构配置改革、产业结构优化等）；第四阶段是"阳极则阴"的发展阶段。理论上，如果在第三阶段产业园区转型升级及时有效，则不会出现"阳极则阴"的发展阶段，也会处于转型升级阶段。事实上，在第三阶段，产业园区通常是盲目乐观的，因为顾虑大的变革创新会损害当时"良好"的发展局面，所以，会选择以观望等待为主，虽然试探性动作较多但决心少，因而往往滞后于外部发展环境的变化，显露出物业设施老旧、产业（定位）老化、配套服务项目老套的"三老"问题；除受园区本身发展局限外，园区内企业也会因为不适应外部环境的变化和行业发展趋势进入下跌甚至暴跌阶段，进而导致生存困难甚至倒闭。产业园区内企业要改变这一状况，就需要通过技术创新和经营创新来实现自我救赎和再次创业，以进入一个新的发展期；在内外多重因素影响下，产业园区只能走上转型升级之路，如果转型升级得当，产业园区则会进入"焕发第二春"时期；如果转型升级失败，则产业园区会进入没落期、消亡期。

资本往往是在产业园区的第一阶段进入。从第二阶段开始，资本就会尽可能以最快的速度收回前期投资并开始盈利。这使得产业园区在第二阶段的招商中表现得过于"急功近利"，出现"揽到篮子里的都是菜"的现象。结果是产业园区在第三阶段的驻留时间很短，因为在第二阶段重租不重产，给产业园区发展埋下了很多隐患。例如，出现没有产业链串联、园区中存在大量传统落后产能、短期逐利项目较多、园区扩张过快但配套服务项目跟不上、园区发展质与量失衡等问题。产业园区加速进入第四发展阶段后，回顾第二、第三发展阶段，会发现产业园区并未积累下多少关于"产业集群""行业发展之道"的理解。因此，一时间根本无力改变产业园发展开始衰落的事实，也无从着手对产业园区进行转型升级，那么怎么办？答案往往是出售。从资本投资的角度来看，这是完成了一次漂亮的投入和撤出，并且已经获得了可观的收益，但留下来的是大量生命周期短暂、亟待转型升级甚至是走向衰亡的产业园区。由此造成当前许多产业园的发展现状，而我们也从中总结出资本的行为与产业园区发展之间的关系规律，如图30所示。

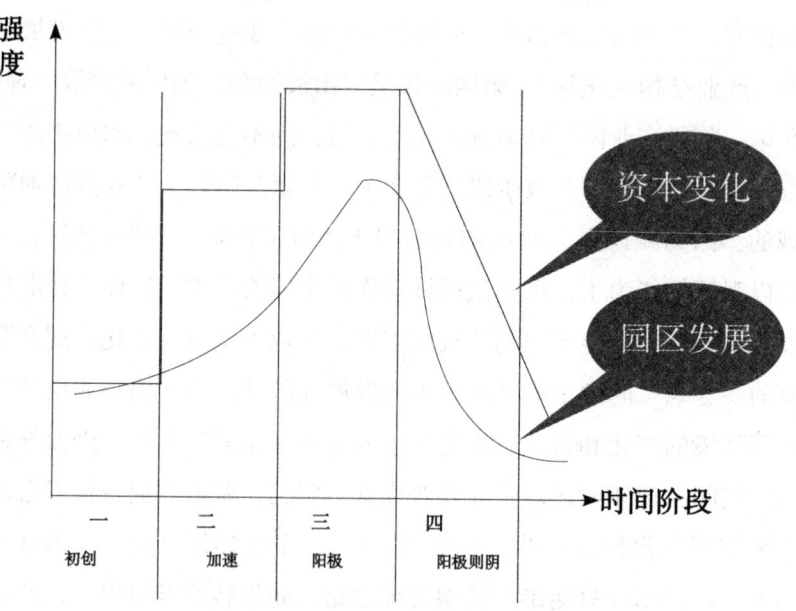

图30 资本的行为与产业园区发展之间的关系

（本小节写于2022年6月）

五、模仿即创新现象

中国产业园区的发展历经数十年,其间经历了四个发展阶段。第一阶段是 20 世纪 80 年代,也就是改革开放初期,当时的产业园主要是为了满足企业生产制造功能;第二阶段是 20 世纪 90 年代,主要是因为部分高新技术产业萌芽并开始发展而出现的高新技术产业园,例如各类经济技术开发区等,该阶段的产业园集商务办公、科技研发及基础的生活服务项目配套于一体,有效地促进了当时的产业结构优化;第三阶段是 21 世纪初,产业园区呈现精细化发展趋势,物流、金融、商务等生产型服务业向生产制造企业周边集聚,形成完整的上下游产业链,走向了功能复合化发展之路;第四阶段也就是近 10 年来的产城融合的产业新城发展趋势。事实上,直到 2020 年,包括一线城市区域在内,从第一阶段特征到第三阶段特征的产业园区仍然大量存在,处在第四阶段的产业园区反而凤毛麟角。

我国产业园区存在发展水平不平衡、创新能力不平衡等问题。尤其在产业园区发展创新方面,更是模仿多过创新。这既推动了我国产业园区在短时间内的快速发展,也形成了发展创新高度较低的"天花板"。客观地去分析和评价这一现象,将有助于产业园区更加了解自身的发展状态,并使"要如何打破天花板"这一问题的解题思路更加清晰。

"见贤思齐,见不贤而内自省"已经是当前产业园区创新发展的最乐观状态。在过去的几十年中,模仿之所以推动了我国产业园区的迅速发展,是因为产业园区处在"量变"之中,但在新阶段,产业园区发展已经由"量变"发展到"质变",尤其是产城融合的新发展趋势,更是让产业园的发展差异凸显。事实上,产业园目前的确是在创新,只是这种创新背离了应有的创新内涵,走入误区,对产业园区可持续发展的本质并无帮助。

首先,概念创新是伪创新。目前,多地涌现出许多概念创新的产业园,例如，××地首个××创意园，打出"××首个、××之最"之类的概念，再在创意园的前面加个修饰词，如此一来，似乎一个崭新的别具一格的产业园就呱呱坠地了。然而，在这些概念园区的落地实践中，无论是产业园区内的产业结构串联，还是园区运营管理、配套服务项目等，都与其他同类产业园别无二致，如果一定要说有什么新意，那就是名字比较新颖罢了。

其次，凡是不涉及产业本质或集群本质的，或者是蹭热点关注的，都不是创新。目前，国内产业园区发展处在深层焦虑之中，外面包裹着一层厚厚的外壳，用来遮掩内心的彷徨和空虚，而这层外壳就是"创新"。用创新来包装产业园区的原因，正是这个创新是"空心"的。空心的创新，可不就是只能作为包装来用嘛！

除上述两种情况外，还有一种情况是补短板，但也被普遍认为是创新。严格来说，补短板不算创新，至少不能算是适应这个时代和未来发展趋势的创新。笔者在前文中，已经对产业园区发展的不同阶段作了划分，很多产业园区目前实际上是处于第二阶段甚至是处于第一阶段，在向第三阶段发展进化。这种改变，本质上叫补短板，不叫创新，因为第三阶段特征的产业园区已经是10年前的形态了，理论和模式早已成熟完善，产业园区所做的不过是将拖拉了很久未曾执行的任务重新执行起来罢了，并没有新的探索和发现。

当前的产业园区发展已经进入产城融合阶段，产业链、创新链、价值链三者正在走向一体化，产与城之间正在"互动和结网"，具体如图31所示。

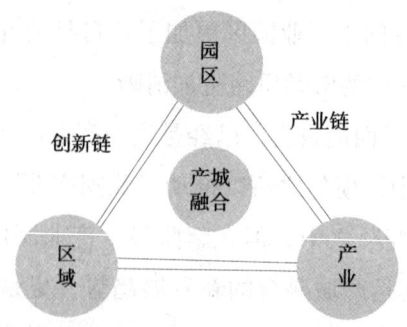

图31 产业园区发展的产城融合阶段

（本小节写于2021年4月）

六、产业园区可持续发展遇到的四个问题

笔者在前文中提到,我国产业园区的发展可以归纳为四个发展阶段,即初创期、加速上扬期、阳极点期和"阳极则阴"期。而其发展不可持续的表现,就是在达到阳极点(阳极点就是在此前的宏观经济发展环境下,产业园区根据原本定位和规划所达到的园区空间承载上限,也就是阶段量变发展的顶点)后,不能顺利进入产业结构优化期,不能通过"腾笼换鸟"实现园区内产业转型升级,以适应新的国际和国内经济环境、行业发展趋势,并实现从量变到质变的转换,开创产业园区"第二春"。反而长期原地踏步、止步不前,产业园区发展状态不断衰退,且转型升级阻力重重,存量非但不能助力产业园区转型升级,反而阻碍其增量和创新。

具体来说,产业园区的可持续发展常常会遇到以下四个问题:

第一,招商难。不用去看数据和案例,但凡业内人士或者是对产业园区有所涉猎的人都知道招商是产业园区的首要难题。所有园区都为了招商而绞尽脑汁,但最终结果都变成了无计可施。几乎所有产业园区的招商套路就是"三板斧":区位、税收政策和租金优惠。诚然,这三个要素是企业很看重的,但也要建立在企业是处于良性发展的状态下。当前外部环境骤变,对长期习惯了传统发展环境的企业应该说是很不友好的,很多传统企业面临转型升级和二次创业的巨大生存压力,新兴产业也面临着产业链配套、市场、产品、技术、人才等多重挑战。除降低成本外,更需要能够扶持它们发展的平台。毕竟,如果一个企业没有了成交额和利润,那么税收政策优惠就形同虚设,即使是免费的办公场地也无用。"大众创业、万众创新"的"双创"平台从轰轰烈烈到"门庭冷落",是因为所在的区位不好吗?是因为没有税收政策优惠吗?还是因为没有免费的经营办公场所?

第二,流失易。为什么很多产业园区越是到后来,园区内的企业流失率

就越高？因为时代在发展、环境在变化、行业趋势在向前发展，园区内不上进的企业会面临倒闭或被淘汰的局面。上进的企业在奋力与时俱进，而产业园区呢？很多产业园区并没有与时俱进。可能在过去，产业园区只要满足企业经营生产需要及简单的生产生活配套即可，现在则完全不同了！这已经不是单个企业竞争的时代，也已经不是产品竞争的时代了，而是产业链竞争的时代，是产业集群化竞争的时代。那些挂着高新、数字、科技等噱头，实际上做着传统发展事情的产业园区，真的想好了如何打造产业集群吗？真的有为园区内的企业发展考量过吗？真的能够为入驻企业提供一站式服务吗？真的能适应当今时代的变化和未来的行业发展趋势吗？

第三，产值低。产业园区经济效益差，并且持续走低，这是一个产业园区不可持续发展并走下坡路的直观体现。一方面是因为园区所承载的行业发展不景气，正处于下行发展趋势，企业经营困难，利润率低，并且园区空置率高；另一方面是园区的盈利模式传统，租金就是主要乃至全部的营收来源，各项增值服务十分薄弱乃至是空白的，与园区内企业并未达成一种平台共生的关系，而是倾向"房东与租客"的关系。

第四，产业结构差。笔者接触过许多产业园区，参加过许多产业园区的招商引资会议，也看过许多招商手册，但从没有看到任何一个产业园区会真正关心一个企业成长发展需要什么？这意味着产业园区的产业串联和园区配套只是从自己的主观意识出发，是自己需要什么和自己认为企业需要什么？更为致命的是，产业园区同样不太关心整个行业的发展趋势，大局观也不是很强。所以，产业园区的产业结构层次混乱、定位模糊，完全没有园区内各产业相互之间"互动和结网"的迹象。同时，园区内的产业配套、生活服务项目配套也根本无法满足企业发展需要。

（本小节写于2022年4月）

七、为中小企业可持续发展赋能

现代产业园区是基于产业集群而生的,产业集群最重要的价值是改变中小企业生产经营中存在的客观不足,例如规模经济、专业化分工、品牌打造、技术创新等。理想的产业园区显然是一个产业平台,内部的各个中小企业都是这个平台运转中的一分子,就如同一个大集团公司下的一个个部门,各有专业化分工并且高效协同。二者其实有异曲同工之妙。如果将一个大集团公司看作"中央"状态的话,那么产业园区所代表的产业集群最终应该是"联邦"状态。

目前,针对中小企业生产经营中的客观条件不足,市场自主调节作用已经出现。例如,出现了专业的劳务派遣公司、人力资源管理公司、品牌营销公司、财务管理公司、法律咨询公司、代加工工厂、企业管理咨询公司、教育培训公司、客服服务公司、文化创意公司等。无论是生产、经营、管理、财务、营销、招聘、研发等企业内外各个环节,都有专业化运营的外包服务公司。理论上,一个企业只需有自己的核心大脑,其他环节都可通过外部配套快速建立自己的生产经营体系。而事实上,这种情况非常罕见,原因是这些环节散乱又没有标准、鱼龙混杂,就像一堆不同型号的电脑配件堆杂在一起,虽然各种配件是齐全的,但很难成功地组装成一台电脑。

而产业园区是从资源整合的角度为中小企业的可持续发展赋能。那么,什么是资源整合?一是过滤筛选那些杂乱的"电脑配件"并对它们进行分门别类,让中小企业缺什么就能迅速补齐什么;二是将园区里一部部"低配置电脑"连接起来,组成一台高效运转的"超级电脑";三是每个中小企业都有一根自己的"网线"(如市场渠道等),但网速很低,产业园区就是将这些网线整合,改装为网速极高的"光缆";四是产业园区要打造自己在"联邦"状态中的标准制定、服务、民主管理等平台功能。

从最早的产业园区出现到如今形成产城融合的产业集群化发展,产业园区的一个重要课题,就是帮助中小企业克服可持续发展的难题,改变平均寿命不足3年的现状。然而,近几十年的发展历程,我国产业园区的理论水平和技术水平虽然已经进入第四阶段的产城融合,而实际上大众化水平还停留在第二阶段,对中小企业可持续发展赋能的作用微乎其微。

除产业园区发展中存在的共通问题,如园区配套差、严重欠缺产业链串联等之外,产业园区对中小企业重视度不足的问题也非常普遍。例如,笔者在各大产业园招商会、招商手册、招商政策中得到的消息,是政策偏重企业而不偏重产业,这是什么意思呢?第一,产业没政策不代表对大企业没政策,但对中小企业肯定没政策;第二,在产业有政策的情况下,大企业享受到的待遇绝大多数优于中小企业。因此,产业园区究竟可以从哪些途径,又要如何为园区内的中小企业的可持续发展赋能呢?总结起来,就是园区打造好自己的五大运营基础(商业协会、专家智库、项目、人才、资本),创造好的运营环境,去支撑园区内企业的发展。同时,厘清各方主体的关系,明确各自的任务与共同目标,通力合作共赢,如图32所示。

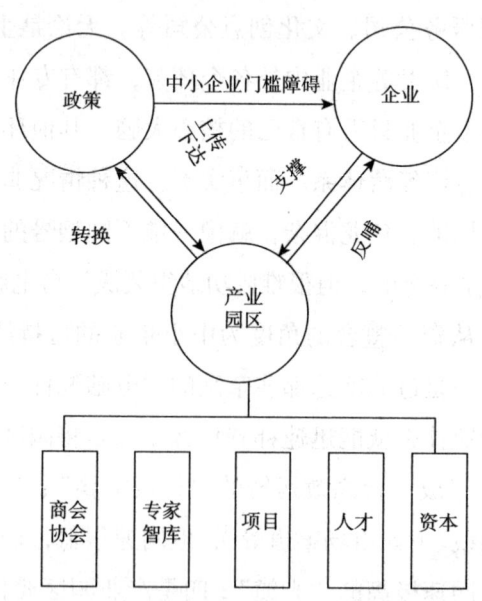

图32 产业园区为中小企业可持续发展赋能的途径

(本小节写于2022年6月)

八、产业园区如何影响区域经济可持续发展大局

世界产业园区起源于1930年,但是直到1950年,当时的发展中国家为改变本国经济发展落后和不平衡的状态及为了追赶发达国家,才开始参考发达国家的集聚型经济发展业态,通过产业区域开发政策来发展本国经济。为吸引投资所采取的特殊政策工具,包括为工厂购买设备提供资金、为投资者提供优惠税率和提供工业厂房等基础设施等,进行集中规划和集中配置,也就是早期的产业园区。这些发展中国家的政府开始通过产业园区来发展区域经济。

第二次世界大战结束后,世界经济复苏,当时产业园就是以如何尽快高效地完成国家经济体系的重建为发展大方向,是区域经济发展战略的主要抓手。

产业园区发展进入第四阶段,也就是产城融合阶段,此时的产业园区已经成为城市的运营商。产业园区发展的好坏和特征也反映了区域经济发展的层次、结构和水平。

产业园区的发展,是区域经济发展中将具有很强带动作用的核心产业放在合理的区位上,通过这样的配置,能够最大限度地吸引产业集聚,形成经济增长中心并带动整个区域经济的发展。

然而,在产业园区设计中,即使是政府主导的产业园区也将投入产出分析放在核心位置,对于民资建设的产业园区更是如此。这种设计导致的结果是,产业园区通常偏爱吸引大型企业,不重视对于创新和创造就业机会有重要作用的中小企业和创业者(这也就解释了笔者前文提到的园区政策偏重企业而不偏重产业的原因)。这种做法使得区域经济在发展过程中失去了强调创新和经济结构转变的核心内容。

目前,区域经济发展正大量打造以产业园区为单位的区域经济发展增长

极。然而，在增长极的产业园区设计中，产业经济如何实现内循环增长发展？如何突破项目驱动实现创新驱动？对这些都没有系统的分析结果和设计方案。

打造区域经济发展增长极是希望增长极能产生足够的乘数效应，让经济效益扩散到周边地区乃至整个区域，实现共同发展的目标。正如笔者在前文所指出的：作为增长极的产业园区设计核心是以投入产出比为主，结果是缺少强调创新和经济结构转变的核心内容。产业园区本身的发展就存在不确定性，尤其是处在经济结构转型升级期。以广州为例，番禺大学城、空港、南站等园区经济发展均差强人意，而它们所能扩散的范围也往往很有限，周边地区所能获得的增益更有限。

除此之外，增长极所带来的扩散通常都是单向浸润式，并且主要集中在生产、劳动力、资本等方面，对技术和创新方面的转移很少。而且，阻碍周边区域发展的更深层的因素是创新发展潜力低。这种潜力包括劳动力技术水平、企业家素养以及地方创新环境与氛围等。同时，技术创新转移是否顺利也受被转移区域营商环境的影响，例如受社会、政治、政策、经济、文化、自然等多种因素的影响。然而，整体改善工程浩大又复杂，这时候往往是通过产业园区的局部改善来顺利完成技术和创新的转移。产业园区从外部吸收创新的知识和技术并实现转化应用的体系（包含从发现到成果转化的全过程）是产业园区所在区域经济发展创新的重要驱动力。

综上所述，产业园区的发展现状，根本无法支撑新时代区域经济的变革。

（本小节写于 2021 年 6 月）

第九章 产业园区高质量发展的理论逻辑

一、产业园区内环境和外环境的平衡

内环境与外环境的不平衡是导致产业园区发展陷入困境的一大主要原因。外环境已经变化了，而内环境没有发生改变，就是基于过去的思维和方式做现在的事，其结果可想而知。内环境与外环境的平衡，就是使产业园区的内环境随着外环境的改变而做出改变。只有与时俱进，才能保持良好的生命力和竞争力。从智库的角度来看待内环境与外环境的平衡，其具体涵盖了产业园区的发展思想、系统、路径和抓手。

产业园区的发展思想是要实现内环境与外环境的平衡。大多数产业园区的衰退都是从思想不平衡的衰退开始的。以广州为例，包括白云广大服装批发市场、荔湾童装产业园、白马服装产业园、流花市场、北京路等。思想不平衡的表现是什么呢？首先是丧失了积极进取的锐气和危机感，或者目空一切、十分自负，或者得过且过、安于现状，又或者对外部环境的量变视若无睹、不及时主动调整发展战略，总是基于过去的经验来判断未来的事，而这种判断往往只在量变期有效，一旦进入质变转折期就会出现重大失误，所以往往会错失最佳的转型升级机遇期。

思想不平衡在前，产业园区系统不平衡在后。系统不平衡包括园区配套、园区管理、园区服务等多个方面；系统不平衡是产业园发展思想不平衡的有形表现。就当前来看，系统的不平衡主要表现在三个方面：第一个方面是从产业园区发展战略来看，产业集群已经是必然趋势并且箭在弦上，但是产业园区的战略规划仍不能适应产业集群的发展趋势。第二个方面是在市场调节的作用下，社会主义市场经济已经形成完善的生产型服务业和生活型服务业配套，却缺乏紧密联系与高效互动。虽然这本是产业园区的主要价值所在，但是目前产业园区内的生产型服务业和生活型服务业配套差，更不能使之与园区内产业形成紧密联系和高效互动。第三个方面是产业园区管理水平随着市场经济发展创新而不断地创新和拔高。在理论上，目前产业园区的发展已经进入第四阶段，但实际上的产业园区仍停留在过去 10 年甚至是 20—30 年的管理服务水平上，产业园区的发展也停留在第二阶段甚至是第一阶段。

因为产业园区发展系统的不平衡，不可避免地导致产业园区的发展路径滞后，与外部环境形成明显的不平衡对比。当前的产业园区发展路径主要是"以租售为主的企业路径 + 地产增值路径"。然而，当前的市场经济发展竞争已经发生大幅改变，竞争环境已由传统的单个企业竞争转变为区域性产业集群竞争、由产品竞争转变为商业模式竞争、由同行竞争转变为跨界竞争……在这种竞争环境下，以租售和地产增值为主的企业路径已经无法适应竞争环境的改变，且相对于租金、税收等要素，企业越来越关注产业链串联、高端现代服务业配套、营商环境、商业生态、品牌增益、创新增益等方面。毕竟，如果没有营业额，税收优惠也就无用武之地，哪怕是租金全免，此时也全无价值。因此，在新的外部发展、竞争和创新环境下，只有"智库 + 平台"的产业路径和产业增值路径，才是产业园区实现内外环境平衡的新型发展路径。

接着谈抓手不平衡问题。这是由路径不平衡带来的必然结果。当前产业园区的抓手总结起来有两个：政策 + 价格。政策抓手只是让产业园区陷入同质化竞争之中，价格抓手则是相互伤害，这种相互伤害不仅发生在同区同类的产业园区之间，也发生在产业园区与企业之间（因为价格压低导致服务跟不上，由于服务跟不上又导致企业不满）。当抓手不具有特异性并带来多赢局面时，就已经不能称之为抓手了，而这一局部问题是由整体问题导致的。因此，基于传统的产业园区总体的发展模式（也是当前大多数园区的发展模式）是无从破局的，只有基于新的产业园区发展的思想、系统和路径，才能解决产业园区运营的抓手问题,即以知识、创新、资源、资本等专业化的高端现代服务元素为素材,进行合理配置和串联以形成新时期产业园区的运营抓手:"五入园"(见前文),在产业园运营抓手上实现内环境和外环境的平衡。

外部环境的改变是"牵一发而动全身"的。这里说的外部环境包括国际政治外交、国内政策、宏观经济、区域政策经济、技术变革、新兴产业、市场消费、行业发展、突发事件等。上述各种要素相互联系又相互影响,当任一要素发生变化,就会使外部环境整体发生变化,从而改变竞争格局、商业模式、营商环境等;当量变积累不足以产生质变时,影响并不显著,而一旦引发质变,就会掀起产业园区"海啸"。例如,互联网技术的10年量变带来的一朝质变,再例如传统电商到直播电商的转型升级等。

(本小节写于2022年5月)

二、基于未来做当前的事

基于未来做当前的事,是产业园区破除当前困局的重要策略之一,其发展的本质就是发现、抓住、利用、转化机遇的过程;而机遇的本质就是发现别人没有发现的、创造市场上还没有的,能够更大限度、更容易、更好地满足市场需求的东西。因此,无论是企业经营,还是产业园区发展,其实都是在做三件事:第一件事是做过去没人做的事;第二件事是根据现在的需要做与之对应的事;第三件事则是基于未来做当前的事。

第一件事是做过去没人做的事。做这种事带来的机遇主要发生在市场经济很不发达的时代或地区,虽然该市场需求很大并且十分明确,但是供给严重不足,例如在我国改革开放初期,市场经济刚刚开始发展的时候。目前,放眼全球,无论国内或是国外,在局部地区和部分行业部分领域中虽然仍有机会,但随着经济、技术的持续高速发展,市场经济的成熟度和完善度越来越高,第一件事带来的发展机遇势必会逐渐成为过去式,即使是现在仍有的行业、领域,也可能会成为一块难啃的骨头,例如金融服务实体经济以及创新等。

第二件事是根据现在的需要做与之对应的事。这既未超出产业园区或企业对机会捕捉的理解范围，也符合产业园区/企业短期逐利的心理特征，因而，是当下绝大多数产业园区的发展现状。虽然产业园区的老板都是精明的，却未必是智慧的。因为没有哪个产业园区的老板对产业园区未来发展趋势真的一无所知，他们精明而精细地压榨眼前利益，并尽可能地逃避不确定性带来的风险，尽可能用最小的投入，来获取最大、最可靠的回报。当然，除此之外，还有个人意识的原因，即他们未必是认知落后，只是过去的经历让他们的心志变得圆滑，变得有太多的顾虑。正如前面所说的，他们是非常精明的，所以在做一件事之前，总想着追求70%以上的成功率。而事实上，任何一个项目的成功概率至多也就是五五开，因而谁也不想做"第一个吃螃蟹的人"，并且时刻关注谁在"吃螃蟹"，并自信地以为自己能够"半路截和"，到头来却大多是"竹篮打水一场空"。因为在以创新为内核的经济发展新时期，大多是"学我者生，似我者死"！在不敢进一步的前提下，只能将当前所能挖掘的机会挖掘到极致，并且挖空心思地伪装、画饼，换汤不换药，其结果就是激烈的同质化竞争。所有产业园区都将目光聚焦在第二件事上，这正是产业园区可持续发展的瓶颈所在。

第三件事是基于未来做当前的事。这是产业园区破局的关键。任何一个巨头企业的崛起，都是在基于未来做当前的事。耳熟能详的，如百度（中国互联网搜索引擎先驱）、腾讯、网易、拼多多（互联网商业模式变革创新）、美团/饿了么/滴滴（平台化商业模式代表）等。反过来，即使是一家规模宏大的企业，如果不能基于未来做当前的事，同样难免日渐衰落。例如柯达相机、诺基亚手机等。此外，许多国有企业不也正是如此嘛！

既然都在苦苦寻找机遇，为什么绝大多数业内精英却苦求不得，反而有一些不怎么内行的"愣头青"或跨界而来的外行反倒成了幸运儿呢？因为业内精英对这个行业太熟悉了。他们过去的经验既是优势又是束缚，导致很多时候，他们的思维方式和做事方式跳不出经验的圈子，而圈子外的思想、模式无论好坏，往往统统被视作离经叛道，此是其一；其二是业内精英在这个行业已经占得一定的份额，舍不得放下或顾虑一种全新的模式会损害存量，因而往往决心不大，左右摇摆。而"愣头青"和跨界而来的外行们虽然没有经验优势，但是他们不会被束缚，并且在当时的市场竞争下，机会和市场都是十分渺小的，权衡利弊之下，他们只能选择去博取未来的机会，所以他们所做的无论对错，无论是否成熟完善，都是在尝试着基于未来做当前的事！

当前的发展与竞争，机遇在未来，产业园区只有基于未来做当前的事，才能从当前的发展困境中成功破局！

（本小节写于2022年7月）

三、从地产增值到产业增值

产业园区属于什么行业类别？是房地产行业，还是现代服务业？如果说是作为房地产行业的延伸，那就完全没有可圈可点之处；如果说是作为现代服务业的一种，可实际上产业园区的经营发展模式却完完全全是地产增值模式。简单来说，产业园区靠的是租金盈利，虽然也有其他一些中间的中介服务营收，但与租金相比，不过是可有可无的衍生产品。产业园区的发展要破除当前困局，除前面谈到的内环境与外环境相平衡、基于未来做当前的事外，还要推动产业园区由"地产增值"向"产业增值"模式转变。

地产增值是传统房地产行业的核心，在当前的产业园区运营中，无论是何种类型的产业园区，都不约而同地将地产增值作为产业园区发展的核心内容。也就是以租售物理空间为主要目标，并围绕这一核心目标对产业园区进行多方包装，包括区位包装、硬件配套包装，甚至服务配套等，一系列的布局下来，其实就是为了使产业园区实现地产增值。这也是为什么从产业的角度来看待产业园区的一系列发展布局，总觉得不够有深度和高度，体系也非常不完善，给人以盲目、混乱的感觉，而如果换成从地产增值的角度来看，一切都变得无比清晰并且有条理。

落后一点的产业园区的发展运营的根本就是完全的地产增值思维，例如万国园；好一些的产业园区就是地产增值向产业增值跨界，以地产增值为主、产业增值为辅，例如标配园；更好一些的产业园区已经能够很好地利用产业增值为地产增值服务和赋能。然而，无一例外的，地产增值的核心地位没有动摇。怎么证明地产增值核心地位没有动摇呢？试问，你可曾见过有哪个产业园区的租金是可有可无的？

由地产增值向产业增值转型升级是产业园区发展破局的必由之路，即未来的产业园区一定不属于房地产开发行业，而是属于高端现代服务业的一种。

在产业增值模式下，产业园区是一种新兴的综合型高端现代服务业，最终会发展成为平台化的区域产业经济发展集团，具体可分为三个发展阶段。

第一阶段，按行业划分，以产业园区为单位，区域内同类中小企业、产业链上下游配套企业及相关的生产型服务业集聚到产业园区中。这个时期的产业园区要具备产业智库属性、服务属性和商协会属性。首先，产业园区要从产业智库的角度去梳理园区内企业关系、理顺产业链条、规划产业园区产业增值战略；其次，产业园区同园区内的生产型服务业和生活型服务业结成紧密的合作关系，共同深化、完善针对园区内企业可持续发展的服务，包括战略制定、市场开发、企业管理、人力资源、危机应对等；最后，园区内商会协会也需及时配套，从社团的角度进一步服务于园区内企业发展，维护园区和企业的关系，协调园区内的发展环境包括处理矛盾冲突等。

第二阶段，产业园区以行业经营为目的，以项目为抓手，驱动产业园区内中小企业资源整合，逐渐形成以园区为核心、战略型合作联盟为纽带、"联邦式"的集团发展形态。从这一阶段开始，产业园区开始真正深入园区所在的行业，并逐步布局成为该行业的平台。首先，产业园区以具体项目为抓手，并作为项目发起方和牵头人，邀请园区内企业共同参与项目，从而初步形成一种战略型合作联盟；其次，在项目分工中，各企业精细化分工协作，共同打造品牌。随着项目的发展，项目运营公司逐渐稳定、完善、扩大，产业园区与园区内企业、园区内企业与企业之间的战略型合作关系随之稳定。至此，产业园区才算完成产业化转型。

第三阶段，产业园区加快对内部资源整合步伐，形成健全的"产业园产业经济发展集团"（一种更加稳定的产业集群发展形势，但也有其弊端，相比于健全理想的产业集群，这种集群方式更容易达成）；在外部，与区域经济发展进行高频互动，区域产业经济发展集团初步形成。这种集群虽然是速成的，但也是危险的，必须同时具有"五入园""四给""三个平衡"发展要素，才能确保其稳健发展，（"五入园"和"四给"详见笔者下文所述。"三个平衡"即内环境与外环境的平衡、内循环与外循环的平衡和短期生存与中长期发展的平衡详见笔者上文所述）。产业园区由"地产增值"变革为"产业增值"模式的三个发展阶段，如图33所示。

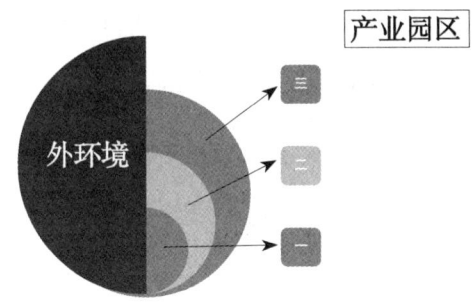

图33　产业园区由"地产增值"变革为"产业增值"模式的三个发展阶段

（本小节写于2022年7月）

四、短期生存和中长期发展的平衡

在构成产业园区困境的诸多因素中，许多最终是通过"温水煮青蛙效应"使产业园区由鼎盛走向衰落，再由衰落走向没落，甚至消亡！产业园区之所以会陷入"温水煮青蛙效应"之中，是因为产业园区不能有效处理好短期生存和中长期发展的不平衡关系。这种短期生存和中长期发展的不平衡关系又可分为三种类型。

第一种类型是过于短视、短期逐利。这一类型最为普遍和常见，除部分真的是目光短浅之外，大多数是不得已而为之，也就是说，产业园区因为始终面临短期生存压力，所以不得不追求短期利益，以解决生存问题。一个产业园区在短时期内有生存问题是合乎情理的，但如果说长期存在生存问题并始终得不到有效解决，那就很可能是产业园区在顶层设计、中长期发展战略规划方面出现了问题。然而，在这种不得已中，绝大多数原因是策略不当。而导致策略不当的源头是在产业园区面临短期生存问题时，产业园区往往不加思考地一头钻进只知治标不知治本的牛角尖中，并且当局者迷，陷入只知道"头疼医头，脚疼医脚"的发展局限中，甚至做"拆了东墙补西墙"的事。并非所有的短期生存问题都是表面原因导致的，部分短期生存问题的真正病灶是出在总体发展战略上。这些短期生存问题是无法通过短期战术行为得以"根治"的，只能通过战略调整来"调理"。如果产业园区处理不好这一问题，就会使产业园区长期面临生存危机，而若是只局限于表层战术，则会令产业园区疲于奔命。

第二种类型是急于求成。这种类型虽不如第一种类型常见，但也并不罕见。这一类型的产业园区往往理念上佳，有情怀，在开局时就谋划一个尽善尽美的产业园区。这种产业园区在处理短期生存与中长期发展的问题时，往往犯了人、财、物不平衡的错误，也就是说，以当时当下的产业园区资源根本不足以支撑那么宏大的布局，是将大量未来要做的事提前到现在来做，又将大量中长期规划压缩到短期完成，忽视了事物发展的客观规律。"冰冻三尺，非一日之寒""罗马不是一天建成的"这些格言提醒我们，不尊重规律、不认清现实的结果就是人、财、物匹配统统捉襟见肘。想要面面俱到，反而面面都不到位。除非有特殊机遇出现，否则，这一类型的产业园区通常会有两种结果：一种是园区建设中途夭折；另一种是放弃初衷和情怀，成为第一种类型中的一员。

第三种类型是短期生存与中长期发展之间衔接错位的问题。这种类型是因为处理短期生存和中长期发展的能力不足，也就是产业园区不知道在什么样的时间节点、布局什么样的中长期规划，也不知道在什么样的时间节点主抓短期生存问题。事实上，短期生存和中长期发展之间的衔接没有分割线，不是说到了某个时间节点，短期生存阶段就结束了，后面就都是中长期发展了;短期生存和中长期发展的平衡关系是伴随产业园区发展始终的。然而,在主抓短期生存问题时,就要谋定中长期发展规划。中长期发展规划并不需要立即实施,而是要等到一定阶段后,才开始逐步实施,并且中长期发展规划会随着时间的推移向短期生存规划转化,短期生存规划中又会因此来谋定新的中长期发展规划,如此循环往复,呈螺旋式上升。这样,一个可持续发展的产业园区,既始终处在中长期发展的逐梦中,又始终处在短期生存危机的追赶中。

短期生存和中长期发展二者其实并不矛盾,恰恰应是相辅相成的。正如任正非所说的那样:活着!活下去!没有短期生存就谈不上中长期发展,没有中长期发展又无法持续地维持短期生存。这不正是华为的生存发展写照嘛!

(本小节写于2022年4月)

五、创新的三大要素

创新难是新时代企业发展的最大困局,尤其是中小企业。尽管2018—2020年连续几年中国的发明创新数量在世界排名中都名列前茅,但是在具有决定性领域的竞争优势并不强,创新成果少之又少。中小企业面临创新的质量困局,这一困局又被自身资源的有限性所限制,所以产业园区破局的一大着力点,就是帮助中小企业破开创新的困局。

创新的过程就如同植物生长的过程,首先要有优良的种子,其次要有肥沃的土壤,只有将优良的种子种在肥沃的土壤中,才有可能长成参天大树;最后还要有一个优秀的园丁,为之松土、浇水、锄草、除虫、修枝等。"种子""土壤""园丁"是创新的三大要素,它们的关系,如图34所示。下面我们来分别进行具体分析。

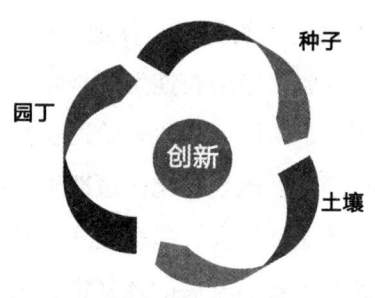

图34　创新的三大要素

首先来分析优良的种子。所谓优良的种子，在创新中就是优秀人才。中小企业受限于自身的规模、体制，大多数中小企业很难吸引非常优秀的人才，即使能够吸引优秀人才，数量也很少，同大企业相比，无论质和量都存在数量级的差距。何况，目前的人才竞争已经国际化，而中小企业的视野还停留在国内甚至只停留在局部地区，人才格局同样较小。然而，在现实中，仅凭中小企业自己几乎是无法突破人才瓶颈的。那么，怎么办呢？当从内部无从突破的时候，就要从外部寻找突破口，这个外部突破口就是产业园区。产业园区是一种基于合作发展的另类规模化经济，理论上的产业园区是可以顺利突破中小企业因规模偏小、资源不足所带来的种种瓶颈的，当然，人才瓶颈也是其中之一。但是，当下的任一产业园区都没有做到这一点，这一论断并非武断，而是由当前产业园区的定位所定的。对此笔者在前文中有详细论述。

其次来分析土壤。中小企业的创新土壤非常有限，原因有三：一是中小企业本身的业态比较单一，业务范围较小；二是中小企业中能够用于创新的资源很有限，投入受掣肘；三是中小企业中缺乏科学的管理决策机制，决策随意性强。这些因素从多个方面压缩了中小企业中的创新土壤，虽然大多数中小企业管理者都有心要改变现状，但通常是有心无力。那么，是中小企业做错了什么吗？除主观意识上的苟且偷安者之外，很多中小企业家其实并没有做错什么。虽然机遇错失、布局失误是中小企业"翻船"的主要原因，但这并不是中小企业家做错了什么。毕竟，很多中小企业的能力和资源是有限的。中小企业需要产业园区为自己带来集群效益，由此可以依托产业园区打造中小企业科学决策、管理辅助系统，可以打造中小企业创新的后花园、公园。

最后来分析园丁。园丁既可以为创新提供保障，又能够确保创新是有效的创新，而非盲目的创新、野蛮生长式的创新。园丁一般由产业智库、企业智库和创新带头人共同组成，他们将产业的发展、企业的发展和创新结合起来，避免创新脱离产业发展趋势和企业发展实际，从而造成资源浪费或影响企业短期生存。这种结构设置本身就会占用中小企业相当多的资源，并且这种结构设置本身是基于中长期发展的目的，因此，对于资源总量有限又面临短期生存压力的中小企业而言，只能望而却步，对于产业园区而言却是触手可及的。做企业需要但企业自身做不了的，做企业想做但依靠企业自身又做不成的，为企业可持续发展赋能，不正是产业园区由地产增值向产业增值转变的抓手吗？从开始转变到完成转变，不就是产业园区在破局吗？

产业园区要破局，必须跳出产业园区来看产业园区，跳出产业园区来发展产业园区。

（本小节写于 2021 年 4 月）

六、政策风口

产业园区经济是处于未来政策风口上的经济，这是由区域经济发展产城一体化趋势、中国实体经济发展趋势和产业园区所代表的新兴高端现代服务业发展趋势共同决定的。产业园区已经经过野蛮生长时期，开始进入理性发展时期，因此，未来的园区经济风口不是只想玩概念的投机资本的天下，而是创新发展、可持续发展的产业园区时代。

无论企业还是产业园区，总是在追逐风口，尤其是政策的东风，但总是把握不准，尤其是中小企业（其中又以实体经济为最），这是为什么？反观大企业甚至是投机资本，却往往能够准确把握政策风口。他们为什么能够做到准确把握政策风口？原因有三个。

第一，因为政策制定者比绝大多数的产业园的中小企业更有远见，大企业和资本经营者同样比中小企业家看得更远。政策风口是基于对未来发展趋势的研判所作出的宏观调控和红利释放,目的是刺激和引导庞大市场经济主体的发展能够符合未来发展趋势,抓住机遇应对挑战。笔者在和中小企业经营者接触的过程中,发现绝大多数中小企业经营者的经营策略都停留在就事论事的层面上,虽然他们也有一些战略上的布局,但是与大企业家相比,大多是相形见绌,重视程度较低。确实,在中小企业发展过程中,可能多数的战略型布局并不会落地实施,对未来趋势的探讨似乎也都是务虚而已,多数并不符合企业发展规律,因此也不能形成实际助力,但就是在这种不断地务虚战略布局中,才是发展未来政策风口的主要路径!只需抓住一次,企业发展就会出现飞跃和发生质变。

第二,政策比中小企业和产业园区更有大局观。政策的起点就是一个地区乃至一个国家利益的综合体现,而产业园区和企业所代表的仅仅是各自范围内的局部利益。很多时候,局部利益最大化并不能使整体利益最大化,所以产业园区或中小企业所认为的风口,最终并没有如愿地成为风口;而大企业由于规模庞大、业务范围广泛,其布局往往更加接近于政策思维。

通过笔者的长期接触,发现中小企业和很多产业园区的大局意识较差。从大局出发,立足国际和国内政策经济环境、社会经济技术发展水平和速度、市场需求变化趋势等,最终再回到企业或园区自身发展实际上,通过换位和代入思考,从而找准自身定位和发展路径,这才是大局观。然而,产业园区和中小企业更习惯于从自身业务出发,寻找能够驱动业务发展的动力和机会,虽然不是没有成果,却抓不住风口机会。例如,实体店败给了传统电商,直播电商又逐渐替代了传统电商,出租车行业败给了网约车平台,餐饮行业被平台整合等。

第三,政策制定者更加注重可持续发展,很多产业园区和中小企业则喜欢短期逐利。虽短期逐利不值得提倡,但笔者也不愿对此过分批判。笔者在与产业园区和中小企业管理者的接触中,常常谈及可持续发展,很多管理者并不以为然。殊不知,可持续发展战略并非只是作用于中长期发展,同样也能使短期利益最大化,如果没有可持续发展战略,短期所能获得的利益其实是有限的，甚至根本无法实现短期逐利。有长期可持续发展的战略可为短期计，但是如果没有长期可持续发展的战略，恐怕连短期都是迈不过去的坎。

政策风口并不难以预见，只要有远见、有大局观、有可持续发展观，就会发现所有的政策风口都是有迹可循的，而真正难以突破的，往往是人们思想的局限和思维方式。至于眼下和未来的政策风口，可以参考《国家创新驱动发展战略刚要》图解①，如图35所示。

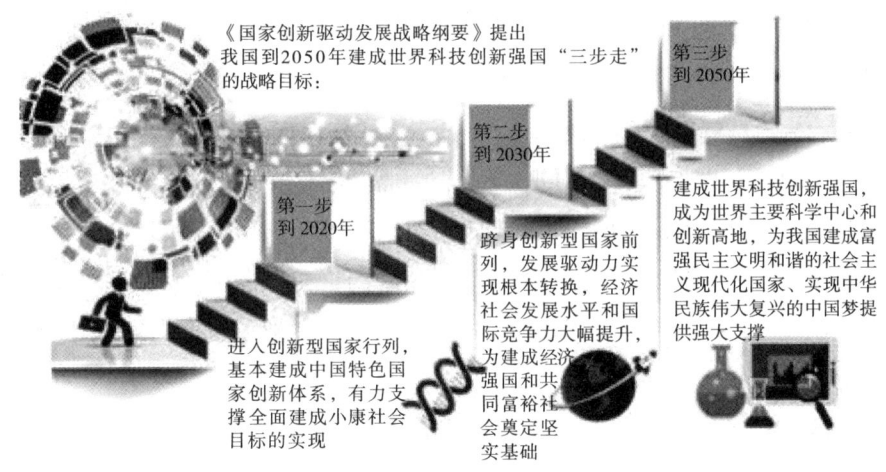

图35　《国家创新驱动发展战略刚要》图解

（本小节写于2022年5月）

七、产业园区平台化

产业园区通过平台化建设可以加快园区转型升级，顺利完成第一阶段园区发展破局。产业园区在集聚向集群升华的过程中，必然要经历平台化阶段，并且平台本身具备的功能属性，也将成为产业集群化发展的基本素质。

产业园区平台化是顺应市场经济生产组织形式平台化趋势的必然要求。

---

① 《中共中央国务院印发〈国家创新驱动发展战略纲要〉》，新华社，2016年5月19日。

世界五百强企业绝大多数都在进行平台化的发展和布局。以苹果公司为例，从硬件上来讲，苹果手机和电脑是全球200多家工厂共同生产出来的，苹果公司只是把它们组装起来；从软件上来讲，苹果系统里的各种App，是全球各地的开发者设计出来的，然后将其上传到苹果公司的系统，让苹果用户使用。因此，苹果公司的本质，就是一个大平台。苹果公司最大的资产，可能会认为是它的品牌和设计，其实除这两者之外，还有它的平台发展理念和平台布局能力。正如笔者在前文中提到的：在现代化的市场经济体系中，专业化分工和外包趋势越来越明显，理论上一个企业只要有核心大脑，就能快速组织起一套生产经营体系。

市场经济发展形式逐渐由企业向"平台＋个体"转型。这个转型虽然可能耗时弥久，却可能成为未来的一种风尚。综上所述，产业园区转型升级现阶段的抓手也呼之欲出，就是成为"平台＋个体"的主角平台，就是要建立健全产业园区的三个平台，即产业链串联平台、高端现代服务业平台、创新创业孵化平台，如图36所示。

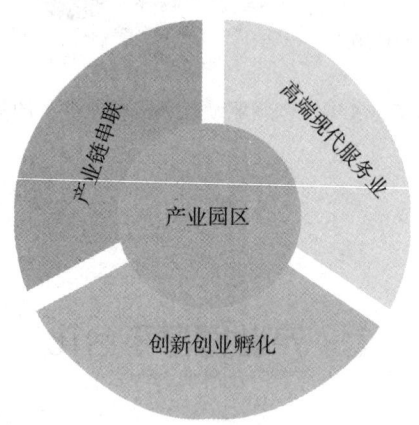

图36 产业园区的三个平台

首先，产业园区要成为产业链串联的平台。当前的产业园区还是以提供生产和办公的空间为主，内部没有联系紧密的产业链串联与合作分工，即使是在少部分发展情况良好的产业园区中，也只是做到园内企业具有业务相关性而已，而相互之间的联系、串联并不紧密，遑论标配园、万国园之类了。

在产业链串联平台中,产业园区的招商不是空间招商,而是项目招商、合作招商,要求产业园区不仅要有产业定位,还要有系统的产业链串联布局规划,从而根据项目匹配企业。企业入驻产业园区不是为了有一个生产和办公的空间,而是为了得到项目的合作机会。

在传统产业园区招商中,产业园区是产品方,企业是客户,招商是产业园区要将自己的产品卖给客户,其难度和竞争强度可想而知。在产业链串联平台中,产业园区是有项目、有渠道的甲方,企业是提供产品和服务的乙方,甲方寻找乙方合作,自然水到渠成,并且皆大欢喜。

其次,产业园区要成为高端现代服务业综合服务平台,也就是围绕园区产业链串联关系结网,引进整合生产型服务业和生活型服务业。引进整合又包含三个阶段:第一个阶段是根据需要大量匹配引进;第二个阶段是根据发展规划生产型服务业和生活型服务业,并形成体系;第三个阶段是根据产业园区所在行业的创新发展要求,促使园区内生产型服务业和生活型服务业同步进行变革创新,打造产业导向明确的专业高端现代服务体系。当进行到第三阶段时,产业园区的高端现代服务业综合服务平台就已经初步完善了。

产业园区高端现代服务业的综合服务平台总体上应包含五个部分,也就是"五入园",具体包括商会协会入园、专家智库入园、项目入园、人才入园和资本入园。

最后,产业园区要成为创新创业的平台。自李克强总理提出"大众创业,万众创新"倡议以来,"双创"平台由万人空巷再到偃旗息鼓,可谓大起大落。然而"双创"平台的意义依然是重大而不容忽视的。首先,"双创"平台的理念是先进的;其次,"双创"平台符合宏观政策经济发展趋势和社会主义市场经济发展趋势。之所以出现大起大落,是因为"双创"平台没有形成适合自身可持续发展的模式。

产业园区是有足够能力做好"双创"平台的,而之所以没有做好"双创"平台,是因为产业园区没有遵照园区经济可持续发展的基本前提和要求。"双创"平台是基于市场经济组织中越来越专业和分工细化的外包服务,只要创业者能够提供核心思想和设计,"双创"平台就能迅速组织出高效的生产经营体系。产业园区作为资源整合的平台，显然是具备这样的潜力的。然而，有些产业园区既没能成为产业链串联平台和综合高端现代服务平台，又无法构成对"双创"平台的"四给"支撑，即给项目、给团队、给金融、给专家智库支持。

如果三个平台属性健全，产业园区平台化的发展转型升级也就初步完成了，起码在未来5—10年，产业园区发展破局内功无虞、外功修炼，也就是与区域经济发展进行高频互动，最终完全融合，形成产城一体化的发展局面。这一点，笔者将在后文中再作分析阐述。

（本小节写于2022年6月）

八、产城一体化

产城一体化是产业园区发展到一定程度后的必然趋势。从因果关系来看，产城一体化是结果而非动机。然而，目前产业园区发展陷入彷徨阶段，所以只能从结果入手，利用逆向思维为当前产业园区发展创新破除困局。就像解题一样，当没有正确的解题思路时，如果知道结果，往往更加容易从千头万绪的条件中找到正确的解题方法，产业园区发展创新破局也是如此。

产城一体化的本质其实是实现产业园区完善可持续的高端供给。这同时符合城市发展和产业园区长远发展的利益，所以是产业园区未来发展的必然趋势。在短期内，产业园区与城市发展之间存在着阶段性的利益分歧，所以在产业园区实行产城一体化策略的进程缓慢。这种分歧大多是基于产业园区传统认识、传统思维和传统模式以及短期利益基础上的，如果想要消除分歧，推进产城一体化就成为产业园区破局的重要对策。

城市发展越来越讲究产、城、人三方之间的平衡和可持续发展，而产业园区的发展喜欢剑走偏锋，讲究利益最大化，追求短期利益。

城市发展加快是遵循地产增值转向产业增值的发展模式，而产业园区仍完全停留在地产增值层面，产业增值则微乎其微。地产增值模式与城市可持续发展的要求之间是矛盾的。

城市可持续发展要求"损有余，补不足"；产业园区发展偏向追求"损不足，以奉有余"。这种在发展初衷和目的上的分歧，制约了产城一体化的推进。产业园区和城市发展的利益分歧和矛盾，则凸显了产业园区发展中的结构性问题，即长板很长，而短板很短，形成了"木桶理论"上的困局。因此，产业园区在有效解决自身存在的问题之后，能与城市发展同频共振，就会加速产城融合。

部分大型国家级的产业园区很早就开启了园改城模式。这是我国产业园区产城融合的主要方向，而中小产业园区始终没有找到产城一体化的契机。大型产业园区的产城一体化往往是"内生型"的，即在园区中建设城市功能的设施，也就是在园内建城，最终由园改城。

中小产业园区的产城一体化是"外生型"的，产业园区融入城市发展生态链中。要求产业园区定位要精准，即符合地缘战略、区域经济、产业链串联和行业趋势，并且修炼好"内功"，即产业园区平台化发展。产业园区发展由"产业主导"向"产业—城市双核驱动"转型，其中，产业驱动在内，城市驱动在外。

（本小节写于2022年3月）

第十章 产业园区高质量发展的系统建设

一、产业园问题的解决方案是园区智库

大多数产业园区发展中的问题,是由于缺乏优质的顶层设计所致。因为大脑决定和指挥四肢的行动,所以顶层设计决定了园区发展路径。然而在现实中,产业园区的顶级设计情况大多是存在问题的,具体表现有三个:一是产业园区战略规划中产业性顶层设计薄弱乃至缺失;二是基于空间利用的顶层设计比例重而基于时间(趋势)的顶层设计比例轻;三是顶层设计偏好自我中心意识,即强调自身内在优势和"我要成为什么",而大局观意识较薄弱,即没有严谨的外部竞争环境分析和外部环境下"需要我成为什么"。例如,许多产业园区在顶层设计规划的定位中如是定义:世界某某中心、中国某某中心之类。有同样类似定位的还有许多,这显然是不合理的。追求噱头、定义不严谨、没有优势对比性分析、顶层设计背后缺乏有力的论据等,都是产业园区在后期出现发展乏力、同质化竞争、战略无意义等弊病的原因。

然而,即便有好的顶层设计,也经常会遇到一个问题,即在产业园区运营过程中丧失顶层设计的初衷。假使产业园区的顶层设计达到80分的话,运营落地后的实际成效可能只有50分,甚至更低。由顶层设计理论到实际落地,其间由于各种变化和因素的影响,导致降分是可以理解和接受的。然而,由80分降到50分显然是不正常的,这说明顶层设计理念并未真正贯彻到运营之中,产业园区运营期间只是将顶层设计作为参考资料,并未作为行动准则。从比较浅显的"术"的层面解读,甚至修改顶层设计的行为比较普

遍，并且在运营过程中，顶层设计一直处于"无主"状态，即顶层设计的操盘手并未参与顶层设计的执行过程，也并未在执行期间基于内在环境变化进行调整应对。由此可见，当前我国产业园区顶层设计在实际落地执行中的意义有限，很多时候只是给予产业园区投资者一个笼统的概念，甚至只是走一个报备、审批的程序而已。

产业园区顶层设计的问题是由产业园区组织架构的结构问题导致的。传统的产业园区组织架构一般为总经理主抓整体运营，总经理下设主抓招商、运营、物业部门，以及财务副总；部门大致分为招商部、运营部、物业部和财务部，这种结构设计显然不具备顶层设计能力。现代化的新型产业园区组织架构应该包括五大结构：

一是产业智库，专门从事产业研究。了解定向产业的组织结构、产业特征、产业规模、产业企业分布、产业发展趋势，为园区的运营和招商提供理论指导。

二是招商销售。园区的物业通过有效的渠道寻找到有效客户，促成签约；采取坐招、行招等方式同时进行。

三是产业服务结构。它包括生产型服务业和生活型服务业整合，尤其是具有资本属性、智力属性、创新属性的高端现代生产型服务业和面向中高端人才及创新、创业人才的优质生活型服务业。

四是物业服务结构。当前各产业园区在这方面的改进较大，是以比较完善。

五是内部管理服务及联络结构，包括财务、客服、园区日常管理等事项。其中，比较重要的是负责各部门之间的协调配合，高效沟通协作。

在上述五大结构中，首要问题是缺少产业智库；其次问题是产业服务同样薄弱，招商销售和物业服务则较强。产业园区的发展现状及所遇到的困境全部集中在产业方面，对比产业园区当前的组织架构状态与理想的产业园区架构，主要是缺少产业智库及产业服务两大架构。这种情况是巧合吗？当然不是！正是因为缺少产业智库和产业服务，所以产业园区在产业配置增值方面十分薄弱乃至缺失。正是产业方面的不足，才导致产业园区的发展陷入当前的困境。

产业智库除可以推动园区自身发展转型升级外，同样可以通过对园内企业的智库资助从而助力产业园区发展。笔者在本书前面多次指出，企业可持续发展同样面临产业智库的瓶颈和困境，并且通过分析，认为在中小企业中，凭借单个中小企业自身力量是不足以破局的，需要借助于产业园区的集群效益。这也与产业园区产业智库配置不谋而合。产业智库需从发展方向、企业战略、转型升级等多个方面支持园区内企业发展。

综上所述，产业园区的破局方法便显而易见，就是加强产业智库和产业服务两个薄弱环节。其中，产业智库决定产业服务，因而其重心在于产业智库。

（本小节写于 2022 年 4 月）

二、园区人才蓄水池

笔者在前文中多次提出产业园区与中小企业之间是命运共同体的关系，产业园区如果脱离中小企业群，就会变成无根浮萍。中小企业兴，则产业园区兴；中小企业衰，则产业园区衰。所以，中小企业发展创新之瓶颈，正是产业园区破局之抓手！

在经济转型的新时期，在世界新一轮技术和产业革命的机遇期，在由发展的传统要素向创新要素的升级期，中小企业面临的最大问题是人才不足。因为人才不足，所以中小企业不足以洞察市场机会，不足以改革商业模式，不足以创新产品与服务，不足以革新技术。中小企业同大企业相比，存在着太大的差距，包括科学的决策管理体系、背景资源、晋升发展空间、企业文化、规模待遇、可持续发展的稳定性等。这些因素都使得绝大多数的高素质人才不会流向中小企业。

以高校毕业生为例，2010—2020 年，硕士学位及以上人才 70% 流向政府、事业单位、外企、国企及大型民营企业，15% 选择出国发展，10% 选择自主创业，仅有约 5% 去了中小企业；本科学历中，"双一流"大学毕业生 50% 选择当公务员，或去事业单位、外企、国企及大型民营企业，25% 选择继续深造，15% 选择自主创业，仅有 10% 流向中小企业；普通院校毕业生去往中小企业的比例有所上升，但也不到 40%。[①] 中小企业人才水平大量处在高中至专科院校层次，至于尖端人才、专家人才，更是凤毛麟角。

在人才招聘中，即使中小企业给出的 Offer 高于公务员、事业单位、国企等 20—30 个百分点，仍然难以招聘到理想的人才，原因正是上文中所提到的，中小企业存在规模较小、稳定性差、晋升空间不大、工作中学习培训不足、积累不了优秀经验和履历、对后续职业生涯规划不利等因素。

对于国内中小企业来说，这几乎是一个无限循环的死局。除国民教育知识技能水平整体提升所带来的人才层次拔高以外，几乎无从在人才领域冒头或拔尖，更难以形成人才领先优势。因此，中小企业竞争基本集中在低端产能领域，围绕产品和价格展开，并且由于能够降低成本的方式有限，只能从土地、生产、原料、劳动力等方面想方设法去压缩，在技术过时、生产流水线老化、产品附加值低等问题方面实在难以取得突破。甚至有的中小企业花费了很大的代价引进了先进的生产线和一流设备，却因为缺少相应的技术人才而无法使用，最终沦为摆设。这种情况并不罕见。除此之外，用一流的设备生产二流产品卖出三流价格的情况也屡见不鲜，可以说，人才问题已经渐渐成为困扰中小企业发展创新的主要问题。

然而，中小企业仅凭自己解决不了人才问题，所以需要产业园区为之赋能，建立起以产业园区为主体的平台型人力资源管理体系，全面突破人才的选、育、用、留瓶颈。

当前，有人力资源派遣体系帮助中小企业解决用工难问题，补充人才资源派遣体系以突破中小企业人才不足瓶颈是类比策略，而人才资源派遣远比人力资源派遣的情况更为复杂，尤其是中高端人才、各领域中的精英人才，

[①]《海报时评｜名校毕业生选择进"体制"，该如何正确看待？》，大众网，2022 年 1 月 14 日；《"双一流"毕业生都去哪工作了？》，网易，2023 年 5 月 19 日；《2015 年毕业大学生创业比例同增近 1 倍"海归"比重大》，中国网财经，2015 年 11 月 12 日。

人才的需求层次更高、更加多元化。当前，有的咨询公司已经履行了人才派遣的职能，例如，国际知名的麦肯锡公司。然而，这一类通过咨询进行人才派遣的方式，对于大多数中小企业来说，存在代价较大、不接地气且不能常态化的问题。

从多方面考虑，这一类的人才派遣由所在产业园区作为平台组织最为合适。首先，它努力成为行业中高端人才和各领域精英人才的蓄水池；其次，以多种方式帮助进驻园区内的中小企业成为能吸引和留住关键人才的舞台。要实现这一布局，就要推动产业园区由经营土地空间向经营产业转型，打造园区人才"集散"枢纽，也就是笔者在前文中所述的"联邦式的区域产业经济发展集团"。

（本小节写于2022年6月）

三、园区内的市场体系

如果不是因为有租金价格和税收优惠等因素，企业为什么要入驻产业园区呢？是什么因素最能够吸引中小企业进驻产业园区？从中小企业的现阶段水平考察，无外乎获客、金融和人才三种因素。其中，获客最重要，金融次之，人才最后（这是笔者关于中小企业当前的认知概念，并非按可持续发展的重要性罗列和排序）。笔者在前文中已经分析了人才要素，本节重点阐释获客要素。

试想一下，如果一个产业园区在招商引资中，明确地告诉目标企业，只要进驻，就能获得由产业园区牵线提供的大量订单，想必这个园区的招商引资效率会变得奇高。在当前的环境和认知下，企业主动入驻产业园区的动力无非两个：一个是更低的成本（含政策红利带来的成本降低）；另一个是更多的客源。更低的成本属于节流，更多的客源属于开源，对于企业来说，开源比节流更重要。

产业园区在节流方面虽说不够尽善尽美，但也是尽其所能。然而，其在帮助入驻企业开源方面，效果却不尽如人意。

产业园区在产业增值过程中必然会产生客户和订单，或者说，产业园区建立以园区为平台的市场体系的过程，就是产业园区产业增值的过程。产业园区具有很强的市场潜力和品牌张力。对于产业园区而言，有内部、外部两个市场，产业园区市场从萌芽开始，就有很强的内循环和外循环并举的倾向。

首先，说一下产业园区的内部市场。所谓内部市场，就是园区内部企业与企业之间的交易。在合理发展的产业园区中，同一个产业园区内不可能存在大量同质化竞争的企业，也不可能是所有完全不相干企业的混搭，而是具有产业链上下游关系、产业分工环节不同以及围绕指定产业提供各种生产型服务和生活型服务的企业的集合。在这种企业集合发展中，企业与企业之间会出现如相互采购、业务合作、抱团发展等行为，由此使得产业园区内资源流动活跃，也就形成内部市场。

然而，这种理想状态的出现需要产业园区去引导，作为中间平台，要去推动相互之间的交易与合作，从而降低信用成本和风险，为园区内企业创造优质的内部交流与合作氛围。目前的实际情况是，大多数产业园区均抱持冷眼旁观的态度，园区内的很多订单和需求明明是可以内部消化的，最终却是在外部采购和展开合作的。

其次，中小企业产品和服务竞争力不强，品牌打造困难。产业集群的重要价值之一就是为中小企业抱团发展、抱团竞争、抱团打造品牌。事实证明，这一策略的确是行之有效的，例如江西景德镇的陶瓷、贵州茅台的酒产业、桂林的米粉产业、东北种养殖产业（东北大米、辽参等）等。它们都通过产业集群成功地打造了区域性品牌。虽然它们在全国树立起了典范，但是并未起到广而推之的效果。目前，我国还鲜有以产业园区为单位打造的共同产业品牌。一方面的原因是产业园区产业链串联程度低，产业无序发展情况普遍，不具备打造园区品牌的产业基础；另一方面的原因是产业园区仍执着于地产增值，结果产业增值能力差，无论是平台化水平、集群化发展层次、专业服务能力、产业发展组织架构等的水平均处于低端，不具备打造园区品牌的能力。

产业园区市场体系对产业园区的发展提出三个要求：

第一，转变产业园区发展思维，变地产增值为产业增值；

第二，变革产业园区组织架构；

第三，园区发展"互联网+五入园"（五入园即商会协会入园、专家智库入园、项目入园、人才入选和资本入园）。

（本小节写于2022年6月）

四、园区金融

在我国众多中小企业中，仅有不到1/10的企业获得银行信贷的支持。据中国国家信息中心和国务院中国企业家调查系统等机构的调查表明，中小企业不仅短期贷款存在困难，长期贷款的缺口也不小。超过80%的中小企业认为，一年内的流动资金部分或者全部不能满足他们的需要，而且大约有60%的中小企业没有1—3年中长期贷款。这导致缺少资金支持的中小企业在发展过程中举步维艰。

现代意义上的产业园区，就是能够帮助园区内企业突破仅凭自身能力难以突破的瓶颈，其中，帮助企业获得金融支持就是重要的一项。利用产业园区的优势，改善、优化、赋能中小企业生产经营活动，协调金融改革创新，以金融服务的方式为中小企业发展探索出一套可行的模式和路径，正是产业园区破局发展困境的法宝之一，尤其对以科技创新立园的科技创新园来说，这一点十分重要。

对症下药，以产业园区为平台，桥接中小企业与金融业，实现产融一体化扎根产业园区，促使产业园区真正成为城市发展的运营商。

建立园区金融服务体系首先要从"智库+平台"入手。产业园区要发挥园区与企业发展紧密联系的优势，建立企业发展信息收集和发展潜力智库评价体系。中小企业为什么融资难？即使是盈利状况良好的中小企业为什么也不例外？说到底，就是金融机构并不了解中小企业的实际经营发展状况，看不到其成长发展过程，也懒于组织智库专家对中小企业的具体发展现状、潜力前景、未来趋势作系统评估，而中小企业发展受限于固有的不足，提供的材料和数据通常不完善、不严谨，金融机构往往会因此认为其可信度不高或风险较大，因而拒绝为其提供金融服务。例如，前些年，广东某电器公司年销售额6000万元以上，年利润达到500万元以上，产品大部分销往国外，但是该公司财务制度不健全。它临时接到大的生产订单向银行申请贷款200万元，银行因无法准确了解其经营状况，最终拒绝为它放贷。这是中小企业融资难的一个典型案例。

在当前的金融与产业关系中，金融机构与中小企业之间不可避免地存在信息不对称和分歧，一边是中小企业的成长过程都由不成熟、不完善、不规范开始，逐渐变得成熟、完善和规范的必然规律；另一边是银行等金融机构对风险的控制越来越高。二者之间自然形成合作壁垒。要打破这个壁垒，或是金融机构能够深入理解企业发展状态和潜力，或是中小企业能够按金融机构的标准提供有利的材料证明，无论哪一方，在仅有金融和中小企业参与的双向关系中，要想打破壁垒，几乎是不可能实现的，这也导致金融服务实体经济迟迟无法实现质变和突破。

产业园区可以利用"智库+平台"推动金融服务实体产业。平台可以利用区块链技术记录园区内企业自入驻园区后的动态发展情况，从而清楚地展示企业过去的发展状况；这种智库是由各领域专家学者组成的产业智库，能够准确预测园区内各企业未来发展趋势。专业、全面及权威，三者融于一体，从而帮助金融机构快速了解企业发展状况及未来前景，打破信息不对称的壁垒。

产业园区需建立金融体系，就要提升产业园区集群化发展水平，加快推动"区域产业经济发展集团"形成。由于中小企业易受行业发展波动的冲击，抗风险能力差、业务不稳定性强、平均寿命不足3年、可持续发展能力差等问题的存在，使得金融机构对中小企业信心指数很低。因此，要改变中小企业融资难的问题，就要提升中小企业的发展水平。然而，仅靠中小企业自身去突破，难度可想而知。这就像是对一个成天不学习也不爱学习的学生单纯、反复地强调要好好学习一样，实际意义并不大。因此，产业园区要加快推动园区内企业资源的整合，推动形成以产业园区为单位的"区域产业经济发展联合集团"。

产业园区金融服务体系需要产业园区与金融机构共同携手，在产业园区中设立专向产业科技创新金融服务中心。中小企业融资难还有一大原因，就是当前银行等金融机构的主流融资形式还是采取固定资产抵押方式，而中小企业并不具备太多的固定资产，并且贯穿中小企业发展成长的始终是团队创新精神、创新成果等无形资产。这些无形资产很难作为获取金融支持的有利条件。

在金融业改革创新中，正在围绕"科技创新"这一要素布局新的金融服务产品。同时，有关政策也大力推动科技创新金融服务，以满足中小型高新科技企业的融资诉求。也就是说，无论是政策导向还是金融机构，对于以科技创新等无形要素作为中小企业融资质押的金融服务创新都是有意向的。然而，金融机构对于个体中小企业的具体诉求又缺乏兴趣。因此，在完成产业园区"智库+平台"布局及园区资源整合串联后，产业园区出面与银行等金融机构进行洽谈沟通，根据园区产业属性有针对性地开展金融服务创新，并同产业园区及园区内中小企业共打"组合拳"，就能形成能够高效运转的产业园区金融体系，如图37所示。

产业园区金融体系需要园区合理利用政策优势及多方资源，在园区内建立一个机制灵活的产业发展创新基金，以满足园区内企业灵活、便捷的融资需求，这是对园区金融服务中心的结构性补充。

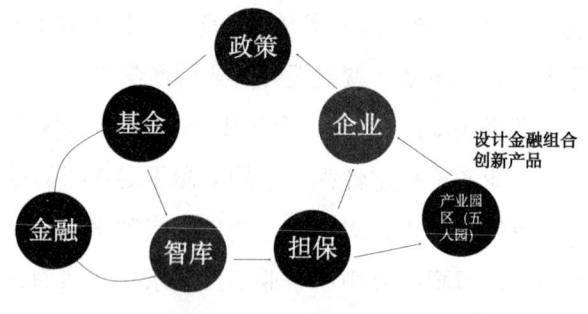

图37　产业园区金融体系

（本小节写于2022年4月）

五、园区创新

打造园区创新体系是产业园区以创新来破局的重要方法。新常态下,创新是驱动发展的最重要动力,无论是一国,还是一个城市或一个地区,都在以"创新"为核心展开竞争,任何影响深远的经济政策和发展布局无不围绕创新展开。作为区域经济发展中特定行业/产业的集群化发展方式,如果产业园区不具备创新体系,那么它就是没有灵魂的,也是不可持续发展的。

当前,虽然各行各业发展的总体状况所反映出来的创新情况差强人意,却充满创新的冲动与热情,这一点从连续数年中国发明创造专利数量名列世界前茅就可以看出来。然而数量并不代表质量,在为数众多的发明创新专利的背后,半数以上都是在生产服务过程中出现的对局部的设计或改良,而具有质变和突破意义的创新和原始创新比例极少,至于具有行业开创性意义和世界领先水平的创新更是屈指可数。

我国创新创业长期处于压抑状态,即有创新冲动但是不敢付诸行动,或者是很难渡过中间的困难时期而坚持下去。其中,有对于创新风险的顾虑、外部营商环境的不友好、市场环境的不利(例如,消费水平不高、对新生事物接受性差,以及市场鱼龙混杂导致的信任危机等因素),有产业链串联的低端化,还有创新创业的文化氛围仍属于小众圈子(中国大部分人仍倾向于按部就班,喜稳惧变)等各方面的表现和原因。总结来说,就是创新的社会体系没有形成。

创新的社会体系有大中小,即宏观、中观、微观的逻辑层次,宏观上是国家层面的创新体系,中观上是区域创新体系,微观上就是产业园区创新体系。三个创新体系由大到小,环环相扣。目前,创新的社会体系是由上向下的,而布局到中观层面时其实是遇到了瓶颈,因为上面是宏观的、政策的、战略的,但是到了中观以后,开始需要路径、具体抓手和细节,中观层面是宏观和微观的连接。由此可见，创新的社会体系还需要从下向上的、由微观向中观的辐射，最终在中观层面上完成对接，从而顺利推动创新社会体系的建设。由此可见，产业园区创新体系建设的必要性和价值。

产业园区创新体系是强调抓手和路径的创新体系，是营造创新的营商环境，是以孵化创新为目的。该体系结构包括创新风险、人才结构、营商环境及成果转化和权益保护四大板块，如图38所示。而每个板块各自存在的问题也影响着创新的进程和遭遇。

创新遭遇的第一个"滑铁卢"是创新风险。事实上，创新不但有风险，而且风险还比较高，其中，不能根据未来行业发展趋势开展有效创新和不能平衡短期生存和中长期发展是风险的主要来源。如果进一步深究，则是因为创新的顶层设计较差，很多创新行为是拍脑袋决定的，是没有科学合理且严谨设计、评估的，所以才出现有效创新不足、创新短期生存和中长期发展的矛盾突出的现象。因此，园区创新体系需要以产业智库为导向，由产业智库来指导有效创新。

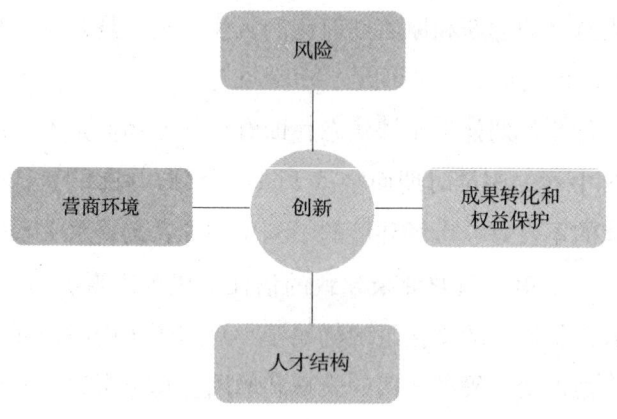

图38 园区创新体系

创新遭遇的第二个"滑铁卢"是人才结构配置不平衡的问题。在所有的创新团队中，极少有健全的人才结构。健全的创新团队结构至少应包含生产、管理和营销三个部分，但是绝大多数创新团队仅具有专业生产部分，管理和营销部分非常薄弱，导致团队创新变现能力很差。此外，创新团队的人才配置往往是失衡的，表现出来的是冲劲有余而沉稳不足。在创新团队中，应具备三个"结合",即能力互补相结合、老中青相结合和男女搭配相结合。而现实中,能力互补相结合虽然有,但是并不强;老中青相结合则严重不足,结果是创新团队经验不足、不够老练沉稳,在应对危机和变化时的能力相对较差。因此,园区创新体系建设中要有人才配置中心。根据项目匹配人才,帮助创新项目和创新团队设计合理的人才配置结构。

创新遭遇的第三个"滑铁卢"是支持创新的营商环境差。包括政策支持、产业链串联、金融支持、市场渠道等。首先,看政策环境。理论上,目前的政策对创新创业的支持力度相当大,但问题是政策"高远",而大多数的创新创业团队身处"偏远"地区,利用不了政策优势。因此,产业园区要利用自身优势将相关政策园区化,以便创新创业团队能够迅速利用相关政策。其次,看产业链串联。创新创业团队在市场经济发展体系中往往处于弱势地位,寻求产业链上的合作不但效率低,而且合作质量也差。基于此,产业园区应充分利用园区资源基础和产业链串联成体系的优势,为创新创业团队高效对接产业链串联服务。再次,看金融支持。金融支持对创新创业的重要意义不言而喻,同时金融支持也是大多数创新创业团队可望而不可即的资源。在上一节中,笔者对园区金融服务体系问题展开具体阐释,依托产业园区金融体系能够有效帮助创新创业团队获取金融支持。最后,看市场渠道。对于有质量的创新创业团队来说,其开发的产品就本身价值而言,是有先进性和竞争力的,却不一定能够迅速打开市场,这是因为创新创业团队缺乏市场渠道和品牌,而市场渠道和品牌赋能正是园区的潜在优势,因此,在产业园区创新体系中,要将潜在优势开发出来使其成为现实优势。

创新遭遇的第四个"滑铁卢"是成果转化和权益保护。这两个问题已经成为创新中的一个公众问题,每年有大量的创新成果被束之高阁,其中有的是无效创新,也有很多是极具价值的原始创新成果,结果因为转化困难而被搁置。此外,模仿侵权成本低,也成为打击创新的一大重要因素,尤其是文化创新产业,例如外观设计、游戏设计等。产业园区需要加强对创新成果的保护力度并且完善保护措施,会同政策、商会协会一道,从法律约束、技术保护等多个方面维护创新者的利益。此外,针对创新成果转化效率低的问题,也需要园区利用合理的产业链串联和合理发展配置的集群资源加以强化和突破，打造产业园区就地转化的创新成果转化中心。

产业园区创新体系建设同样是一个系统性工程，它与园区智库、园区人才、园区金融等互为补充，共同助力园区破局。

（本小节写于2022年5月）

六、园区"诊所"

尽可能为企业发展排除隐患，是产业园区发展的题中应有之义。企业发展存在"亚健康"状态，存在潜力透支甚至"生命"透支现象，也存在无病不问医、有病乱投医的问题，尤其是中小企业。笔者在前文中提道：产业园与园内的企业之间是休戚与共的命运共同体关系，从平台和集群的角度来看，要尽可能为园区内的中小企业排除隐患，调理"亚健康"状态，及时补充"元气"。只有这样，才能有效促进和帮助园区内企业可持续发展。

由此，园区"诊所"应运而生。园区"诊所"依托于园区智库配置衍生，是园区智库的延伸。它不同于一般的企业管理咨询公司的是，第一，园区"诊所"长期和企业同处于一个发展环境下，对企业发展的内外环境非常熟稔，不存在"水土不服"问题；第二，园区"诊所"依托于产业智库，起点更高，视野更全面，更具产业发展大局观；第三，园区"诊所"同园区平台、园区金融、园区人才、园区创新等是相互串联的一体化系统，因此，它给出的"诊断"和"治疗方案"以及"药方"均有很强的落地性，不会脱离实际悬于半空；第四，园区"诊所"是基于园区整合大系统而运作的，能从系统上降低成本，对中小企业更加友好。

园区"诊所"不单单是为园区内企业的发展把脉护航，同时是产业园区自身整个大体系运作的有力保障。笔者在前文阐释园区体系建设时，阐述了如园区金融对企业可持续发展能力要求较高，园区创新容易使企业产生新问题等。总而言之，园区体系一旦开始运行，在给产业园区带来发展活力和推动产业园区变革创新、转型升级的同时,就一定会给产业园区带来系统性风险。毕竟,只要改变就有风险,只要是机遇就会伴随挑战。然而,如果园区内企业可持续发展水平越高,则园区的系统风险越低;园区体系越健全、服务水平越高,那么园区内中小企业发展的状态就越稳定,就越利于园区中企业可持续发展。因此,园区智库、园区"诊所"是园区体系的重要保障。

园区"诊所"根据中小企业发展中遇到的不同问题,例如商业模式、股权结构、人力资源管理、市场营销等专业领域的问题,匹配相应的专家,自周一至周日,排班"坐诊",解答园区内中小企业发展中遇到的实际问题和困惑,并定期组织"会诊""义诊"等对话咨询讲座、论坛、沙龙,为中小企业进行全面"体检"。

目前,虽然在部分园区中出现了园区"诊所"的雏形,但这种雏形存在两个不足:一个是园区"诊所"的运行机制不完善,没有标准化、常态化,结构有待优化;另一个是效果与预期中的差距很大。这是因为园区没有大的体系存在,仅有类似园区"诊所"的结构,没有其他配合、衔接和串联,此种情况下,类似的园区"诊所"自然水平不高或是空有治疗理论,并不具备具体的治疗方案和治疗能力,这样难免会陷入纸上谈兵。

其实,不仅是园区"诊所",包括园区智库、园区人才、园区金融等各环节在内,任一环节如果只是以单独的形式存在,那么它们各自所能发挥的作用和提供的价值都是有限的。一般来说,产业园区体系建设是由园区智库开始的,其他各环节结构则根据不同园区的实际资源情况、优劣势、长短板的实际来制定相应的推进顺序。

(本小节写于 2022 年 5 月)

七、智库+平台

笔者在前文中多次提出"智库 + 平台"的园区发展对策,其中,智库是产业智库,平台是项目平台。在"智库 + 平台"体系中,强调智库与平台的联系性、互补性，通常来说，没有智库的平台是不可持续发展的平台、没有创新活力的平台；没有平台的智库则缺乏落地能力，凝聚力就偏弱，因而同样存在可持续发展问题。

目前，在所有的智库体系中，产业智库相对偏弱；在智库服务产业发展中，产业同智库分离的现象比较普遍，在园区加强智库的影响力是有难度的。

首先，智库要有足够多的专家人才作为支撑，并且这些人才是要分布在各个领域，彼此之间有很强的能力互补性，以突出智库成体系的特征。没有短板、覆盖全面，这是智库区别于个体专家的主要特征。现在问题来了，产业园区从哪里获得这样一群优质专家呢？

其次，智库管理运营难。很多民间智库是没有管理运营的，虽然这些智库宣称有多少专家，但其实他们只是一种松散的合作关系，不能拧成一股绳，平常各自有要经营和从事的项目和事业。没有管理运营的结果是智库没有核心能力，没有管理运营这个问题的背后则反映了民间智库的脆弱性，仅依靠一点"志同道合"或以往的交情作为纤细纽带。这些智库处于没有背景、没有经费支持、没有项目"三无状态"。破局"三无"，最好的突破口就是项目。只要有了项目就有了经费，只要有了项目就有了成绩，只要有了成绩就能不断发展壮大。而谈到项目，不正是属于产业园区"近水楼台先得月"的优势吗？

产业园区要如何建设和强化智库的体系和影响力呢？

第一步就是快速找到一批能力互补的专家，并形成紧密的联系，初步达成以智库组织形式为载体的联系枢纽。根据目前多数智库的开局经验，这一点并不难实现，并且初期"一腔热情"的联系是相对紧密的。虽然智库体系也不十分完善，但是一切都是朝气蓬勃的。

第二步非常关键，大多数智库建设的失败就在于此。产业园区产业智库初步成型以后，要迅速拿到可推动落地的项目，无论以何种方式，也就是开门要"红"。很多由社团、个别专家或个人等发起的智库是比较窘迫的，因为前期经费微乎其微，又很难对接能够落地的具体项目，不但一直是处于底部起不来，还会逐渐走向衰退，最终名存实亡。然而，产业园区的产业智库在项目方面是有优势的，它本身就是一个项目平台，所以智库不可能脱离平台，就像鱼离不开水一样。

第三步是智库已经脱离危险期。这一时期的智库着重谋划可持续发展和扩张，包括纵向的智库水平与层次的提升扩张，横向的智库业务范围拓展扩张。这一时期，往往需要加强智库的顶层设计和治理模式，推动智库发展和制度环境的不断优化和创新，即成为智库中的智库。在这一阶段，产业智库内部评价和标准体系也逐步建立起来。

产业园区项目平台是产业园区内外资源互动流通的枢纽，其功能主要包括产业园区内生产型服务统筹、产业园区内生活型服务业统筹、创新创业"双创"孵化与加速、产业转型升级、项目/企业发展背书等。需要注意的是，产业园区项目平台建设要与智库建设齐头并进。

产业园区项目平台建设的第一步是讲究产业链串联，对园区内行业资源进行梳理和整合，根据产业链串联关系制定新的招商引资战略，完善园区内各项服务配套。在这一步骤中，是需要智库参与的。

第二步是平台初步形成时期。因为在第一步中进行了梳理整合，园区内企业的各种需求和心声就会在第一时间被产业园区捕捉到，当产业园区平台建设初见成效之后，这些需求和心声就会通过平台通道进行集中释放。虽然这些需求层次不一，可能大部分通过平台的常规化运作就可以得到解决，但是部分需求由于层次较高，需要产业园区有智库体系进行消化、转化；虽然总体占比较少，但是由于项目基数大，而且由于产业园区中项目来源稳定，所以足够为产业园区的产业智库源源不断地输送项目，与产业智库发展第二步进行大范围桥接。

第三步是平台已经渡过最初的挑战期，初步建立起稳定有序的运营体系，且大部分时间处于有条不紊的状态中。然而，此时的平台仍不够完善和健全，因此，需要依托园区智库对园区平台进行不断改进，持续推动园区智库、园区平台和园区内企业发展一体化。

总结来说，通过建设"智库+平台"体系能够达到的理想效果是在园区智库、园区平台、园区企业一体化中，企业流失率被降到最低，招商引资品牌工程大旗招展，园区由地产增值全面转变为产业增值，园区发展水平自然随着我国社会主义市场经济的发展而水涨船高，届时，园区不但会成为城市产业经济发展的标杆，而且距离产业园区打造输出模式也仅有一步之遥！

（本小节写于 2022 年 7 月）

八、园中园、双集群

"园中园、双集群"的发展模式包括多层理念，它们对于大型产业园区和中小产业园区的发展是有不同含义的。总而言之，园中园、双集群是贯彻笔者在前文中的产业园区高质量发展转型升级的具体路径，也是推动"产城一体化"的有力抓手。

园中园、双集群是上一节"智库+平台"的升级工程，一方面它是构建园区内多元化、综合化的智库体系；另一方面它是赋予平台集群化发展的模式。它有效地推动了"智库+平台"模式向更高层次进化。园中园、双集群具有双重含义：

第一重含义是练好"内功"的园中园、双集群，以创造增量、盘活存量为目的。具体方式为：在现产业园区中划分出一块区域，用于打造与现有的产业园区有明显差异化的精品产业园区或新兴产业园区，以期通过精品产业园区或新兴产业园区的发展创新产生的溢出效应（包括人才、市场流量、政策、技术创新、经验、模式等诸多要素）带动现产业园区的变革创新，所以叫"创造增量、盘活存量"。在此阶段，双集群的定位更加精准，追求"四两拨千斤"的效果。具体来说，就是定位于打造产业智库集群和商会协会集群，而非包罗万象、更加全面的生产型服务业集群和生活型服务业集群。

在区域经济篇中，笔者提出"打造高地、基地和腹地"的发展思想。在产业园区中也是同理。产业智库集群、商会协会集群和对应的产业集群三者同样构成了高地、基地和腹地的关系，形成了产业园区的内循环体系。

第二重含义是打出"组合拳"的园中园、双集群，以推动"产城一体化"为目的。第二重阶段建立在第一重阶段非常完善的基础上，产业园区发展模式得到质变般的优化提升。到第二重阶段，园中园就以打造产业新城为主，围绕原核心产业园区带动周边区域的发展，并且最终将周边区域并入产业园区规划范围，成为产业园区发展的一部分。此时，产业园区规模在增大，边界范围在扩张，类似城市发展的扩张过程，在这一过程的过渡阶段，会形成"园中园"的发展形态；双集群也不再停留于第一重阶段中的产业智库集群和商会协会集群，而是以更加丰富和健全的生产型服务业产业集群和生活型服务业集群的形式存在，这也与"产城一体化"相对应。生产型服务业集群的不断丰富，尤其是生活型服务业集群的不断完善，使得产业园区的城市功能越来越健全和丰富，"产城一体化"进程加快。

产业智库集群是建立在本书上文说到的园区产业智库基础上，原产业智库成为智库集群中的"带头大哥"，根据产业园区发展趋势和行业发展趋势串联智库结构，设计智库集群发展模式和制定标准。在集群发展初期，项目落地仍是智库集群得以形成和发展的首要条件，后续则是根在产业园区，枝叶却发散到产业园区外的区域经济发展上。有了扎根的土壤，等于智库发展有了基本保障，因此也能给予智库更多的发展机会和更大、更持久的布局可能性，这对很多仿佛无根浮萍般的中小微智库来说，是非常重要的。

商会协会是市场经济发展中的一股重要力量，而商会协会服务产业经济发展的能力始终存在不足。因此，产业园区商会协会集群的打造就是为了填补这一不足，充分发挥商会协会在市场经济、产业经济发展中的重要作用。具体方式是围绕园区平台整合产业集群，以平台和服务为导向推动商会协会履职，以项目为导向推动商会协会的改革和创新，以智库为导向推动商会协会集群发展。

第二重阶段是第一重阶段的升级。如果产业园区发展直接切入第二重阶段的话，那么第一重阶段的发展路径就是其切入点和抓手。在第二重阶段的"产城一体化"的园中园、双集群发展中，特别强调智库的顶层设计与资源调配的协调性，并要求两手一起抓、两手都要强，所以在没有"智库+平台"作为基础，没有第一重阶段以创造增量、盘活存量为目的的园中园、双集群的资源、能力、经验等为储备的情况下，第二重阶段的"产城一体化"体系会比较"空"，也就是缺乏具体路径、抓手和配套资源。"产城一体化"体系的进程是循序渐进的，或许在资源和政策的重重叠加和推动下，能够同时迈过两个台阶，但是绝无可能同时迈过多个台阶！

（本小节写于 2023 年 1 月）

第十一章　产业园区高质量发展的路径和抓手

一、"五入园"

一是宏观经济的发展趋势催生出"五入园"。

中国经济发展进入深刻转型期。经过几十年的发展,中国经济总量已跃居世界第二,制造业规模已是世界第一。支撑中国经济发展的要素条件正在发生变化,劳动力、资源、环境等成本都在提高,旧有的发展模式空间越来越小。中国经济已经进入重大转型期,要从以规模扩张为主转向以提升质量和效益为主,必须以创新为驱动力,打造中国经济新的核心竞争力。然而,如何激活创新、促进创新、支持创新,目前还没有十分有效的措施。

产业园区是我国产业经济发展壮大的重要平台。改革开放以来,产业园区为新中国的经济发展作出重大贡献。新时代,产业园区承载着新使命,在中国经济新旧动能转换、各行各业转型升级、创业创新成为经济发展新引擎的背景下,产业园区如何转型创新呢?当前,中国的经济增长已经由资源增长型阶段过渡到创新增长型阶段。在这个阶段,产业园区的功能也应该相应有所变化,具体说来,就是从以"产业集聚"为主向"产业集群"转变。

然而,目前绝大多数产业园区仍停留在"产业集聚"的发展模式中,缺乏"产业集群"意识,表现为招商难、无运营、低产能。因为是"产业集聚",所以产业园区的招商就是以卖房、租房收取租金等形式为主,为了招商而招商,所扮演的角色也无非是房地产商,再加上产业园区相互之间同质化竞争,使得产业园区招商变得困难重重,园区空置率居高不下。因为扮演的是房地产商的角色,所以大多数产业园区的运营只是提供物业管理服务项目而已,而产业服务在园区的配置水平极低,至于高端现代服务则几乎处于空白状态。这样的产业园区在新经济环境下对企业已经失去了吸引力。方式简单又粗糙的"产业集聚"没有有效的产业链串联,"万国园"的状态使得产业园区完全没有集群效益,造成产业园区即使招租状况良好,但产能仍旧十分低下。

为破解产业园区"招商难"的困局,改变产业园区"无运营"的状态,扭转产业园区"低产能"现状,笔者提出"五入园"系统,为产业园区的发展转变思想、拔高理论、加强实践提供"一站式"的系统的解决方案,为打造新时代新型产业园区而努力。

二是"五入园"的含义与内容。

从2013年开始,中国经济发展开始进入质变阶段,经济增长的速度开始变缓,企业赖以生存发展的传统产业要素面临颠覆,大量中小企业因"水土不服"的原因而黯然离场。产业园区是继中小企业之后的第二受害者。大量中小企业消亡,宏观经济不景气的局面,使得产业园区也岌岌可危。当时,产业园区面临五大问题:一是在新的发展环境下,产业园区的顶层设计、发展战略要怎么制定,产业园区的发展如何适应经济新常态?二是当人才已经成为第一生产力时,是"人才集聚"决定"产业集聚",还是"产业集聚"决定"人才集聚",到底用谁来撬动谁?三是中国制造要升级为中国智造,创新是第一要素,产业园区的发展同样离不开创新项目的带动,那么,创新项目从何而来?四是产业园区需要有资源通道,需要有完整的产业链配套,需要有长效的招商引资机制,需要不断地创造增量、转化存量,满足上述条件具体要怎么做?五是无论是产业园区本身还是园区内企业,资本在其发展中都占据着举足轻重的地位,如何解决产业园区自身的资本问题及园区内企业的资本问题?这都是实现由发展理念到发展现实的关键环节。

针对上述五个问题,笔者提出五条对策,即"五入园",如图39所示。

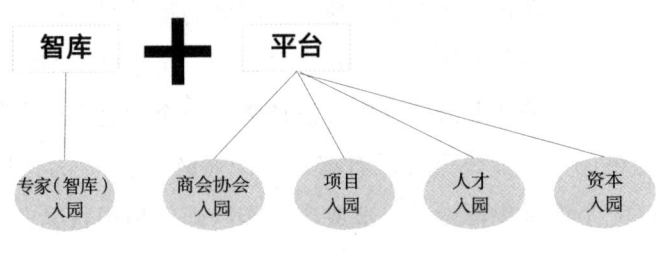

图39　"五入园"示意图

从图39可知,"五入园"指的是专家(智库)入园、商会协会入园、项目入园、人才入园、资本入园。下面分别介绍:

专家(智库)入园。网罗各领域的智库机构、专家,科学地组织与计划,导入智慧服务,包括专家咨询与指导、专业智库机构服务、成果转化等方式。为企业提供定制化的顶层设计和路径选择,跨界整合的规划与咨询指导;同时,对执行层进行辅导纠偏,最终搭建起合理的、运行良好的产业园区生态圈。

商会协会入园。将符合产业园定位的行业协会、区域协会,进行整合并导入产业园区,使之为园区内企业提供服务。向产业园区输出资源,包括行业资源、产业上下游链条资源、需求解决方案等。通过完善集约合作、创新激发、成果扩散、需求导向、集中服务、下游链条完备等标准打造商会协会价值转化的"产业集群"。

项目入园。坚持"腾笼换鸟"招商策略,遴选与孵化优质项目,向各个合适的孵载体空间输送,包括初创类项目、高成长性项目、加速项目,从而实现项目的精准孵化。通过对园区产业结构进行调整,促进产业集群化发展,梳理、完善、优化产业链条,打造若干战略型新兴产业链上下游生态链。

人才入园。为园区企业快速、低成本地匹配合适人才,形成人才持续培养和配套服务机制。具体内容包括搭建线上线下人才服务平台,帮企业引入人才;按需开展定制化的人才培养服务,帮企业培育人才;有针对性地开展人才生活配套服务,帮企业留住人才等,为企业发展提供人才支撑。

资本入园。引进各类金融机构,建成金融超市并进入产业园区,为园区提供服务。向产业园区输出资本,包括金融产品、金融服务、资本投资等。

以系统化运作，破除金融与产业融合程度偏低的制约，建立互信机制，从而实现"产融一体化"的目标。

三是"五入园"如何进驻服务产业园。

具体操作流程，如图40所示。

图40　"五入园"进驻服务产业园流程

（本小节写于2022年4月）

二、"四给"系统

外环境和内环境是驱动经济发展的两大动力，一个在后面推，一个在前面拉。当外环境不利时，也就是后面推力在减小，如果要维持经济发展的正常速度，就要想方设法去增大前面的拉力，也就是优化提升内环境。结合我国当前的经济发展实际可以发现，内环境可以优化提升的空间巨大，并且方向十分清晰，而唯一不足的是内环境优化提升的驱动力不强，也就是创新创业的形势不容乐观。自2013年李克强总理提出"大众创新，万众创业"[①]倡

---

① 李克强：《推进大众创业万众创新》，经济参考网，2015年8月6日。

议以来,虽然创新、创业的数量和水平明显提升,但是仍远远不够。

众创空间作为新生事物,一度曾风头无两,各种大大小小、各式各样的众创空间如雨后春笋般冒出,但其背后反映出来的是众创空间思想不成熟,体系一鳞半爪,路径和抓手更是空白,大量的众创空间无非是在抢"风口",而其地产运营思维的本质并没有改变,因此,野蛮生长式的发展并未持续多久,大量众创空间就迅速偃旗息鼓了。

从本质上看,众创空间是现阶段产业经济发展转型升级的一种补充,其目标是推动我国产业经济向更高质量发展升级,所以与产业园区是一体两面的事物。也就是说,从一开始,众创空间的发展就不能脱离现有的产业园区而独立存在,它需要依附在成熟的产业集群(产业链结构)中,只有这样,其创新创业的效益才有可能得以迅速转化,提升实际生产力。然而,无论是过去还是现在,大量的众创空间与现有的产业园区(产业集群)是分离的,这是其一;目前的产业园区本身也完全不具备集群的珍贵特性,因而也难以无缝衔接众创空间,这是其二。并且,创新、创业的目的也存在一定的误区。虽然创新、创业可以自立门户,但并不一定就要自立门户。一方面,在众多创新创业中,"偏科"现象是长期的、普遍存在的正常现象,即部分内容和环节非常闪光,也是当前产业经济发展中欠缺并且亟须的,但距离达到自立门户的标准还相差甚远;另一方面,自立门户要求"全面发展",在筹谋自立门户的过程中,由于精力分散、专一思想发生改变、生存妥协等多种原因,原本的闪光点不再存在,即使自立门户获得了成功,很多也只是沦为一个平平无奇的中小企业而已,而这一结果根本不是产业经济发展所需的。

通过分析当前的众创空间,虽然从多个方面加强了孵化服务功能,例如,加强了培训对话(讲座)、政策申报、金融产品服务、资源对接辅助、市场开拓辅助一系列服务等,虽然有效果,但是对孵化成功率的提升依旧有限。为什么会这样呢?原因有四个:

一是众创空间企业的结构配置失衡。只有初创型企业团队,而没有发展成熟的中小企业和大型企业,也就没有稳定的内部采购市场来消化创新、创业成果。除此之外,初创企业团队的特质都是相似的,劣势和不足有同质性,相互之间没有良好的资源互补性、优势互补性和能力互补性，弱者抱团的结果还是弱者，何况众创空间中的抱团发展并不紧密！

二是众创空间中没有产业链串联。目前，众创空间中的初创企业仅是同类产业创新、创业团队的集聚发展，并未按照产业链串联的结构进行配置。通常来说，创新、创业的成败决定于创新、创业是否有效，而有效的创新、创业则来源于有效的产业链串联。

三是众创空间的孵化服务属于锦上添花，而不是雪中送炭。当前众创空间的所有现代化服务产品，对于初创型企业团队而言，仅有锦上添花的作用，而没有雪中送炭的价值。例如，金融服务产品，通常只有在企业发展良好的情况下，基于加速扩张的战略才能成功对接金融服务；又如，企业管理，通常是适应企业发展扩张的企业管理水平提升。而对于那些处于下跌状态、危机边缘的初创企业来说，众创空间在此时能提供给他们的帮助微乎其微，对它们面临的困境也完全束手无策。锦上添花的基本前提是有一个好的基因，包括企业定位、创始团队结构、能力水平等。如果基因存在缺陷，这是众创空间无法修复的，那么众创空间此时能发挥的作用就非常有限，这是当前众创空间的主要不足之处。而雪中送炭的本质是优化基因，这也是当前众创空间力所不及的。

四是众创空间生产型服务体系不健全，并且实战性不强。首先，目前的众创空间的各项软服务看似丰富，实则杂乱，没有完善的体系，东一榔头西一棒子，导致服务整体效益很低；其次，高端现代服务业与具体产业脱节，只是通过众创空间这一纽带就事论事地提供有限的服务而已，因此，落地实战能力不强。

综上所述，可见众创空间是产业园区产业经济发展创新的一种表达方式，并不能割离现有的产业园区，在很大程度上，众创空间成功的基础，都要植根于产业园区的资源和优势。也就是上文所说的，企业搭配要平衡（既有创新创业团队，又有发展成熟的中小企业乃至是大型企业），产业链串联要强。

产业园区中的众创空间，需要发挥优势针对问题来制定总体规划，既要给具有优良基因的种子匹配肥沃的土壤，又要针对发育不全的种子改良基因。

为此,笔者提出了"四给模式":

一是给项目。优良的基因一般由两部分组成,即好的团队和好的项目。部分种子的实际情况是虽有好的团队,但是没有精准抓住好的项目,或者是项目的定位不准,导致种子发育不良。因此,产业园区"双创"空间要能够根据好的团队特征,结合外部环境和行业发展趋势,利用园区"五入园"的资源优势,匹配好的项目。

二是给资金。根据项目匹配金融服务体系,设立专项产业基金、项目发展基金等。

三是给创业团队。根据项目的发展需求,匹配结构合理的人才团队。

四是给专家辅导。在前文中,笔者详细论述了产业园区服务体系建设,利用园区服务体系,为创新创业团队实时并长期掌握外部发展环境变化、行业发展趋势,以便随时进行调整总体发展战略,做到趋利避害。"四给"模式如图41所示。

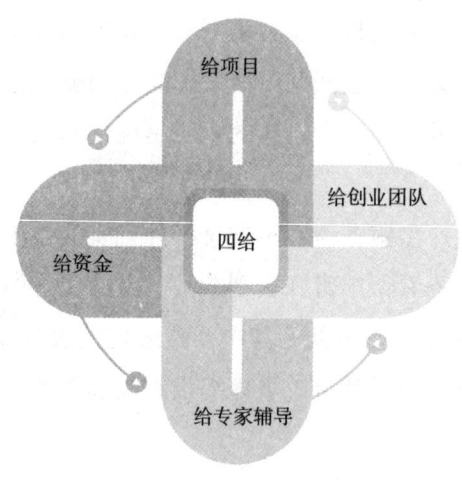

图41 "四给"模式

(本小节写于2022年3月)

三、产业园发展必须重视产业智库以突出产业属性

在产业园区发展过程中，对于产业智库的重视程度是不足的，这种不足体现在两个方面。

一方面，是对产业智库的认识存在误区。产业智库包含了思想、系统、路径和抓手四个层面，在现实中的情况却是有思想和系统两个层面，没有路径和抓手；有路径和抓手两个层面的，又欠缺思想和系统。而且，这种缺失不是单纯结构上的缺失，可以通过结构互补解决，而是现有的思想和系统找不到路径和抓手，说明没有实战意义；有路径和抓手的又总结不出思想和系统，说明是就事论事。

如果将思想和系统认作智库，就会发现，这种智库过于"阳春白雪"，欠缺"柴米油盐"，很难发挥实际作用。如果将路径和抓手认作智库，虽然短期内能立竿见影，但不能从中长期角度持续解决问题，一段时间后，又会陷入新的困境，始终疲于奔命。从表面上看，似乎也可以同时引进思想和系统、路径和抓手，二者相加，岂不就是一个完善的智库？事实显然并非如此。有句俗话叫"驴唇不对马嘴"，说的就是这种情况，二者之间非但不能有效配合，反而有可能相互矛盾和冲突。

那么，究竟什么才是完善的智库呢？答案是必须同时具备思想、系统、路径和抓手，才能被称为智库。而在现实中，一方面，这种情况少之又少。另一方面，产业园区当前的商业增值模式是地产增值而非产业增值，而产业园区的智库，其实更多的是体现在商业地产运营增值方面，而非产业智库，因此未能真正发挥出产业园区智库的作用。

另一方面，产业园区急于从短期招商租售中收回成本来获取利益。产业智库的配置往往是出于中长期可持续发展的目的考虑，也就是说，产业园区是从短期招商租售的角度来考虑的，主要考虑的是招商运营，自然不会太重

视产业智库。

或许有读者会质疑，不少产业园区其实也是开展了组织专家对话、论坛讲座等产业智库范畴的研讨交流活动的，为何还要说产业园区不太重视产业智库呢？首先这样的行为是值得肯定的，并且也取得了一定的成绩，不过作用是有限的，最珍贵的收获大概也只是偶尔从这样的论坛讲座中得到一些启发，但是这距离真正的产业智库有多远？笔者在产业园区篇中，分析了何谓园区智库及其发展模式，如果对号入座的话，那么想必还没有哪一个产业园区真正具备产业智库体系。

多种原因导致了产业园区在发展中不太重视产业智库，然而，不管过去有什么原因，按照新时期高质量发展的要求，仅此一点，就要求产业园区必须转型升级。产业园区转型升级的本质是什么？就是产业园区由地产增值向产业增值模式转变。具体要如何来实现？产业智库是其中不可或缺的关键驱动力，这一点笔者在前文中曾多次强调。

不重视产业智库的结果，就会导致产业园区不可持续发展、核心竞争力逐步弱化、中后期发展疲软。因此，无论是推动产业转型升级、"产城一体化"的高质量发展，还是解决产业园区中后期招商引资、盈利变现等实际问题，产业园区都会觉得力不从心。

通常来说，地产增值的潜力是有限的，并且产业园区在开园时的政策优势会不断弱化，即使原本具备一定的产业方面的核心竞争力，在没有产业智库配套的情况下，也很难适应外部环境的激烈变化，导致优势丧失等，这些都会使产业园区失去发展优势，从而逐渐衰落。

（本小节写于2023年1月）

四、产业园区人才问题及对策

在产业园区运营发展过程中，缺乏专业人才是普遍现象，并且在不同的产业园区，人才问题的表现也各不相同。人才问题，一般来说，有专业化能力、人才配置结构和人才在产业园区发展中的话语权这三个方面表现，而这三方面已经成为制约产业园区高质量发展的主要障碍。而更为严峻的是，产业园区对这三方面问题的认识程度并不高，甚至不以为意。

第一个问题，由非专业人士组成产业园区运营团队。这一现象主要存在于政府主导型的产业园区中。产业园区管委会成员通常从机关部门抽调，这些人本身不但没有产业集群发展的基础思想和实践，而且不具备市场化素质。他们的集群化发展、市场化运营的知识和能力均不足，相对于产业园区集群化、高端化、专业化、国际化的运营标准而言，相差甚远，甚至存在"体制复发"问题。

第二个问题，产业运营人才结构性缺乏。在绝大多数产业园区的运营人才队伍中，没有几个是懂得对应产业的人才。以生物科技园为例，全国大大小小的生物科技园不胜枚举，但有几家生物科技园的园区运营团队是懂得生物科技产业发展的人才呢？如果不懂得对应行业的发展趋势，又怎么能够推动园区转型升级呢？怎么能够推动行业性的平台建设呢？怎么能够抓住机遇、规避风险呢？

第三个问题，专业人才在产业园区发展中并无太多话语权。在产业园区的运营过程中，掌握最终话语权的其实还是权力体系，或者是资本，又或者是二者兼而有之。有些产业园区与专业服务机构开展合作，有些产业园区自己组建了顾问团队，但这个团队所做的基本上都只是承接项目服务和提供建议，不会深度参与产业园区的顶层设计和发展中，属于外围支持。当然，如果在付出和回报价值二者对等的体系中，有这种模式存在也并无不可。但是，当前的情况是付出和回报价值的不对等、不平衡。尤其是顾问、策划之类的服务，在现在多数的园区管理团队看来，仍是比较务虚的，甚至不如为园区引进一两家企业来得实在。然而，从专业服务的眼光来看，却是对园区发展有着决定性的意义和作用的。二者在专业视角上的不同频和价值观上的不同频，也使得产业园区高质量发展转型迟迟无果。

新时期产业园区的发展趋势对园区运营团队的要求越来越高。以火遍全国的文化创意产业园为例，文化创意要求运营管理团队在具备商业、计算机等管理能力的同时，还要兼具艺术、创意技巧与才华，要懂文化、懂商业、懂产业，甚至还要懂金融。这种人才配置结构颠覆了传统工业园区的人才配置理念，却更适应前文中所指出的在新时期产业园区高质量发展趋势。毕竟产业园区经营的是一个产业，而非物业。

因此，针对产业园区的人才问题，较为合理的对策是：产业园区在传统的运营理念基础上，需要积极转变认识，立足产业经营这一基本点，制定适宜且可行的园区人力资源管理体系，培养人才的竞争意识和不断提升自身能力的紧迫意识。通过竞争上岗、择优录取等方式，不断提升对应产业人才素质，丰富专业知识，提升专业素养，多为园区内部从业人员提供磨炼平台，从而在园区内部打造一支高水平、高层次、有活力的复合型人才队伍。

（本小节写于2023年1月）

五、以打造产业集群为目标而不断"腾笼换鸟"

理论上，任何产业园区规划的最终目标都是打造产业集群。然而，理想很丰满，现实却很骨感。这是由于产业园区空有打造产业集群的想法，却没有与之相对应的系统、路径和抓手，所以想法只是想法，在实际执行中仍不免陷入自己此前所不屑的产业园区运营模式中。这是打造产业集群的第一个误区：规划策划误区。规划不是极尽"乌托邦"之能事，不是画饼博眼球，而是需要切实可行。笔者曾接触过众多产业园区的规划，认为绝大多数规划无不是"宏图伟业"，却没有与之对应的系统、路径、抓手和执行保障，没有考虑其可行性有多大，没有确定是否具备对应的资源和条件，忽略了自身的差异化等。那么，这样的宏图伟业有何用？只能是画饼。用一份脱离实际的总体规划作为总纲，产业园区要如何发展？事实上，这就是无规划。走一步是一步，没有方向、没有航线，其风险可想而知。

规划完成以后，没有相应的策划跟进，没有相应的保障体系，这是常见的第二个误区。这个误区导致在实际执行规划走偏甚至在偏离的航线上越行越远，原规划已然无用，而想要重回正常发展轨道，又是一段艰苦跋涉的旅程，难免造成资源的浪费。在笔者接触的产业园区中，即使总体规划良好，并且提出了相应的体系、路径、抓手乃至是执行有保障，但在实际执行过程中，如果作出上述规划的智库专家没有参与产业园区后续的发展中，产业园区对规划通常也是知其然而不知其所以然。要知道，外部环境时刻在发生着错综复杂的变化，并且不时还会有一些属于不可抗力的影响因素出现，这都会导致要对原规划做局部路径的调整。这就相当于要去一个目的地，原计划的道路因为施工修路不通了，那么，要想到达目的地，就必须更换另一条畅通并且是最近的路径才行。这个时候，产业园区根据自身的理解进行了调整，结果却往往绕了远路，甚至是迷了路，如果及时醒悟尚有可能回头，否则就彻底难以回头了。

产业园区发展创新要抓住合适的时机做合适的事，无论是转型升级、创新变革还是收缩扩张等，都需要判断、选择合适的时机。为什么有的产业园区在发展创新的努力过程中屡战屡败？除能力问题外，就没有其他客观原因了吗？没有在合适的时机做合适的事也是很大的原因。雷军所说的"站在风口上，猪都会飞起来"这句话的本质，就是要在合适的时机做合适的事。产业园区在发展过程中对时机的变化不敏感，有时候时机来了却犹豫不决，错失机遇；有时候时机还远，就贸然行事，反令短期生存陷入困境；有时候时机来了，也抓住了，但当时机走了又浑然不觉，将此前收益又赔了出去等。这些问题不仅存在于产业园区中，在企业发展及个人发展中同样屡见不鲜。

产业园区以打造产业集群为最终目标，在产业园区由传统的集聚化发展向产业集群化发展的升级过程中，在不同阶段会产生具体的阶段性目标，这些阶段性目标就如同一级级的阶梯，一直通向最终目标。产业园区以阶段性目标为导向，一步步、有计划地由量变向质变推进的过程，就是产业园区在不断地"腾笼换鸟"、优化产业结构的过程。在此期间，产业园区必须努力做好三件事：第一件事是产业园区要尽可能改善内部营商环境，做好产业链串联规划和产业服务；第二件事是产业园区必须清楚并适应外部环境变化，积极储备各种资源和学习先进理念，理解时代的变化和进步；第三件事是产业园区要时刻关注国际和国内政策、经济环境变化及行业发展趋势，看准时机，然后果断切入，即在合适的时机做合适的事。

（本小节写于2023年1月）

六、产业园创新发展的理论系统路径——"五入园"

（一）"五入园"视角下的华南新材料创新园

"五入园"体系自提出以来，就备受产业园区的关注，因为这个理论系统地解决了产业园区可持续发展和创新的问题。具体内涵包括专家智库入园、人才入园、项目入园、商会行业协会入园和资本入园，简称"五入园"。但凡产业园区接触和了解过"五入园"思想后，都赞赏不已。园区负责人在回顾过去的发展历程时，会发现园区的每一次重大战略创新都符合"五入园"理论，而根据"五入园"理论，又会发现园区存在的不足及未来发展创新的方向。

如果一个模范产业园区，在将成功的方法和经验提炼、复制、输出后，却发现这并不能使另一个园区获得成功，这是因为还缺少了一环，即提炼之后的"升华"。成功的模式输出如蜻蜓点水，润物细无声；反之，如果痕迹太重，反而会使受方园区丧失原本该有的特色，沦为模仿者，而这不是模式输出的题中应有之义。路有千条，道只一条，"五入园"正是如此！不同的产业园区应用"五入园"理论，就会走出各具特色的园区发展道路，因地制宜，形成各具差异化的可持续发展理论、系统、路径和抓手，促使产业园区间的格局，逐渐由"同质化竞争"转向"差异化互补"的新格局、新常态。下面，我们以广东华南新材料创新园（以下简称华新园）为例，看"五入园"理论体系是如何提炼、升华其成功方法、经验的。

在叙述案例之前，我们先简单了解"五入园"体系的来源。2013年，中国的经济发展速度开始减缓，企业赖以生存发展的传统产业要素面临颠覆，大量的中小企业因"水土不服"的原因而黯然离场。产业园区是继中小企业之后的第二受害者,大量的中小企业消亡、宏观经济不景气的局面使得产业园区也岌岌可危。

笔者当时正致力于研究基于未来行业发展趋势的产业经济发展战略课题,并且认为"产业集群"是中国中小企业未来发展的必由之路,而作为"产业集群"雏形的产业园区,发展状况委实差强人意。经过大量走访、调研分析后,笔者于2014年正式提出"五入园"体系;2015年,"五入园"体系得到资源支撑层面的重大突破,"五入园"体系由此诞生。

华南新材料创新园于2013年建成并运营,总投资额10亿元,占地160亩,总建筑面积22万平方米。华南新材料创新园在运营之初,就不得不面临新旧产能转换带来的巨大挑战。2013—2014年,园区入驻率最高时也仅有30%左右,年营收额为2500万元。[1]

中国经济发展进入新阶段,市场经济遇上新常态后,《中国制造2025》[2]方案在这一年出台。这个方案并不一味追求速度,而是努力推进结构性改革,向形态更高级、分工更复杂、结构更合理的发展阶段演进,实现中高端水平的发展。

中国产业转型升级是大势所趋。在内外环境交互影响下,产业转型升级已经不是企业发展的选择题,而是必答题。2015年,也是凸显产业园区布局大局观、远见观大智慧的一年。在如何服务园区内企业可持续发展这个话题上开启了新一轮的产业园区运营竞赛,无论是如同华新园这样的新生产业园,还是底蕴深厚的老牌产业园,几乎都站在了同一起跑线上。而这一年,正是华新园崛起,打开发展新天地的一年。

华新园刘崇孝提出"华新园丁"的角色定位,确立了"全心全意为企业服务"的理念。在当时园区纷纷拼硬件、拼基建的时候,刘崇孝总经理就开始高度重视和加强园区的"软实力"建设,靠"软实力"拉开差距,这一核心理念,也正是"五入园"的核心宗旨。

---

[1] 华南新材料创新园内部资料。

[2] 《国务院关于印发〈中国制造2025〉的通知》(国发〔2015〕28号),国务院官网,2015年5月8日。

同年，刘崇孝总经理正式提出华新园"平台招商、投资助商、服务留商"的服务模式，"资源整合、腾笼换鸟、精准服务"的经营模式，"十年十园、十年十园长成为孵化器运营专家"的发展战略。当年，华新园入驻率由2014年的30%迅速提升至50%。反观同时期绝大多数的产业园，入驻率都呈现下降趋势。如何去提炼华新园这一发展模式的精华？如果只是表面提炼，那么只会令其他园区无所适从。所以，要点在于看到华新园发展背后的本质。那么，它的本质是什么？是专家智库、是商会行业协会、是项目、是人才、是资本，提炼出来就是专家智库入园、商会行业协会入园、人才入园、项目入园、资本入园。

专家智库入园解决了华新园区及园区企业发展顶层设计的问题；商会行业协会是资源和信息的载体，入园解决了园区长效资源流动的问题；资本入园为华新园区和园区企业解决了资本不足的问题；而项目入园和人才入园相互关联，其实是园区创新的重要动力来源，是华新园区创造增量、盘活存量的重要抓手，也是园区招商引资的内循环，更是园区实现"腾笼换鸟"转型升级的信心来源。

刘崇孝总经理又提出"用创业的心态服务创业，用创新的方法服务创新""动车组"的团队理念；明确将"服务输出"作为园区复制的主要方式。提炼出来就是"以项目入园带动人才入园，以人才入园反哺项目入园"的战略方针。

截至2017年，华新园区整体入住率达99%，年营收8000万元，被认定为国家级众创空间。反观同时期其他产业园区的发展情况，则是颓势尽显，甚至有为数不少的产业园已经成了产业空园。

华新园深入贯彻落实以创新求发展的理念。刘崇孝总经理提出打造"亩产最高"的孵化器（100家高企、100家知识产权贯标企业、100家新四板企业、100场活动）。这成为区域孵化器运营标杆的目标。截至2018年，"五入园"体系已经正式进驻华新园3年，华新园入驻率达到了100%，园区年营收上升至1亿元！还先后被认定为"国家级小型微型企业创业创新示范基地""广东省创业孵化示范基地"，并且荣获"第二届中国孵化器TOP评选——粤港澳优秀孵化器"称号。创新活力强劲，前景可期。

在华新园成功的背后，是对"五入园"体系恰到好处的应用，验证了这一体系在新常态下的发展活力，为产业园区赋能，使产业园区在困境中适应新时期经济发展新常态，应对新挑战，为积极谋求自身转型升级提供完整的思想、系统、路径和抓手，因地制宜、因人而异。同一套理论，走出不同的发展路子，才是"五入园"体系的强大生命力所在。

（二）商会协会入园

商会协会是资源的载体。华南新材料创新园至今已经引入各类型协会近20个，包括国际科技园协会（IASP）、广州市制造业协会会员、广东省产业园区商会、广州市黄埔人才创业促进会、广东省行业协会联合会、广州开发区上市企业联合会、广东股权交易中心、广州开发区知识产权协会、广东省科技企业孵化器协会、广州市黄埔阅读推广志愿者协会、广州市科技孵化器协会、广州市黄埔区总商会（工商联）、广州市产业园区商会、黄埔区开发区产业园区发展协会、广州市科技企业创新协会、广州开发区科技企业孵化器协会、广州市发明技术协会、开发区黄埔区科学技术协会等。园区"商会协会入园"成为华新园区内企业获得市场资源、社会资源的重要窗口。各行业协会带给园区及入园企业更多的展示、交流、合作机会。比如，华新园联合广州市产业园区商会承办了"中德新材料产业合作交流座谈会"，组织园区8家企业与德国福特新材料研究院院长兼总经理罗伯特·辛格一行进行技术交流，并达成初步合作意向；与中国旅美科技协会（广州）项目对接会达成合作，作为唯一合作园区，承接了中国旅美科技协会（广州）项目对接会引进的海外高层次人才项目；加入国际科技园协会，进一步加强与国际间同行的交流及合作，为"让世界了解中国科技园区，让中国科技园区走向世界"贡献一份力量。

华新园联合广州开发区金融服务中心承办"广东青年创新创业大赛暨首届粤港澳大湾区青年创新创业大赛复赛"，搭建粤港澳青年创新创业成果交易会、创新创业交流、创业培训等多种服务平台，为粤港澳大湾区青年提供创新、创业的舞台，加强了粤港澳科技创新合作。港澳青年创业者和大学生一行40人来华新园实地考察，充分了解广东良好的创新、创业环境，并就粤港澳大湾区青年人才交流、融入和合作模式进行了探讨,为港澳青年来粤创新、创业搭建交流、沟通的桥梁。

(三)专家智库入园

发展的本质源于智慧的开拓。华新园因地制宜,不遗余力地促进和推动专家智库入园。具体做法如下:

1. 园区组建由不同行业领域专家、成功企业家、天使投资人等构成的创业导师团队

聘请了金发科技股份有限公司董事长袁志敏、广东易事特电源股份有限公司董事长何思模、清华大学经济管理学院教授魏杰等49位创业导师,请他们为在园企业提供创业辅导服务,从而帮助企业全面、快速地提升管理和经营水平,规避创业风险,缩短创业周期。

智库专家们根据企业在创业过程中遇到的问题,进行一对一辅导或针对共性问题开展集体会诊指导,包括在项目申报、资质认定、知识产权申报、财税法律、企业管理、投融资上的指导等。在此基础上,华新园打造了创业导师培训服务品牌,包括以下三个:

一是"华新大讲堂":针对园区企业创始人和高管的创业培训。累计举办了24期。

二是"百变书吧":针对园区中层开展的系列专题性培训。累计开展了50余场,培训人数超6000万人次。

三是"华新小课堂":课程主要针对企业新入职及骨干核心团队成员,内容涵盖项目管理、法律、财务、情绪管理、急救常识、沟通技巧、中西方艺术欣赏等。"华新小课堂"采取集中培训的方式,帮助员工快速进入职场角色,提升职场技能。截至2019年,共服务了164家企业,培养员工210人。

2. 精通"产学研"的高校专家走进华新园区开展"院校园"产学研服务

园区整合高校、科研院所资源,通过"政策培训+技术路演+线下走访"的方式,打造精准产学研服务体系。目前,华新园已与广东省科学院、中大、华工、华农、暨大等超过10家科研机构达成精准高效的产学研合作关系,形成专家库48人、合作需求库34家企业,共计82项。华新园持续组织

推进"校—院—企"的精准产学研对接,提高了院校科研效率及加速技术成果产业化水平,如表2所示。

表2 华新园"专家智库入园"[①]

序号	时间	主题	简介	服务人数
1	2019/1/9	华新园—广州大学产学研对接会暨合作签约仪式	组织3家园区企业参观广州大学实验室、研发中心,与4个科研团队8名专家进行精准产学研对接。双方签署了《产学研精准对接框架合作协议》	17
2	2019/5/9	华新园—华南理工大学新材料行业产学研对接专场	邀请了华南理工大学新材料领域的6个科研团队15位专家到园区做重点科技成果项目路演,与39家园区企业深入交流、实地对接	115
3	2019/6/4	华新园—博士科技集团精准产学研对接	邀请博士科技负责人介绍科技成果转化政策;邀请华工、广州大学、华农工商学院3所高校的8位生物及环保行业专家,为8家园区企业对接技术、人才资源	18
4	2019/6/25	华新园—广东省科学院产学研对接专场	邀请广东省科学院10家研究所走进园区,开展新材料、能环保、生物医药科技成果路演,为45家企业带来技术展示与进行技术交流对接	98
5	2019/7/24	华新园—广东省科学院材料与加工研究所技术对接	组织3家园区企业实地参观省材料所,与5位专家进行技术对接交流	13
6	2019/8/2	华新园—广东省石油与精细化工研究所技术对接	组织5家园区企业参观省化工学院,与6位专家进行技术对接交流	7
2019年总计:(人次)				268

---

① 注:此表来源于华南新材料创新园内部材料数据。

（四）项目入园的具体做法和效果表现

1. 精准定位

在智库专家的指导下，华新园区精准定位，紧密围绕IAB战略新兴产业，定位新材料、生物医药、电子信息及高端装备制造四大行业。

2. 智库把关

华新园区由智库专家制定项目入园审核机制，把控项目质量，从而设立了一整套规范化的科技孵化管理制度，包括6大制度和15项程序文件，从科技项目引入落户、培养孵化、人才孵化等内容切入，为科技项目和创业人才提供全周期创新创业孵化服务。

3. 转型升级

华新园区通过持续实施产业"腾笼换鸟"，即主动淘汰落后产业、引入战略型新兴产业、加强高端人才引入、打造高端产业生态圈。

华新园区通过项目入园（见图42），全面激活了园区创新积极性，并带动大量的高端人才、创新人才入驻产业园区。具体的效果表现如下：

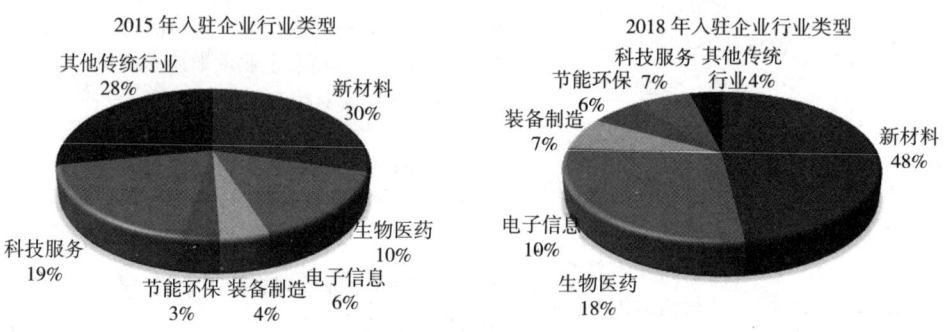

图42 项目入园情况

一是创新氛围浓厚。华新园区拥有自主知识产权的入驻企业约70%，现在园区每年专利申请量超过530件。园区专利申请量和授权总量连续3年在区域国家级专业型孵化器排名第一，如图43所示。

二是高层次创新、创业人才集聚。华新园区累计引入高层次海外归国创业人才超过50人。

三是高速增长的潜力企业涌现。华新园区累计培育高新技术企业122家，新四板挂牌企业78家，知识产权贯标企业64家，"瞪羚"企业7家，已上市企业3家。

四是社会效益、经济效益突出。园区企业2018年总销售收入超过40亿元，直接创造就业岗位超过5500个。

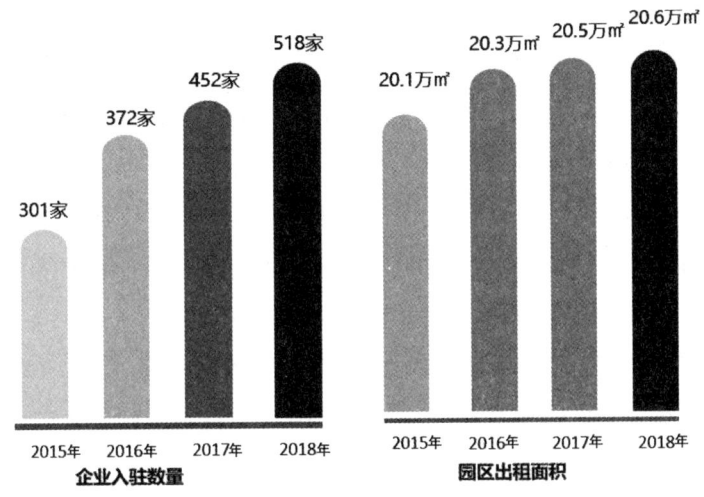

图43　企业入驻园区情况

（五）人才入园

新时期的竞争最终体现在人才竞争上，尤其是高端人才、创新人才的争夺更为激烈。人才竞争经过提炼后即为"人才入园"。对此，华新园的具体做法如下：

第一，打造"社区+商务+产业"一体化、完善的创新创业硬件配套，为人才入园创造硬件条件。产业配套包括办公室、实验室、国家技术检测服务平台、设备共享平台、知识产权服务平台、投融资路演平台、政策推送平台等；商务配套包括会议室、路演室等；社区配套包括篮球场、图书馆、健身房、心理咨询室等。

第二，"服务留商"，留住优秀的创业者。建立以科技成果转化为导向的激励机制：（1）建立完善的知识产权服务体系。制定服务制度和工作方案，开展免费培训、集体贯标、质押融资工程、高价值专利培育等，有效推动人才发明创造的积极性。（2）建立完善的产学研服务体系。收集和整理企业人才、技术需求，定期开展产学研路演对接。联合科协及高校开展培育"青年托举人才"工程、EDP众创班等，从而有效促进人才和技术的协同创新。（3）建立完善的人才培训服务体系。通过线上线下的各类品牌活动（包括华新小课堂、大讲堂、百变书吧等），持续开展免费的人才培训服务活动。（4）建立完善的投融资服务体系。自建创业基金+整合百家金融风投机构，通过推进集体贷款、集体路演等服务项目，有效助推人才科技金融服务。

第三，帮助企业吸引人才，打造线上线下的人才招聘服务体系。线上与知名人力资源服务供应商合作创建人才引进服务平台，在微信创建园区特色招聘平台（招贤令）；线下与中大、华南理工等知名高校合作（华招会）引进高校优秀人才。同时，园区定期举办集体招聘会，通过线上线下联动的方式为园区企业引入人才2000多人。

第四，服务园区企业的员工（包括科技工作者和员工等）。在园区设立园区联合工会、园区科协等组织，为园区的广大科技工作者和高端人才提供技术交流、技能培训、职称评定、人才落户、交友交流平台。

通过完善的人才服务体系，累计引入高层次海外归国创业人才超50人，国家省、市、区各级认定人才65人。园区从事研发工作的科技人员比例超园区总人数的30%，各类科技工作者达2500人。

（六）资本入园

资本是企业发展的血液，更是创新、创业型项目的骨髓。华新园通过"集团创投孵化+科技路演（线上线下同步）+集体贷款+集体挂牌新四板+外部基金创投"的方式，打造综合型科技金融服务平台，有效推进了园区内中小微企业的投融资服务。具体来说：（1）集团创投，园区成立500万元孵化资金，与诚信创投共同设立3000万元孵化资金，自有孵化资金累计投资在孵企业22家，投资总额共计1513.93万元。（2）是定期科技路演，合作引入"燧石星火App"，为园企提供常态化路演，累计组织18场次，促成园企股权融资超3亿元。（3）是组织平台企业集体贷款，园区联合银行等金融机构为平台企业进行集体贷款服务，降低了企业的融资成本，已促成银行贷款超3亿元。其中，2018年园区组织集体贷款，促进了30家在园企业获得中国银行科技信用贷款6950万元。(4)集体新四板挂牌,园区与广东股交中心合作,垫资集中采购新四板挂牌服务,累计辅导80家园区企业集体挂牌新四板。(5)外部基金创投,园区累计与超过100家风投基金(科金控股、凯德控股、力华投资等)建立合作关系,通过项目推送、定期路演、大赛辅导等方式,引入外部风投基金投资园区企业。

"五入园"体系不仅搭建起华新园独有的高端现代服务体系,而且通过这一高端现代服务体系,起到对园区内企业良好的孵化和加速作用,真正让园区与企业的发展命运联系在一起,实现"园区推动企业发展、企业反哺园区发展"的良性循环。

(七)广州希森美克新材料科技有限公司

广州希森美克新材料科技有限公司(以下简称希森美克)于2014年4月入驻华新园。该公司一直致力于快速将国外先进的涂层技术、行业应用经验引进中国,并进行本土化生产。该公司的业务范围已覆盖军工、高铁、汽车、地铁、电器、白色家电、厨房用具、医疗、包装、纺织品、建筑、家具、市政工程等领域。目前,已成功完成多项产品配方开发和还原项目,协助多家不同行业标杆企业(包括华帝、美的、华为、方太等)成功开发出专属产品项目数十项,申请及授权专利25项。该公司拥有纳米涂层技术创新、超疏水超疏油纳米涂层技术、超硬耐磨易清洁抗指纹纳米涂层技术、特殊功能纳米涂层技术等5项核心技术,并拥有3个广东省高新技术产品。

该公司已成功发展为化工行业中一家具有权威开发、生产特种涂层的高科技创新型企业,成功通过质量管理体系认证及企业知识产权管理体系认证,并被认定为广州市企业研发开发机构、高新技术企业。获得广东省军民融合双创大赛的一等奖,并两次获得中国双创大赛的国赛优胜奖。该公司自入驻华新园以来,园区充分发挥"五入园"高端现代服务体系作用,在加速企业发展的同时,确保其实现可持续发展:

1. 给资金

华新园区投资400万元,作为希森美克的研发启动资金。

2. 给专家辅导

由华新园区出资，资助包括希森美克创始人蒋卫中在内的 8 位创业者参加华工 EDP 众创先锋班，并通过园区多层次培训体系，迅速提高其管理运营水平和团队的各项专业知识技能。同时，为希森美克参加中国双创大赛提供培训、提供辅导专家，促成其成功获得中国双创大赛国赛优胜奖、广东省军民融合一等奖。辅导希森美克 2017 年成功通过高新技术企业认定、企业知识产权贯标认证和广州市研发机构建设。

3. 给产业链配套

在华新园区的引荐下，希森美克与园区企业最氧环保公司成为合作伙伴，两家公司进行技术结合共同拓展市场，开发了车内空气净化解决方案，对接了政府和外部资源，组织两家公司参加了海外技术交流行并赴日本学习了精益生产管理和德国工业设计，赴德国参观学习了德国智能制造。

希森美克入驻华新园区至今，办公场地从 150 平方米扩租至 1800 平方米，销售额从 2014 年的零增至 2019 年的 2600 万元，估值从原来 4000 万元增至 2 亿元，企业规模发展迅速。

（八）广州小众环保科技有限公司

广州小众环保科技有限公司（以下简称小众环保）成立于 2015 年 2 月，是一家专注于水处理药剂"一站式"供应平台的科技型创新服务企业。小众环保从 2016 年 5 月入驻华新园区后，园区充分发挥"五入园"高端现代服务体系作用，在加速该企业发展的同时，确保其实现可持续发展：

1. 给项目

园区与金发科技共建的"华新园——金发科技技术合作公共服务平台"，为处于初创期的小众环保提供了便捷及时、精确全面的样品分析等服务 20 余次，助力企业技术研发。

2. 给产业链配套

在华新园区的引荐下，小众环保与园区企业广州桑尼环保科技有限公司成为合作伙伴，两家公司通过技术结合共同拓展市场，为大客户提供了多渠道废水解决方案；通过园区承办的第八届"海外专家南粤行"及"广州开发区独联体新材料技术项目推介会"活动,与俄罗斯国家科学院创新中心和乌拉尔分院环保技术专家达成合作,并进行持续的合作跟进。

3. 给专家辅导

由华新园区出资,资助包括小众环保总经理叶涛在内的8位创业者参加了华工EDP众创先锋班,并且通过园区多层次的培训体系,迅速提高他们的管理运营水平和团队的各项专业知识技能。在园区的推荐及辅导下,小众环保参加了2018年首届绿色经济(广东)创新创业大赛暨第二届绿色广州·环保创新创业大赛,并获得了三等奖。2019年参加第八届中国创新创业大赛(广东广州赛区)暨第四届羊城"科创杯"创新创业大赛,获得了新能源与节能环保行业三等奖。

小众环保自入驻华新园区至今,办公场地从40平方米扩租至339平方米,销售额从2017年的785万元增至2018年的1350万元,企业规模发展迅速。

(九)广州最氧环保科技有限公司

广州最氧环保科技有限公司(以下简称最氧环保)成立于2015年2月,是一家致力于全球市场,集可降解循环原生态环保涂料研发、生产、销售、服务于一体的高新技术企业。该企业从2016年1月入驻华新园区至今,园区为其提供的服务有。

1. 给产业链配套

通过华新园区内开展的"BOSS下午茶"、华交会、技术交流行等系列活动,帮助最氧环保在园区内部开发的客户及合作伙伴超过10家,其中包括希森美克、凯吉斯、仕伯特等。

2. 给专家辅导

在华新园区的牵线下,2018年最氧环保结识了以色列希伯来大学益生菌抑菌技术研发人艾顿·巴博士。艾顿·巴博士研发的益生菌抑菌技术是目前世界上最先进的益生菌平衡抑菌技术。最氧环保与巴博士就该技术双方达成合作,并解决了最氧环保在生产晨检水的过程中菌种选择技术上的难题。园区协助最氧环保申请发明专利1个,实用新型6个,2017年成功通过高新技术企业认定及企业知识产权贯标认证。

在华新园区引荐下，最氧环保参加了 2018 年第七届中国创新创业大赛，通过园区在 PPT 制作、路演及答辩技巧上的辅导，最氧环保最终获得了节能与环保行业市赛第二名、省赛第四名、国赛优胜奖等荣誉。

通过华新园开展的系列产学研精准对接活动，最氧环保对接了华南理工大学材料科学与工程学院何慧教授，双方就联合开发贝壳粉生产其他产品、植物纤维材料新项目及联合申报绿色认证循环经济发展专项等达成合作意向。这些项目处于持续跟进中。

（十）广州众诺电子技术有限公司

广州众诺电子技术有限公司是一家致力于打印耗材芯片的开发和设计的高新技术企业。该企业产品主要应用于 IOT 物联网领域及智能硬件领域。从 2015 年 6 月入驻华新园区至今，已获得知识产权贯标认证、ISO 质量管理体系认证、广东省守合同重信用企业等多项荣誉；5 个系列芯片产品被认定为广东省高新技术产品；1 项科学技术成果证书。华新园区为其提供的服务有：

1. 给专家辅导

华新园区为广州众诺提供创业辅导服务，辅导其参加 2018 年第七届中国创新创业大赛（广东·广州赛区）暨第三届羊城"科创杯"创新创业大赛，并获得成长组电子信息行业决赛第 12 名。此外，辅导其申报 2018 年度黄埔区广州开发区知识产权优势企业，并已成功认定。2019 年被认定为广东省知识产权示范企业。

2. 给资金

华新园区为广州众诺提供投融资服务，为其对接广州凯得融资担保有限公司、广州诚信创业投资有限公司及广州信诚股权投资基金合伙企业（有限合伙）等多家投资机构，并于 2018 年底获得广州信诚股权投资基金合伙企业（有限合伙）1500 万元的投资。

3. 给产业链配套

华新园区为广州众诺对接专利服务机构，为其提供科技企业高价值专利挖掘与质量提升技巧培训，并辅导其成功申请 21 项专利，其中发明专利

12项。

广州众诺2018年扩建2256.83平方米,销售额7208.35万元,企业发展迈上新台阶。

相信通过对上面案例的分析解读,读者对"五入园"体系会有初步的概念,事实胜于雄辩。下面是对"五入园"体系进行的系统而简要的解读,期待成为你发展道路上的一阵东风,助你走出独属于自己的发展道路。

(本小节写于2022年5月)

乡村振兴篇

第十二章 乡村振兴的智库理论研究

一、新时期的乡村振兴理论与实践研究

城镇化是20世纪末21世纪初中国重大且具历史影响力的事件之一。在快速城镇化的过程中,在中华民族不断走向富强的道路上,还存在着不平衡和不充分问题。城乡差距依然明显,"三农"问题依然突出。

要实现中华民族伟大复兴,必须解决乡村振兴问题;乡村振兴首先必须解决乡村经济振兴问题。乡村经济振兴的核心在于乡村产业经济的高质量发展。乡村振兴是个系统工程,需要有思想、有系统、有路径、有抓手,只有这样,才能整合各方资源、汇集各方力量;只有众志成城,才能形成合力推动乡村振兴。思想和系统是乡村振兴的首要环节,只有将这一环节抓紧筑牢,乡村振兴才会有高度、深度和可持续发展的能力,才能实现乡村振兴科学顶层设计,避免盲目行动,从而有效整合乡村的内外资源,调动各方力量,有效推动乡村振兴的各项系统工作;路径和抓手是乡村振兴的重要落地环节,如果没有有效的路径和抓手,那么乡村振兴的一切规划就会成为空中楼阁,不仅如此,乡村振兴的目标也将无从下手。

(一)乡村振兴路径

乡村经济发展的具体路径是"乡村产业集群打造+高地—基地—腹地串联"。乡村产业经济发展创新需要更高水平的外循环系统,"高地—基地—腹地"是串联乡村与城市的纽带,与"乡村产业集群"一同构建起乡村产业经济发展的"内循环"和"外循环"的双循环经济发展格局。

乡村产业集群建设的核心在于不同基础产业之间的平衡发展以及有效串联，而非单一产业的纵深推进。因为乡村产业底子薄，虽然基础资源丰富，但是开发程度偏低，中高端资源十分欠缺。在这种情况下，乡村产业发展必须稳扎稳打、整体推进，只有这样，才能保证长期可持续发展。反之，单一产业的纵深推进，即使短期内发展顺遂，发展到一定阶段后也必然会出现诸多短板和不足，会出现后继无力问题，一方面浪费时间和资源，另一方面也导致乡村产业结构失衡，被迫进入再次优化调整的阶段。

应该以"高地—基地—腹地"为支撑点建立乡村产业经济的外循环系统。其中，高地是区域经济发展的枢纽城市中心，承担信息发布（包括产品发布、优势资源发布、招商引资等）和学习交流先进技术、先进模式、先进理念等功能，同时承担着关注最新新兴产业/业态、商业模式创新，并积极为乡村发展引入产业、人才、技术创新等高端资源和绿色消费等使命和责任。基地是建立在区域经济发展的产业重镇，重点对接产业转移、技术成果转化等。腹地即乡村自身。通过"高地—基地—腹地"的路径，打通发达城市和乡村之间的资源互通和流动通道，促使资源由高位向低位流动（例如，发达城市的人才、技术、创新处于高位而乡村处于低位，这些要素则会由发达城市向乡村流动；而乡村的农特产品、生态环境等处于高位而城市处于低位，则这些要素的价值向城市蔓延），从而实现城市与乡村的再平衡，进而实现乡村振兴。

（二）乡村振兴抓手

以"积分银行"为抓手，破解乡村经济发展中的棘手难题，例如人才引进。人才涌向大的城市，谋求大的舞台，而乡村成了区域经济发展中的人才空心地带。必须承认，在当前的区域经济发展格局中，乡村既没有吸引人才的优势，又没有引进人才的资本。然而，乡村经济振兴离不开大量的各种类型人才的支撑，仅依靠国家或地方政策机制，向乡村输送有限的人才，是不足以全面带动、激活乡村经济发展创新的。为此，乡村经济发展要有乡村主动策略，而不是被动等待。以认清现状为前提，破解乡村经济发展瓶颈需要从四个方面着手：一是好钢用在刀刃上，厘清乡村经济发展中的轻重缓急，理顺乡村产业发展的逻辑关系。二是要善于用未来的资本办现在的事，诚然，当前乡村既缺乏优势又没有资本，但是，要看到未来乡村的发展是前途光明的。三是要有情怀，把情怀转化为乡村经济发展中的一大助力；四是要提倡并保障共建共享的平台价值观。综上四点，汇总起来的解决方案就是"积分银行"。

以"积分银行"为抓手，针对乡村经济发展中的迫切问题有序突破，内容包括乡村人才建设、乡村产业经济创新、乡村产业集群打造、乡村企业孵化和培育、乡村新兴产业（业态）发展等。

（本小节写于 2023 年 1 月）

二、乡村振兴的本质是从量变到质变

（一）乡村发展由基础量变进入创新质变阶段

乡村振兴以推动乡村产业经济高质量和可持续发展为前提，可以分为三个阶段：第一个阶段是经济振兴阶段；第二个阶段是文化振兴阶段；第三个阶段是产业与乡村相融的创新发展生态阶段。这三个阶段没有绝对的先后之分，只有不同时期的主要任务和目标的区别。目前，乡村振兴仍然处于第一个阶段，即经济振兴阶段。其中，经济振兴阶段又分为基础量变、创新质变和乡村产业经济集群化三个发展阶段。当前，我国乡村经济发展基本完成了基础量变阶段进入创新质变的发展阶段。创新质变阶段的发展模式迥异于基础量变阶段。进入创新质变阶段是乡村产业经济发展中的一次重大转型升级。在这一阶段，乡村产业经济的发展必须面对许多前所未有的新问题，资源整合方式也由浅表向深层过渡，思考方式也由就事论事的现象到直击问题的本质改变等。从"形象发展"到"抽象发展"的变革，是机遇与风险同行的改革探索之路，也是对乡村振兴能力的大考，如果处理得当，则乡村经济发展进入高质量快速发展通道，彻底稳固此前的发展成果，并且能够打开新的蓝海；反之，则非但难以再创新高，还会有所衰落。

（二）基础量变和创新质变的发展对比

基础量变阶段的发展本质是把各种闲置的生产资料充分利用起来，并更新落后的生产工具，改革陈旧的生产方式，从而推动乡村经济增长。而创新质变阶段的发展本质是重新定义生产资料，创新产业形态，引入新的发展模式，打通乡村产业经济发展内外双循环的新格局。由于基础量变和创新质变的发展思维迥异，如表3所示，就会出现"在基础量变时的游刃有余，到创新质变时则是进退维谷"的现象。

表3 基础量变和创新质变的发展对比

基础量变	扬长避短，发挥产业优势	资源有效利用，减少资源闲置率	延长产业链条，提升产业效益	完善产业链条
创新质变	创新增量，为产业发展赋能	资源高效利用，提升资源利用效率	产业链有效串联，提升产业附加价值	优化产业结构

在这个过程中，会出现如下问题：一是不作为或少作为，因而错失机会、资源流失，导致乡村经济发展陷入停滞甚至倒退状态；二是胡乱作为引发产业风险，造成严重的资源浪费，损害乡村产业经济发展成果。

（三）乡村产业经济在推动创新质变进程中的问题和不足

乡村产业经济发展既有特色和优势，但也存在许多先天不足。基础量变是基于乡村产业优势的产业延伸，而创新质变是基于乡村产业传统优势所进行的开拓创新，以优化乡村产业结构，实现高质量发展的转型升级。这些开拓创新举措通常都缺乏基础支撑、空有其形，与预期目标相差甚远。因而在实际操作中，会在以下五个方面暴露出问题和不足。

一是技术创新成果。从乡村基础产业到乡村高新技术产业升级，由劳动力密集型向技术密集型转型，是乡村产业经济实现高质量发展的重要路径，也是当前乡村振兴迫在眉睫的命题。实现这一目标最重要的动力是丰富的技术创新成果的涌现和导入。然而，在乡村发展环境里，由于人才匮乏，既无法产生技术创新的成果，又难以从外部顺利导入先进技术创新成果并实现有效转化。

二是乡村发展中的人才力量。人才是现代乡村发展振兴的重要驱动力，虽然近年来乡村发展速度较快,但与城市相比,乡村舞台仍旧小而简陋,吸引力不足,无法持续吸引各类人才汇聚乡村、扎根乡村。所以,除非另辟蹊径,否则乡村发展振兴将始终受人才问题的制约。

三是招商引资助力乡村发展振兴。招商引资是乡村发展振兴中的一针强心剂,但在现实中乡村经济发展普遍面临招商引资难的问题,尤其是在吸引那些对乡村经济可持续发展有重大意义的高附加价值产业时更是难上加难。由于这样的产业对人才、技术、创新、金融及其他高端现代服务的密集需求,乡村发展环境对此缺乏相应配套要素,因而这些产业很难发展,所以目前乡村产业要么是价值比较低的基础产业,要么就是资源环境消耗严重的被转移产业,这些都无力推动乡村经济高质量发展和可持续发展。

四是高端现代服务业配套。随着乡村经济振兴,大多数乡村已经在有意布局发展高端现代服务业,以驱动乡村产业经济向高质量发展转型。然而,高端现代服务业的蓬勃发展是基于繁荣的产业生态和商业生态的,并且高端现代服务业具有集群化生存发展特征(相互之间有紧密联系,集群越大,生存发展能力越强,集群越小,生存发展能力越薄弱),这导致的理论规划逻辑是"基于现有产业基础发展高端现代服务业,通过高端现代服务业驱动产业进一步发展壮大,进一步壮大的产业再反哺壮大高端现代服务业发展,从而实现良性循环"。这一规划表面上看似良好,但它忽略了高端现代服务业的集群化生存发展特征,实际上产业结构简陋的高端现代服务业并不足以驱动产业经济的高质量可持续发展,而且并不强大的产业经济也难以支撑完善的高端现代服务业体系落成,所以乡村经济振兴中的高端现代服务业发展必定是需要具有突破性的创新模式的,而非传统的发展道路。

五是乡村营商环境。乡村营商环境通常存在三大问题:一是行政服务效率偏低,在笔者走访调研过的村镇企业中,普遍反映存在这种问题,并与先进地区对比差距较大;二是内部矛盾问题较多,影响企业的正常发展规划;三是生产、生活配套服务薄弱,尤其是生产型服务业,企业发展得不到相应赋能。

由于上述诸多问题与不足长期得不到解决和弥补，不乏崛起于本土的优质企业在发展壮大之后反而迁离本地的情况出现。

（本小节写于2021年6月）

三、乡村振兴思想——城市与乡村发展的再平衡

（一）主要思想

城市与乡村发展的再平衡是乡村经济振兴的核心思想。它是既能有效解决就业问题和城市发展空间不足问题的指导思想，又是解决乡村经济振兴中产业、人才、创新等问题的重要思路。这一思想的具体内涵包括：以城市与乡村发展的再平衡作为乡村经济振兴的战略核心思想，以创造增量优化存量作为乡村经济发展绕开内部矛盾问题的主旨思想，以智库力决定创新力、创新力决定产业力作为乡村产业发展创新的指导思想，以三个平衡（内环境与外环境的平衡、产业链内循环与外循环的平衡、短期生存与中长期发展的平衡）作为乡村经济可持续发展的指导思想。

（二）乡村精准定位——四个维度

1. 地缘战略维度

地缘战略源于地缘政治。在西方，它最早的核心思想是控制心脏地带以达到政治上的制霸目的，引申到区域经济发展中也是同理，即谁掌握了世界经济发展的核心，谁就足以支配世界经济的发展走向，成为世界经济中心。中国区域经济发展坚守合作共赢原则，虽然乡村经济体量小，但是格局决定结局。地缘战略对乡村产业经济发展创新仍具有不可忽略的影响和价值。第一个方面是适应国际政治、经济环境，并预知国际政治、经济未来变化的趋势，预见机遇和危机，从而超前做出准备和应对措施；第二个方面是明确世界经济心脏所在及其所决定的经济产业发展规律、国际市场规律和世界产业链分工定位，合理定义乡村经济当前所扮演的角色；第三个方面是围绕乡村

经济发展优势，谋划具有影响区域经济"心脏"能力甚至成为新的区域经济"心脏"的蓝图。

2. 区域经济维度

区域经济很容易理解，需要注意的是，区域经济其实包含了两个层面：第一个层面即本区域内的经济发展基础、优势条件、基础设施等。区域经济发展的定位就是如何更好地将这些资源充分利用起来，转变为更高的经济价值和经济收入；第二个层面则相对容易被忽略，即在定位本区域时，也要去思考和分析上一层级的区域经济发展定位，例如县域、市域经济发展定位。

3. 产业链有效串联维度

产业链串联是否合理，不仅能够决定乡村产业经济发展的整体协调性，也决定了乡村产业经济发展是"更好的利用方式""更加充分的利用方法""更高的价值转化模式"。我们常说的产业发展生态圈、产业集群等，主要依靠的就是产业链串联。产业链串联包含两个层面：一个层面是围绕乡村主导产业进行纵向延伸和横向展开，构建一张以主导产业为骨架的网络结构，也就是产业链内循环；另一个层面是在第一个层面的基础上，将整个乡村经济发展状态视为一个中心点，沿着"高地—基地—腹地"策略，形成跨区域的网络，也就是产业链外循环。

4. 行业趋势维度

行业发展趋势可分为八个阶段，即底部开始向上、加速上扬、暴涨、渐趋稳定、阳极点、开始向下、暴跌、底部盘整（阴极点）。如何更好地应对未来行业的发展趋势，需要乡村经济精准分析行业当前所处的阶段，以及未来3—5年所处行业趋势阶段的变化情况。一般来说，在底部开始向上时就要加速引进和储备行业发展资源，在加速上扬时则需要全力发展，暴涨时则要开始维稳，当渐趋稳定时就要思考如何创造增量、盘活存量，当行业趋势处于阳极点时，就要逐步谋划转型升级的蓝图，改造传统产业，发展新兴产业。

（本小节写于2021年6月）

四、乡村振兴系统——"智库+平台"枢纽

（一）乡村振兴"智库+平台"

当乡村经济发展进入创新质变阶段时，就是乡村产业在进行转型升级。在创新质变进程中，乡村产业结构优化升级面临"两头堵"的"人才、技术、创新、金融、资源"等困局。"系统而完善""一流水准""一步到位"等是乡村产业破局的关键词，但基于乡村产业现有的发展模式，是无法满足上述要求的。因此，笔者提出"智库+平台"的创新乡村产业发展模式。因为无论是专业人才、先进技术、创新能力、金融资本还是其他的高端现代要素，市场上都是十分充裕的，只不过富集于中心城市，乡村只需要用一种合理的模式将其引进来，达到"不求所有，但求所用"的效果即可，这种合理的模式就是"智库+平台"。

打造"智库+平台"乡村经济振兴枢纽系统。"智库+平台"是城市与乡村发展再平衡核心思想的系统化呈现，是把城市发展资源向乡村引导的有效系统。首先，这个系统能够快速填补乡村经济发展中的资源不足；其次，这个系统通过系列"洼地"机制沉淀由"智库+平台"所带来的巨大的人流、信息流，使之部分在乡村实现本土化；最后，这个系统凭借乡村"智库+平台"枢纽，培育发展乡村本土人才、产业，实现乡村经济发展由"引进—转化—沉淀（本土化）—自强"的发展升级过程。

在"智库+平台"系统中，智库指乡村产业智库，通过与乡村共建智库的方式，为乡村经济发展导入各领域专家资源并帮助乡村运营好乡村产业智库，服务于乡村经济的顶层设计、战略规划、标准指定、诊断咨询等，并为乡村经济发展培养本土化的乡村产业智库人才。作为乡村产业智库，要能为乡村经济发展出思想、出系统、出路径、出抓手，它既要有实战能力，也要有理论高度。

在"智库+平台"系统中,平台是城市与乡村发展结合的资源枢纽,是创新乡村资源整合模式的发力点,具体来说,应当从五个方面着手:一是把各种发展资源、优势有效地呈现出来并传递出去;二是梳理资源要素,进行科学管理和分类,形成大数据中心和检索中心;三是资源对接入口,打通乡村产业经济发展的内循环和外循环;四是高端现代服务体系对接乡村产业发展通道,把高端现代服务系统投射到乡村之中;五是培育和孵化乡村创新、创业项目。帮助乡村搭建好平台、运营好平台,使平台真正成为乡村经济振兴的长期舞台。另外,平台还要有效向乡村产业经济发展的日常延伸,按照"五入园"理论体系打造新时代的乡村产业集群,按照"四给"模式打造新时代乡村创新创业孵化器,真正搭建起乡村产业发展创新的生态系统。

(二)产业智库建设和乡村振兴

智库是产业智库,它是聚焦于产业经济研究的中观智库,主要研究推动行业可持续发展创新战略,具体包括产业链串联、产业结构优化、行业发展趋势等,能够为乡村产业发展出思想、出系统、出路径、出抓手。利用产业智库,为乡村经济振兴解决如下问题:

1. 为乡村经济发展提供专家来源

通过共建产业智库,为乡村经济发展导入智库专家,提供专家咨询、指导和专家级培训。解决乡村产业经济发展中的政策解读、行业趋势、市场分析、产品/服务剖析、先进商业模式设计等问题。

2. 为乡村经济高质量发展提供顶层设计

通过共建产业智库,组织考察、调研、诊断,优化和完善乡村产业经济发展的顶层设计和总体规划,做到有思想、有系统、有路径、有抓手。

3. 建立乡村产业振兴人才培养体系

利用产业智库优势,设计一套完善的乡村产业振兴人才培训课程系统,提升乡村产业从业人员的技能和素质,发掘和培养乡村创新、创业人才。

4. 引导专家人才带团队进驻乡村创新、创业

产业智库专家中,不乏自身就是项目带头人的专家,通过共建产业智

库，将这些项目和团队合理引入所对应的乡村，成为乡村产业经济振兴的创新增量。

5. 借助产业智库为乡村产业项目价值把关

乡村产业经济振兴离不开创新，而创新是把双刃剑：有效的创新项目固然会极大推动乡村经济振兴，无效的创新反而会制约乡村产业经济发展。借助产业智库的力量，为乡村产业经济创新提供完善的诊断、咨询、评估、建议方案等，为乡村经济发展创新决策、项目决策等提供咨询服务。

（三）乡村振兴枢纽平台

1. 平台——乡村产业集群搭载"五入园"

（1）商会协会入园，共建乡村商会协会

共建乡村商会协会是乡村资源整合的良好方式之一。其优势是：第一，可以规避原本的矛盾，顺利完成资源整合；第二，商会协会是居于基层政府/村委会与企业之间的组织形式，兼有两者优势。乡村商协会应围绕本地主导产业强调"共建发展"，与外界优秀商会协会联合共建，一方面可以把外部先进资源通过商会协会导入乡村发展中来；另一方面能够把乡村的特色产品产业通过商会协会的渠道推广到全国去。除此之外，共建乡村商会协会还能够显著提高乡村商会协会的运营水平和能力，传递先进的管理经验和产业发展模式，加强乡村与外界地区的人才互动和交流、繁荣当地商业、休闲旅游业等。

（2）专家智库入园

共建乡村学研中心，推动乡村与各大高校、职业院校、科研院所等共建乡村学研中心，主要包括共建乡村技能人才教育培训中心、高校/职业院校乡村实践基地、大学生乡村创新创业中心、科技创新成果乡村实验基地等。

（3）项目入园

依托"智库+平台"（因为"智库+平台"有策划设计能力，有标准评判能力，有资源，有宣传能力，有后续孵化和服务能力等），面向全国创业者举办"乡村产业振兴创新创业大赛"，遴选对乡村经济发展振兴有价值的优质项目，使项目在乡村落地、孵化成长，从而推动乡村产业经济创新发展。依托"智库+平台",承接优质产业转移项目(即符合村镇产业定位、符合产业链配套或延伸原则、符合短期生存和中长期发展平衡的项目),为乡村产业经济短期快速发展注入活力。

(4)人才入园

在上述发展战略支持下,乡村发展已经具备了可观的人才流量,但为了长远发展目标,仍需进一步夯实和稳定乡村人才根基,主要从三个方面着手:一是以项目为驱动,提供高薪就业机会,通过引进人才,平衡人才结构,不留"短板";二是留住人才,通过完善和强化生活型服务业,例如医疗、教育、休闲娱乐、文化等,打造优质生活环境,吸引人才就地安家落户;三是培养本地人才,提升本地人才培养水平和层次,利用"智库+平台"所带来的增益,抓住机会积极发展社会培训和职业教育事业,根据乡村发展实际和目标远景,按照要求定制化培养本土人才,为乡村产业经济发展振兴提供人才输送的内生源泉。

(5)资本入园,共建产业金融供给系统

金融是乡村产业经济发展不可或缺的力量。资本关心机会和风险,在面对规模较小、发展前景暂不明朗的中小型企业时,缺乏有效平衡机会和规避风险的机制,这是中小实体经济一直难以获得资本青睐的症结所在。而"智库+平台"所提供的生态,正可以有效平衡"机会"和"风险",并且在金融机构与实体经济之间架起双方形成互信的"桥梁"。"智库+平台"一方面根据金融/资本思维辅助实体经济发展建立标准;另一方面,根据"产业发展创新"思维推动金融机构进行金融产品和机制创新。同时,"智库+平台"引入包括政府在内的多股社会力量参与产融创新一体化,为产融创新一体化提供更加可靠的信用担保。

2. 乡村创新创业"四给"

(1)给项目

主要针对乡村本地居民,利用"智库+平台"所带来的信息、资源等优势,根据乡村产业链,匹配符合乡村发展定位、行业趋势、短期生存和中长期发展平衡的创新创业项目,为乡村产业经济发展振兴创造增量、带动存量。

（2）给创业团队

主要是为扎根乡村的创业者匹配创新、创业人才团队，填补创业团队中的短板和不足，例如匹配专业技术人才、运营管理人才、营销人才、产业专家顾问等。在传统的乡村经济发展模式中，具备知识、能力和经验的多元化人才是严重匮乏的稀缺资源，但基于"智库＋平台"的优势，这些人才资源可以顺利导入乡村产业经济发展创新中。

（3）给专家指导

打造"智库＋平台"的乡村产业经济发展系统，通过"智库＋平台"这一模式整合全国专家资源，实现乡村撬动全国一流专家的目标，为乡村产业经济创新发展护航，提供产业、商业模式、经营管理、金融法律、研发创新等各类咨询指导，并使这种专家咨询指导在乡村发展中长期、有序地进行。

（4）给启动资金

通过平台整合金融资源，构建起乡村产业发展创新的金融资源基础。通过产业智库打通实体经济与金融资本之间的屏障，一方面可以创新金融服务产品和模式；另一方面能够为产业项目把关，指导产业项目良性发展，从金融供需体系上用系统性方法消除投资发展风险，促进"产融一体化"发展。

（本小节写于 2021 年 6 月）

五、乡村可持续发展的"三个平衡"

（一）内环境与外环境平衡

"智库＋平台"打通乡村产业经济转型升级通道，强化成果、经验的内外交汇，可以进一步促进"中国乡村产业论坛、乡村文化、产品、创新成果会展"等交流活动的落地，充分发挥其推介交流的作用，实现文化、产品（项目）、人才、资源等要素的"引进来、走出去"。内环境不能脱离外环境存在，否则只会是闭门造车。当前乡村发展内环境鲜有与外部环境不互通的情况，但是普遍存在内环境赶不上外部环境变化节奏的问题，内部环境总是追着外部环境跑。外环境已经变化了,而内环境没有改变,就是基于过去的思维和方式做现在的事,其结果可想而知。内环境与外环境的平衡,就是使乡村的内环境随着外环境的改变而改变;只有与时俱进,才能保持良好的生命力和竞争力。从智库的角度看待内环境与外环境的不平衡,其具体内容涵盖了产业园区发展思想、系统、路径和抓手这四个方面。具体来说,思想的不平衡,首先是丧失了积极进取的锐气和危机感,或是目空一切,十分自负,或是得过且过,安于现状,或是对外部环境的量变视若无睹,或是不主动及时调整发展战略,或是总基于过去的经验来判断未来的事。但是这种判断往往只在量变期有效,而一旦进入质变转折期就会出现重大失误,错失最佳的转型升级机遇期。系统的不平衡,包括乡村产业链串联、乡村治理、硬伤环境等多个方面,它是乡村发展思想不平衡的表现。因为乡村发展系统的不平衡,所以不可避免地导致乡村的发展路径滞后,与外部环境形成明显的不平衡对比。而路径的不平衡必然会带来抓手的不精准甚至失误,外部环境的改变牵一发而动全身。外部环境包括国际政治外交、国内政策、宏观经济、区域政策经济、技术变革、新兴产业、市场消费、行业发展、突发事件等。各种要素相互联系又相互影响,只要任一要素产生变量,就会使外部环境整体发生变化,从而改变竞争格局、商业模式、营商环境等。只有当量变的积累不足以产生质变时,它的影响才不会显著。一旦发生质变,就会掀起威胁乡村可持续发展的巨大海啸。

(二)产业链内循环和外循环平衡

以"智库+平台"为枢纽,打造乡村产业集群,形成乡村经济发展内循环,实现乡村人才培育、技术创新、成果转化、资源整合、现代服务的结构闭环。通过"高地—基地—腹地"系统打造乡村产业经济外循环。高地应瞄准一线城市中心,使其作为信息交互、人才互动、学习交流、先进资源要素的重点枢纽。以产业重镇为基地,作为招商引资、承接产业转移、研学、创新成果转化、新兴产业培育的重要目标区域,以自身为腹地,以主抓产能供给为主,兼具研发设计、创新创业孵化、创新成果转化等延伸功能。"中国乡村产业论坛""乡村文化、产品、创新成果会展"这样的活动可以作为乡村产业经济内循环和外循环的结合点和平衡点,从而实现内循环和外循环的有效互通和互动。

(三)短期生存和中长期发展的平衡

在乡村经济振兴过程中,不存在时时刻刻绝对的平衡状态,而是在发展、震荡中呈现的平衡稳定状态。发展震荡就意味着短期生存和中长期发展二者在不同发展时期的取舍及取舍的程度问题,可能在某一时期内的重点是短期生存,但当发展到一定时期或满足一定的条件时,就要为保障中长期发展利益而调整目标。总而言之,短期生存是乡村经济可持续发展短时期内的妥协,只点缀在乡村经济可持续发展的漫长道路上,而中长期发展才是乡村经济可持续发展的长期任务,是乡村经济可持续发展漫长道路的主旋律。

(本小节写于 2021 年 5 月)

第十三章　乡村振兴的实践探索研究

一、乡村人才建设

乡村产业振兴面临最窘迫的问题就是人才不足。事实上，乡村不仅是人才不足，青壮年劳动力也同样稀缺，大量的青壮年劳动者长期在外打工，留守乡村的绝大多数是老弱病幼等缺乏劳动能力的人群。这种情况导致乡村产业建设缺乏有力的人力资源支持。

（一）问题分析

由于长期以来乡村经济存在发展落后、产业结构单一、就业舞台小、就业机会少、就业层次低等问题，乡村劳动力长期处于持续外流的状态。具体而言有以下几个方面：

乡村产业经济主要是由农业经济、基础工业、基础商业和休闲旅游经济四部分组成（休闲旅游经济发展程度不一，而且绝大多数乡镇休闲旅游业的底子非常薄弱甚至近乎零）。农业经济是乡村的主体产业，虽然我国农业在快速发展，但是农民收入仍然处于整个社会收入结构的底层。因此，新一代年轻人鲜有愿意留在乡村务农的。而且，当前乡村农业趋向规模化和现代化的生产模式，对传统劳动力的依赖程度越来越低。

乡村工业在近20年虽然得到长足发展，但依然没有摆脱零散、杂乱、产业低端、成本依赖等特性。其发展程度远远落后于一、二线城市的工业发展水平。对比乡村工厂就业与城市工厂就业，无论是就业机会、稳定性还是收入水平、中长期发展机会，都远远落后。乡村工业虽然能留住一部分乡村劳动力，但是对于有一定技能的乡村人才吸引力不足。而且，低端落后的工业设施，对于乡村产业振兴并不能起到推动作用。

乡村基础商业主要是一些包括餐饮、零售等在内的服务业。同时，这些商业服务业本身就生存困难，更难以帮助乡村吸引和留住人才。一方面，大量的乡村青壮年长期在外，极大地降低了消费能力和活力；另一方面，电商的迅速崛起和发展，严重冲击着传统的乡村商业服务业。因此，许多乡村的商业面貌近10年来非但没有发展，反而更显委顿。

乡村旅游是乡村产业振兴中的重要一环，是乡村产业振兴的重头戏。然而，目前的乡村旅游业并没能如愿发展起来，虽然许多乡村具备独特的旅游资源，但是，发展乡村旅游经济并非就事论事。目前的乡村旅游经济普遍存在如下问题：一是缺乏有效的资源运作和文化包装宣传系统；二是缺乏有效的多元创新和多重开发能力；三是乡村旅游业的内外循环系统没有形成，没有主打名片和品牌路线，在外资源进不来，在内生活型服务业配套不足，产业链串联程度低，难以刺激消费；四是旅游业是当前的热门经济，各地争相发展，竞争激烈；五是自2020年以来，受新冠病毒感染影响，跨国、跨省（市）的人员流动时常受限，休闲旅游业受到的影响较大。

除上述因素之外，乡村教育、医疗水平落后等因素也使从乡村走出去的人才很少再返回乡村发展，而且越来越多的年轻人也在争相离开乡村。

（二）解决对策

目前，绝大多数乡村摆脱人才困境并无有效良策。而在乡村振兴中，人才与产业二者相互依存。产业发展低迷的现状，导致更难聚拢人才，使乡村经济陷入恶性循环中。打破这个恶性循环的关键，就是实行"城市与乡村发展中的人才再平衡"策略。

城市人才过剩而乡村人才不足，城市里处于边缘地位的人才对城市经济发展的作用已经微乎其微，但这一类人对乡村经济发展有重大推动作用。

因此，把城市中过剩的边缘人才合理引入乡村经济发展中，是突破乡村缺乏人才困局的重大契机。

在乡村产业经济发展过程中，人才按优先度可以分为三级：

第一级是产业智库和创业人才。产业智库关系到乡村产业经济发展的顶层设计,是乡村振兴的先决条件,因而要作为第一优先级。产业智库要有思想、系统、路径和抓手,要有长期性和稳定性。

创业人才是具体盘活和真正发挥利用好乡村资源的关键。乡村产业经济创业初期可以瞄准两类创业人才,一类是从本乡村走出去,在外历经连续3年以上创业经历的年轻创业型人才。无论他们的创业成果是否显著,都是乡村应该重点关注的创业人才。这一类人才具有三大优势:一是具有一定的基础能力和创业素质;二是连续3年以上的创业经历无论成果是否显著,都积累了丰富的创业经验和人脉资源,也进一步证明了他们的能力和心理素质;三是他们有乡土情结,在机会合适、政策合理的情况下,这类人才很容易被吸引返乡创业或投资。另一类是乡村本地具有一定创业能力和素质的中年人。可以鼓励并引导他们走上自主创业的道路。然而,想要将他们培养成为创业领军人物,需要用到"四给"孵化系统。

第二级是与乡村产业关联的专业技术人才。因为乡村产业发展初期是以实体产业为主的,所以专业技术人才是乡村人才中第二优先的梯队。在有一定的创业人才基数和以乡村为单位打造产业集群并以产业集群为主体的整体思维基础上,专业技术人才的建设策略有三:一是传统招聘,但初期可能效果不显著;二是与高校尤其是专业技术院校达成"产学共建"协议,形成人才委培、代培、输送关系;三是在乡村开设技能人才培训教育机构,直接培养本地村民成为专业技术人才。

第三级是职业经理人人才。招聘职业经理人,应直接面向城市中处于危机期的、年龄偏大的职业经理人。他们有能力、有团队、有人脉、有资源,他们因为年龄的增长、城市商业形态迭代升级过快、竞争越发激烈等客观原因,逐渐难以在城市产业经济发展中找到合适的定位。然而,对于慢节奏且发展相对滞后的乡村产业而言,他们是不可多得的人才资源。要把这些职业经理人顺利引入乡村经济振兴中,必须是乡村产业经济处于朝气蓬勃的状态。这也是为什么把职业经理人在乡村人才建设中放在第三梯队的原因。

在产业智库和职业经理人两个人才层级上,应秉持"不求所有,但求所用"的平台思维。乡村固然无法立刻付出高额回报以吸引这些高端人才,但也并非除此之外无计可施,而是可以通过"基础待遇+积分银行"机制来有效解决乡村高端人才建设问题。

(本小节写于 2021 年 6 月)

二、乡村产业创新

(一)问题分析

创新是推动产业经济发展的核心动力,是产业经济由量变转为质变的关键。乡村产业经济既要后发崛起,又要快速适应新时期的经济发展特征。乡村产业经济在底子薄弱的同时,又要跨历史时期谋划发展质变。所以它的发展离不开"创新"二字。同时,乡村产业经济的创新有其新的产业特征、时代特征和环境特征,有不同于城市产业经济发展新思路、新战略、新路径和新抓手。想走一条简单模仿城市产业经济发展创新经验的道路,注定无法取得理想的效果。

由于缺少创新人才,现阶段的乡村难以成为创新策源地。另外,乡村缺少创新成果转化能力。其实,不仅是乡村,我国创新成果转化能力普遍偏低,而乡村的创新成果转化能力近乎于零。造成这种结果的原因,首先是乡村产业发展缺少活力并且是以基础产业为主,而创新成果转化通常衔接的是产业链的中高端;其次是乡村产业链条短且单一,而创新成果转化绝大多数是基于产业链的有效串联,而非单一而短的产业链条;最后是乡村没有良好的生产型服务业,尤其是基本没有高端现代服务业,而创新成果的转化依赖于生产型服务业的支撑。

(二)解决对策

乡村产业经济底子薄弱、资源有限、产业链条单一,且当前经济环境对乡村产业经济发展提出严苛而紧迫的要求,促使乡村产业创新的模式必须另辟蹊径,并且关键是强调有效创新和有效串联。

促进乡村产业经济有效创新和有效串联所必需的要素包括智库（保证创新有效性，不能脱离乡村产业发展实际而盲目创新）、人才（创新根本）、生产型服务业（提供创新保障服务）、多元化的产业链条（为创新提供成果应用和生产转化的条件）等，不但要有效提高乡村产业创新活力和能力，而且要能迅速把创新成果转化为实际生产力和经济效益。然而，基于乡村经济发展的实际现状，不可能在短时间里依靠自身资源和能力打造出一个优良的创新环境，因而需要通过"智库＋平台"系统，直接把各种创新要素投射到乡村之中。如果把乡村比喻为一台电脑，那么乡村产业创新就是需要用乡村这台电脑来完成一系列的复杂运算，但由于主机配置低，结果发现这台电脑根本无法启动。如果要自行配置一台高端主机，又不是乡村经济发展现状所能承受的，而运用"智库＋平台"系统，则相当于具有高端配置的云电脑，乡村仅需接入端口即可直接启用。

（本小节写于 2021 年 5 月）

三、乡村产业集群

产业集群是产业发展到一定阶段后的必然趋势和结果。乡村产业经济发展应尽早树立集群化的发展理念，围绕乡村产业集群进行顶层设计，乡村产业集群是以乡村为单位的产城人一体化成果。

乡村产业集群建设的核心，在于不同基础产业之间的平衡发展及有效串联，而非单一产业的纵深推进。因为乡村产业底子薄弱，虽然基础资源丰富，但资源开发程度偏低，中高端资源十分欠缺。在这种情况下，乡村产业必须稳扎稳打，整体推进，才能保证长期可持续发展。反之，单一产业的纵深推进，即使短期内发展顺遂，发展到一定阶段后，也会出现诸多短板、不足，甚至后继无力。这样不仅浪费了时间和资源，还导致了乡村产业结构失衡，被迫再次进入优化调整阶段。

乡村基础产业，一般包括基础农业、基础工业、基础旅游业、基础商业和基础生产型服务业。如果基础产业之间发展不平衡,就会使产业处于价值链低端。例如,基础农业强,但是基础工业薄弱,则农业产品只能以最原始的方式向外销售;又如,基础工业良好,但如果生产型服务业不强,就会导致基础工业创新升级困难、产品受制于人、产品竞争力低下等问题;再如,即使基础旅游业良好,有丰富的旅游资源,但是基础商业薄弱,则会导致空有旅游资源而不能促进旅游消费,不能为乡村创收。因此,不同基础产业要达到平衡发展的状态,才会为乡村经济振兴带来第一波红利。

在乡村基础产业平衡发展的基础上,产业链有效串联是乡村产业经济振兴的第二步。产业链有效串联的基本收益是为原产业带来额外的附加价值,尤其是乡村旅游业对其他基础产业的赋能;而更为核心的是,产业链有效串联是产业创新的重要抓手。乡村产业链有效串联的内涵并不高深,但需要具备很强的前瞻性和大局观,是典型的根据未来做现在的事。以乡村旅游业为例,怎样做才能达到产业链的有效串联?第一,要搞清楚未来5年到10年乡村旅游业的发展趋势,核查当前的发展规划是否符合趋势;第二,搞清楚未来10年乡村农业、工业、生活型服务业、生产型服务业的发展趋势与旅游业之间的相互依存关系及程度;第三,根据上述结论制定乡村旅游业发展规划路线图,而这一规划并非只涉及旅游业,同样涉及农业、工业和服务业。

产业链有效串联重在创新。创新可迸发出新的产业概念和商业模式,创造巨大的社会效益和经济效益。在产业创新中,没有任何一种创新是凭空想象或是横空出现的,所有的创新都是基于已有产业链的有效串联而兴起的,例如直播带货是"直播+传统电商"的串联,打车是"移动互联网+租车(出租车)"串联,外卖是"移动互联网+餐饮"串联。因此,乡村产业链有效串联的核心目标是产业创新,只要突破传统产业经济发展模式,就能够推动乡村产业转型升级。

乡村产业链有效串联后,必须符合三个平衡的标准,即内环境与外环境的平衡、产业链内循环和外循环的平衡、短期生存和中长期发展的平衡。同理,是否符合上述"三个平衡",也是检验乡村产业链是否做到有效串联的标准。

产业平衡发展、产业链有效串联是乡村产业集群的雏形,而要形成强大的乡村产业集群,还需要一个产业智库和一个平台。产业智库是为了确保产业平衡发展和产业链有效串联。平台则负责整合各方资源。二者联合就是乡村经济振兴的"智库+平台"系统。

(本小节写于 2021 年 12 月)

四、乡村企业培育和发展

(一)问题分析

因为受限于乡村产业发展环境,所以乡村企业通常以小微型的基础种养殖企业和基础生产加工业为主,具体包括乡村干部牵头办的乡村扶贫企业、外来者投资的中小微企业,以及村民自主创业型企业。也有少部分乡村可能引进大型企业投资的生产加工基地。乡村企业给人的第一印象通常是低端的,难以做大做强。乡村企业如何成长为乡村经济发展的顶梁柱?乡村主体又应该如何有效扶持和孵化乡村企业?要解决这些问题,先要分析一下乡村企业的不足。

1. 管理水平低下

在几大类乡村企业中,除了由大型企业投资的生产基地外,其余的普遍管理水平偏低。为什么会出现这样的局面呢?原因有二:一方面是乡村企业创始人往往不具备企业管理的才能因为乡村企业组织结构简单,没有正式的管理层(对于小微企业而言,简化管理层的策略是明智的)。如果企业老板不会管理企业(包括管理战略和管理战术),那么企业管理水平就很差。另一方面是乡村企业的员工以本地村民为主。村民之间人情往来多,亲朋关系复杂,导致许多管理制度难以推行,并且很多村民的思想觉悟低,加之报之以无所谓的心态,使得管理制度的约束性很差。

2. 生产效率低下

一方面,乡村企业的生产工具落后,而且专业技术人才不足,经验占据主导地位,虽然乡村企业老板积极学习先进知识,但由于获取知识的途径往往往只是书本、网络，这样学习到的知识不仅是庞杂、散乱的，而且不够系统，所以他们只能在实践中自己摸索，加之他们缺少专业的指导，所以学习效果并不理想，甚至反而会造成亏损。另一方面，由于乡村企业缺乏先进的生产管理模式，在同等条件下，其生产效率比之具有先进生产管理模式的企业要低20%—30%，这既导致了成本上升，又降低了企业在同行业中的竞争力。

3. 风险应对能力低下

首先，乡村企业以基础的生产加工为主，在市场上缺乏品牌和C端竞争力，常常被渠道卡着脖子，利润微薄，周转资金少，一旦行业发生大的波动风险，订单减少或回款期延长，就会使乡村企业处于资金链断裂濒临存亡之境地。其次，乡村企业存在规模小，固定资产少、风险大，财务管理水平低等因素，很难得到有效的金融支持。因此，乡村企业在面临风险时只能依靠自身渡过，在大的行业风险中显得非常脆弱，并且没有金融支持，乡村企业也难以快速扩大规模，虽然多数乡镇给予政策支持，但这也只是扬汤止沸。

（二）解决策略

企业发展同产业发展处于脱节状态。乡村企业的商业模式简单，概括来说就是订单生产，一手钱一手货，主打优势就是价格便宜。虽然获得了短期订单和收益，但从中长期发展来看，乡村企业没有议价能力，利润单薄，无力创新升级产品线，难以打造自主品牌，与产业发展趋势脱节，并且不可避免地面临在中长期发展中被淘汰的结果。

针对乡村企业的上述问题，解决策略有二：一是强化乡村经济发展培训，包括产业经济发展培训、企业战略培训、企业管理培训、员工职业素质培训、专业技能培训等，而产业智库负责顶层设计和制定体系、制定标准；二是加强对企业的孵化培育，帮助企业整合各方资源，从而帮助乡村企业更好地打开思路、打开市场，提升附加价值，而能有效完成这一使命的就是平台。可以这样说，有效解决企业发展同产业发展处于脱节状态的策略，就是利用"智库+平台"赋能乡村企业可持续发展，同时形成与乡村人才建设、乡村创新相衔接，与乡村产业集群打造相呼应的格局。

（本小节写于2021年4月）

五、乡村新兴产业

乡村产业振兴需要关注新兴产业或业态的出现和发展，合理利用好新兴业态从萌生到暴涨的契机，这样才能够有力促进乡村产业的发展，并且有可能使新兴业态成为乡村产业结构中的重要亮点。例如，电商小镇、盲盒经济、网红直播等，部分乡村抓住了这些曾经的新兴产业（商业模式）从萌芽到暴涨的契机，带动乡村产业快速发展，优化乡村产业结构。

任何新兴业态都不是凭空出现的，而是基于现有产业的延伸、创新或者是对现有产业的赋能。因此，关注新兴业态对乡村产业的发展创新具有重大作用。然而，又不可以盲目发展，因为并非任何新兴业态都适应乡村经济，新兴业态的萌芽需要基于一定的社会环境、经济环境和产业环境，如果不具备与之对应的条件，那么新兴产业的发展就是空中楼阁。例如，大数据产业，其实就很难随意落地，因为它需要高度繁荣的产学研环境、高度发展的生活型服务业和生产型服务业，不是仅就大数据产业而发展大数据产业。大数据的发展产业是一个完整的产学研群落、生态系统，而大数据产业只是这个群落生态中的一员。虽然大数据产业是一个未来发展趋势，是极好的新兴产业，但是它通常只适合处于区域产业经济发展枢纽的城市中。

乡村发展新兴产业需要从产业链串联和行业趋势两个维度进行精准定位。

首先，是产业链串联维度。乡村发展新兴产业尤其要注重产业链的有效串联，只有符合产业链串联的新兴产业，才值得关注。产业链有效串联的具体内涵包括三个部分：一是新兴产业与乡村原有的产业之间要有配套或相互赋能的关系；二是乡村资源禀赋和产业基础足以支撑新兴产业在乡村的短期生存和中长期发展；三是新兴产业能够与乡村原有的产业结构形成闭环。

其次，是行业趋势维度。在符合产业链串联的基础上，只有精准研判新兴产业的发展趋势，才能有效发展乡村新兴产业。具体来说有两点：一是要从行业发展趋势，预测分析目标新兴产业在当前阶段是概念炒作还是确有价值。虽然多数新兴产业是确有价值的，但也不乏由市场催生的不符合经济、技术发展规律的所谓新兴产业，需要加以辨别。二是要精准判断行业趋势所处的阶段，因为处于不同阶段的行业，有着不同的应对策略。通常来说，在萌芽阶段的策略重点是抢先占位，在加速阶段的策略重点是运营能力，在暴涨阶段的策略重点是战略布局，而到了行业盘整阶段，除非有有力的创新抓手，否则不建议轻易介入。

乡村新兴产业的作用对乡村产业经济而言，是创造增量、盘活存量，是乡村经济振兴的一大抓手，但前提是一定要立足乡村发展实际，进行精准定位、科学规划，做到有思想、有系统、有路径、有抓手。只有这样，才能真正利用新兴产业的爆发机遇，实现乡村产业经济振兴。

（本小节写于 2021 年 7 月）

六、乡村经济发展的双循环格局

乡村经济发展的双循环，指内循环和外循环。其中，内循环是乡村产业链具有内部"生产—消费"系统，并且具备产业转型升级的内生动力；外循环指乡村产业经济具备"引进来，走出去"的双向能力。"引进来"即把资源从外部拿回来，然后，进行内部消化吸收，创新升级内部产业链；"走出去"指乡村内部产品在外部畅销，并获得外部市场的认可，树立起乡村产业品牌。乡村产业经济发展的三部曲是"产业链有效串联—乡村产业集群—乡村产业内循环和外循环平衡的双循环乡村产业经济发展格局"。

在产业链有效串联到乡村产业集群打造这两个发展阶段，乡村产业经济已经具备了内循环和外循环的内涵。不过，这种内外循环是在市场的作用下自发形成的，存在循环通道不高效、内外循环容易失衡且脆弱、抗风险能力低等问题。事实上，一个产业集群的优劣程度，在很大程度上也取决于内外循环的优质程度。当一个产业集群的内外循环流畅高效，则产业集群就会呈现蓬勃发展的局面；反之，当内外循环阻塞不通或严重失衡时，该产业集群也会逐渐衰落。这也是为什么有的产业集群一段时间内极其兴旺，但一段时间之后，该产业集群虽然底蕴深厚、策略百出，结果仍难改逐渐衰败没落的趋势。其中的根本原因就是没有抓住产业集群内的"内外双循环系统"的本质（因为对内外双循环没有明确的认识，而内外双循环是随着国际和国内政治经济环境、产业发展、技术环境等因素的变化而变化的，原本顺畅的内外双循环系统由于时代变化、经济发展、技术进步、产业转型升级等原因而出现阻塞甚至被截断，而产业集群的运营者对此毫无所知，全然意识不到要重新理顺内外循环，所以自然任凭其策略百出，最终也无济于事）。

对于乡村产业发展而言，有意识地强化和完善乡村产业经济的内循环和外循环系统，并持续优化内外双循环，是保证乡村经济基业长青的根本战略。如何有意识地建立起牢靠且高效的乡村产业内外双循环？

以"高地—基地—腹地"三个支撑点，建立乡村产业经济的外循环系统。其中高地是建立在区域经济发展的枢纽城市中心，承担信息发布（包括产品发布、优势资源发布、招商引资等）和学习交流先进技术、先进模式、先进理念等功能，同时还要关注最新的新兴产业/业态、商业模式创新，积极为乡村发展引入产业、人才、技术创新等高端资源和绿色消费等；基地则是区域经济发展的产业重镇，重点对接产业转移、技术成果转化等；腹地即乡村自身。通过"高地—基地—腹地"三个支撑点，打通发达城市和乡村之间的资源互通和流动通道，促使资源由高位向低位双向流动（例如发达城市的人才、技术、创新处于高位而乡村处于低位，则这些要素由发达城市向乡村流动；而乡村的农特产品、生态环境等处于高位而城市处于低位，则这些要素的价值向城市蔓延），从而实现城市与乡村的再平衡和乡村振兴。

按照"五入园"和"四给"理论体系建立起乡村产业经济发展的内循环。"四给"是创新、创业的孵化系统，具体包括给项目、给团队、给专家辅导和给启动资金，助力乡村特色的创新创业（乡村创新创业处于没有好项目、没有结构完善的人才团队、没有顶层设计战略指导、专业领域缺乏专家人才和缺少启动资金的困局中）。"五入园"是产业园区软实力建设系统，包括商会协会入园、专家智库入园、项目入园、人才入园、资本入园。

乡村产业的内循环和外循环如何统一？如何具体落实执行？答案就是"智库＋平台"系统。

（本小节写于2021年7月）

七、紧扣未来趋势进行预测，打破乡村经济发展瓶颈

精准预测乡村经济未来发展趋势，是制定乡村经济发展破局策略的基本依据，唯有如此，才能基于未来做现在的事，实现超前谋划布局，从而在机遇来临时能够从容抓住。

乡村经济的发展总是趋于稳定的平衡态，但乡村经济由于受外环境影响，旧的平衡不断被打破，又不断达成新的平衡。因此，乡村经济发展的规律是"阴极则阳，阳极则阴"。

为什么当前乡村经济发展普遍面临破局难的问题？

首先，要清楚乡村经济发展所破的局是哪一个困局？是当前的局吗？实则未必！诚然，乡村经济发展困局的事实往往发生在当前，但乡村经济发展所谋划的破局策略却不是针对当前的，因为从顶层谋划开始到实际落地执行，是需要一定时间的，而乡村经济发展的困局是在不断演变的。也就是说，如果所作出的破局谋划完全是针对开始谋划时的困局，当真正落实执行时的效果就会大打折扣。为什么？因为那时对比于之前的困局，已经发生了变化，很可能出现新问题。虽然因为乡村经济发展困局的变化是在继承的基础上熵增，不至于使策略全然无效，但是熵增变化越大，则策略的效果越差。越是把以前的策略放在外部环境激烈变化的时期，则收效越小；越是在经济发展处于质变的关头应用目前的策略，其价值越低。

由此可知，为乡村经济发展破局的战略，必须对乡村经济的未来发展趋势、特征有精确的预见性。只有基于这一点，才是保障乡村经济发展在质变时期顺利破局的前提。

其次，乡村经济发展破局是"创造增量，盘活存量，或者说是优化存量"。这里面有两个重点：

一个重点是创造增量。创造什么样的增量？作为乡村经济发展破局抓手的增量必须是既符合行业未来发展趋势是向上的（加速上扬或暴涨），又要符合乡村经济整体的未来发展趋势。对于"未来行业发展趋势是加速上扬或暴涨"要怎么理解呢？其实就是：如果未来下一阶段所处的趋势是暴涨的，则说明该增量在现阶段是处在加速上扬阶段的，比较容易判断。然而，如果该增量在未来下一阶段所处的趋势是加速上扬，则该增量在现阶段很可能还在底部向上期，这就比较难以遴选了，因为它很可能不会引起关注。例如，当前火爆的视频直播电商或游戏竞技产业，上推两年尚且有为数不少的人能够对之作出准确预测和判断，如果上推5年甚至更久，就极少有人能够去精准预测了。另外，作为乡村经济发展破局抓手的增量要符合乡村经济整体的未来发展趋势。事实上，乡村经济属于朝阳产业的行业有很多，且由底部向上到加速上扬再到暴涨的这一上升周期有长有短，那么，如何来遴选呢？这就需要对乡村经济整体的发展趋势有所判断。这里面包含两个层面：其一是分析和判断本区域内适合什么行业；其二是分析和判断本区域当前发展现状和未来发展预期适合上升周期多长的行业，或根据上升周期长短进行多个行业的合理配置，以满足乡村经济可持续发展的短、中、长期要求。

另一个重点是增量必须能够有效盘活存量或优化存量。要有效盘活存量或优化存量，一是要对存量的未来行业发展趋势有所预测，二是预测务必要精准。其结果大致分为两类：一类是该产业产能本身已经没有太大价值了，但可通过转化形态来创造新的价值（这一类绝大多数是与观光旅游、文化旅游相结合的产业产能）；另一类是该产业产能只是处于行业发展趋势中的底部盘整期，未来会伴随新技术、新价值的出现而重新成长，进入新一轮的上升期。无论属于哪一类，乡村经济发展破局的策略都是相通的，即通过超前的规划和布局，从容引导增量与存量的未来发展趋势、状态相结合，帮助存量顺利完成转型升级这一过程。

（本小节写于2021年7月）

八、精准把握行业发展趋势，打造可持续发展的乡村企业

企业的发展实质上分为两个阶段。第一阶段是从行业发展趋势中寻求利益，利用发展趋势赚取行业上扬所带来的利益；第二阶段是主导行业发展趋势，通过战略布局获取利益。如果将行业发展比作鱼池的话，那么企业在第一阶段是池中捕鱼，第二阶段则是池中养鱼。捕鱼和养鱼对企业的要求不同，但无论是捕鱼还是养鱼，都离不开对行业趋势的把握。

先说捕鱼。捕鱼有很多种方式，例如，撒网、叉鱼、摸鱼、钓鱼等，不一而足。不同的捕鱼方式有不同的捕鱼效率。企业首先要考虑采用最有效率的捕鱼方式，但不同的捕鱼方式需要不同的条件和工具，代价也是不同的。例如，撒网需要渔网甚至是渔船，叉鱼需要鱼叉，钓鱼需要鱼竿，摸鱼则最为简单，基本不需要什么辅助工具。因此，企业虽然希望尽可能地提升捕鱼效率，但还要考虑到有没有相应的工具。确定了捕鱼方式，准备好了工具，下一步就要选好捕鱼的位置。虽然是同在一个鱼池中，但位置不同，鱼群的密度也不同，而且不同的捕鱼方式，导致最佳的捕鱼位置也有所不同。不同的企业也会因此反映显出不同的发展水平。除此之外，有的企业会主动创造机会、创造市场。采用什么方式，结果会不同。就像是捕鱼中的"打窝"，引诱鱼群集聚或者驱赶鱼群集聚，而有的企业则是"佛系捕鱼"。是主动创造机会捕鱼，还是"佛系捕鱼"，企业发展壮大的结果也不同。

再说养鱼。捕鱼其实是在消耗行业趋势的潜力，养鱼则是在培育行业的发展趋势。如果企业在一个特定的行业中可持续发展下去，必然会过渡到养鱼阶段。养鱼比之捕鱼有所不同，养鱼需要整顿鱼池，规划和划分各自的范围，使整个鱼池井然有序。在捕鱼阶段，是大量的企业一起下水，一通混乱捕捉之后，鱼池中的鱼所剩无几，结果是大量投机的捕鱼者退场，留下一片狼藉的鱼池。待整顿规划好鱼池之后，企业各自置备养鱼的工具、投放鱼

苗、投喂鱼食，等待鱼苗长大。显然，养鱼的风险更大，因为前期投入很大，鱼的成长周期长，其间所面临的各种风险和不确定因素大量增加。除风险投入和风险防控之外，养鱼同捕鱼的差别显然是巨大的。首先，养鱼要注重选苗，以确保收鱼时该鱼是受市场欢迎的；其次，要注意投喂搭配，以确保鱼能够以最快的速度增长；再次，是注意疾病预防，防止鱼在生长期死亡；最后，要做好外部风险防控，例如防止恶意偷捕、暴雨袭击等。

目前，大量中小企业还是在"捕鱼"，部分中小企业开始"养鱼"，但由于对行业发展趋势判断不准，时机把握不够恰当，加之捕鱼者趁乱而入，导致所养之鱼滞销严重，乃至鱼池荒废，投入多而收益少，中小企业可持续发展深受影响。"捕鱼"是截取行业发展趋势上扬之利的行为，在这个过程中，企业不为鱼池中的鱼投资，只要有所获则必能获利，当鱼池中的鱼枯竭之后则迅速退场，所以，中小企业才有2—3年之寿命，才有短期获利之实。"养鱼"是融于行业发展趋势之中，成为行业发展趋势的一部分。养鱼因为有了成本投入，因而在有收成和能获利这两者之间存在差异，当鱼池枯竭时养鱼者与鱼池是一损俱损的关系，这也导致大量的中小企业陷入可持续发展的瓶颈。

精准把握行业未来发展趋势，超前布局和规划，是打造可持续发展的乡村企业的主要策略之一，也是乡村企业破局的重要保障。

（本小节写于2022年1月）